돌봄기도

김경수 지음

도서출판

누가

돌봄기도

김경수 지음

돌봄기도

· 초판 1쇄 발행 2007년 4월 20일

· 지은이 김경수
· 펴낸이 정종현
· 펴낸곳 도서출판 누가

· 등록번호 제 20-342호
· 등록일자 2000. 8. 30.
· 서울시 동작구 상도 2동(3층) 186-7
· Tel (02)826-8802, Fax (02)825-0079

· 정가 11,000원
· ISBN 978-89-89344-68-1 03230

마음의 상처를 돌봄 기도로

목회자이면서 날마다 새벽기도회를 하지만, 가끔 다른 분들이 회중 앞에서 청산유수와 같이 너무 멋진 기도를 하는 모습을 보면 마음 한편에서 부러움이 있었다. 나는 왜 저렇게 기도하지 못할까 하는 자책감이 생기기도 하고 그렇게 기도하지 못하는 나 자신을 스스로 초라하게 만든 적이 한두 번이 아니었다. 사실 기도는 잘하고 싶은데 기도가 잘 안 될 때, 어떻게 해야 할까 우리는 한두 번 고민한 것이 아니다.

날마다 새벽에 1시간 이상 기도를 하는 목회자인 나에게도 이런 아픔이 있다면 다른 분들 또한 이런 고민이 없다고 말하지 않을 수가 없다. 비록 모두 눈을 감고하는 기도인데도 왜 나는 성령의 역사 안에서 사람을 치유하고 하나님의 보좌를 움직이는 기도를 못할까 라며 자신의 한계 때문에 고민한 적이 누구나 있을 것이다.

어느 날 필자가 목회하는 교회 오후 예배 시간에 한 성도가 사람의 마음을 감동시키며 조직적 기도를 하는 그분을 향해 보고 나는 예배 시간에 그분을 칭찬한 적이 있다. 물론 기도는 하나님께 드리는 성도의 호흡이다. 그 호흡이 사람을 살리고 내 영혼을 건강하게 만들며, 같이 기도하는 사람들에게 위로와 격려, 그리고 소망과 감사를 함께 나누기 때문이다.

이처럼 기도는 마치 추수하는 날에 얼음냉수 같아서 능히 그 주인의 마음을 시원케 하는 것처럼(잠 25:13) 우리의 기도가 하나님을 기쁘시게 하는 기도, 성도들의 갈증을 해갈하는 기도를 하고 싶기에 이 책을 쓰게 되었다. 물론 이 책이 엘리야처럼 기도의 역사를 일으키는 기도서는 아니라 할지라도 사람의 마음을 따뜻하게 하고 위로와 격려, 소망을 주는 돌봄이라는 주제 속에서 전개되었다.

이 기도는 절망으로 영혼이 어두워진 분들이 하나님의 광명한 빛으로 새롭게 회복되기 위하여 쓰인 기도서이기에 돌봄의 기도라고 할 수가 있다. 이런 기도서가 필요한 이유는 특수 상황에서 기도를 하려고 하면 어떻게 기도해야 할지 모르기 때문이다. 이때 이 기도서가 매뉴얼이 되어서 상황에 맡게 기도함으로 우리 모두에게 마음의 치유와 회복이 일어나기를 기도해 본다.

여기에 소개된 22개의 돌봄 기도는 그 특성이 있다. 먼저는 치유를 통한 하나님의 돌보심의 기도라는 점이다. 하나님께 영광을 돌리기 위하여, 힘들고 어려 울 때, 위로를 얻게 하기 위하여, 희망과 용서로 나아오게 하기 위한 기도이다. 그래서 돌봄 기도는 절망으로 영혼이 어두워진 분들을 하나님의 순전한 빛으로 새롭게 회복되게 하기 위해서 성령의 임재를 간구함이 가득 들어 있기 때문에 누구에게나 꼭 필요하다.

누구든지 이 책을 통해서 연약한 분들을 위해서 기도해 주는 돌봄 기도를 가지고 연약한 자들을 위해서 기도 할 때마다 마음의 치유와 회복이 일어나기를 기도한다. 이 기도 집은 넓게는 주일의 강단에서부터 좁게는 개인에 이르기까지 누구나 어디서나 기도 할 수 있도록 구성을 해 놓았다. 이 기도 집을 구역장, 전도자, 목회자들이 핸드북처럼 들고 다니면서 어려움을 겪고 있는 분들에게 기도 할 때 치유의 광선이 나타나 회복되기를 기대해 본다.

기도의 밀실에서
김경수 드림

기도에 대한 짧은 명언

가장 큰 죄는 기도하지 않는 죄입니다.

가장 큰 선물은 기도해 주는 선물입니다.

가장 큰 포기는 기도를 포기하는 것입니다.

가장 큰 실수는 기도를 하지 않는 실수입니다.

가장 크게 도둑맞은 것은 기도 시간을 도둑맞은 것입니다.

가장 심각한 파산은 기도의 파산입니다.

가장 아름다운 열매는 기도의 응답입니다.

가장 아름다운 역사는 기도를 통해 일어납니다.

기도는 사람을 온유하게 만들어 줍니다.

기도는 사람을 강하게 만들어 줍니다.

기도는 사람을 담대하게 만들어 줍니다.

기도는 사람을 사랑하게 만들어 줍니다.

기도는 사랑의 원동력입니다.

기도는 인생의 마스터키입니다.

기도는 인생의 주유소입니다.

기도는 만사를 변화시킵니다.

기도는 하나님의 능력을 당기는 줄입니다.

기도는 그리스도인의 특권입니다.

기도는 축복의 통로입니다.

목차

머리말

1장 주일 낮 돌봄 기도

4장 임산부들을 위한 돌봄 기도

8장 우울증 환자들을 위한 돌봄 기도

9장 새 신자들을 위한 돌봄 기도

 ## 10장 슬픔을 경험한 자들을 위한 돌봄 기도

🌸 13장 이혼한 분들을 위한 돌봄 기도

🌿 14장 무기력한 분들을 위한 돌봄 기도

15장 실패한 자들을 위한 돌봄 기도

 ## 16장 중독(알코올, 도박, 마약) 자들을 위한 돌봄 기도

17장 사업에 실패한 분들을 위한 돌봄 기도

18장 장기 결석 자들을 위한 돌봄 기도

19장 영적 무기력증에 빠진 자들을 위한 돌봄 기도

20장 환난, 시험을 당한 자들을 위한 돌봄 기도

21장 물질에 손해를 본 사람을 위한 돌봄 기도

 ## 22장 가정사에서 만난 돌봄 기도

1장 주일 낮 돌봄 기도

영혼을 돌보심의 은혜
적은 일에도 은혜를 구하라
사귐과 치유와 교제를 주옵소서.
사랑의 교제의 축복
주님! 나를 붙들어 주옵소서
성령의 능력으로 새롭게 하여 주옵소서
하나님을 온전히 의지하라
용기와 힘을 주옵소서
약한 자 들에게 힘을 주옵소서
치유와 회복의 은총
겸손함 속에 예배를 사모하라
예수님의 보혈로
부흥의 축복
긍휼과 자비를 주옵소서
하나님의 섭리와 은총
교회의 부흥을 주옵소서
지경을 넓혀 주옵소서

돌봄 기도의 원리

주일 낮에 강단에 올라가 대표 기도를 하는 분들은 주로 목사님과 장로님들이다. 그런데 대부분 기도의 내용을 살펴보면 기도가 부분적이다. 공적기도를 하기 위해 강단에 올라간 사람이라면 빠지지 않고 등장해야 할 기도의 내용 중에 하나가 가난하고 헐벗은 약한 교인들(고아와 과부를 돌보는 기도)을 위해서 기도해야 한다.

이 기도가 예수님께서 이 땅에 계실 때 그들을 언제나 소중하게 보시고 돌보셨기 때문이다. 이것이 이 사회를 위한 기도요, 가난하고 의지할 곳이 없는 자들을 위한 기도이기 때문이다. 그래서 강단에서 하는 목회적인 돌봄 기도에는 성도들의 형편, 한 주간의 삶 속에 있었던 회개와 용서, 마음이 상한 자들을 위한 돌봄, 성령의 치유하심과 감사의 내용이 있어야 한다. 그 이후에 설교를 하시는 목사님과 성가대 그리고 예배 위원들을 위해서 기도해야 한다.

예수님의 기도의 내용을 보면 하나님 나라의 회복과 약한 자들에게 초점이 맞추어져 있었다. 그것이 사랑으로 백성들을 돌보는 방법이었기 때문이다. 예수님께서 복음을 전하실 때에 병든 자를 만나면 외면한 적이 한번도 없었고, 소리 질러 외치는 약한 자들의 소리에 단 한번도 그냥 지나치지 않으셨던 이유는 그들을 긍휼히 여기셨기 때문이다. 그래서 교회에서 공적으로 행하는 기도에는 주님이 행하셨던 삶의 본을 받아 주일 낮 예배 시간의 기도에도 이러한 본이 듬뿍 들어 있는 돌봄 기도가 있어야 한다.

한국 강단에는 다시 한번 확장된 하나님의 돌보심이 드러나야 한다.

1. 영혼을 돌보심의 은혜

 내 심령에 이르기를 여호와는 나의 기업이시니 그러므로 내가 저를 바라리라 하도다. 무릇 기다리는 자에게나 구하는 영혼에게 여호와께서 선을 베푸시는 도다 사람이 여호와의 구원을 바라고 잠잠히 기다림이 좋도다(애 3:24-26)

은혜의 간구

사랑과 은혜가 풍성하신 하나님 아버지! 이 거룩한 주일에 주님 앞에 나아와 예배하게 하시니 감사합니다. 이 시간 우리 마음에 회개의 영을 부어 주셔서 죄악으로 더럽혀진 우리의 심령을 깨끗하게 씻어 주시고 정결한 영혼이 되게 하여 주시옵소서.

저희들 주님이 주신 주의 날에 지친 몸과 영혼을 가지고 나왔사오니 이 시간 쉼을 주시고 우리의 심령에 영혼의 꼴을 먹여 주시옵소서. 예배를 통하여 우리 마음에 기쁨과 감사함과 평안함과 찬양이 넘쳐나게 해 주시고, 천국의 비밀도 맛보아 알게 하시며 하나님의 나라가 우리를 통해서 지경이 넓혀지는 시간이 되게 해 주시옵소서.

예배를 위한 돌봄

주의 종을 통해서 말씀하시는 주님의 음성을 들을 수 있도록 귀를 열어 주시고 선포되는 말씀 위에 성령님께서 함께 하여 주시어서 은혜가 충만한 시간이 되게 해 주옵소서. 기쁨으로 주님께 예배하는 삶이 되게 하시고 풍성한 은혜를 체험하는 시간 되게 하옵소서.

변화를 체험하는 예배가 되게 하셔서 우리의 연약함이 건강함으로, 우둔함이 슬기로움으로 변화되게 하여 주시어서 성부, 성자, 성령의 임재를 체험하게 하여 주시옵소서. 주님의 피 묻은 십자가를 더욱 힘 있게 붙드는 시간이 되게 하셔서 가난한 자들과 병든 자들이 위로함을 얻고 많은 영혼들이 주님께로 돌아올 수 있도록 인도하여 주시옵소서. 고아와 과부들, 눌린 자들이 주님의 참 소망을 가져서 이 세상을 이겨낼 힘과 용기를 주시옵소서.

인도를 바람

예배의 모든 순서 위에 함께 하시어서 성령으로 충만하게 하시고 능력의 시간이 되게 하여 주시옵소서. 저희들 이 예배를 마치고 세상에 나가서 한 주간 살 때에도 빛과 소금의 역할을 온전히 감당할 수 있는 일군들이 되게 하여 주시옵소서 감사하오며 사랑이 많으신 예수님의 이름으로 기도 드립니다. 아멘.

2. 적은 일에도 은혜를 구하라

 또 여호와를 기뻐하라 저가 네 마음의 소원을 이루어 주시리로다 너의 길을 여호와께 맡기라 저를 의지하면 저가 이루시고 네 의를 빛같이 나타내시며 네 공의를 정오의 빛같이 하시리로다(시 37:4-6)

찬양의 인도

사랑이 많으신 하나님, 이 시간 전능하신 주님을 찬양합니다. 이 땅의 과부와 고아들을 사랑하시며 약자를 보호하기를 원하시는 주님의 긍휼에 감사드립니다.

저희들이 가난하고, 약한 교우들과 함께 하지 못한 잘못을 용서하여 주옵소서. 도처에 헐벗고 굶주린 자와 상처받고 위로 받을 자가 많지만 이기주의에 빠져서 우리 자신만 위로 받고 살아 왔습니다. 이제 우리의 마음을 열어 하나님의 형상을 이루며 살아 갈 수 있도록 굳은 마음을 주시옵소서.

사죄의 고백

이 시간 저희들 하나님께 고백합니다. 기쁠 때엔 감사하지 않고 슬플 때엔 기도하지 않고, 편리한 삶과 타협하며 적당히 살다가 왔습니다. 하나님을 사랑하지 않은 것이, 죄가 되는 까닭을 알지 못했습니다. 그러나 끝없이 용서하시고 좋은 것으로 갚아 주시는 은혜로우신 하나님, 이제 저희들의 주홍같이 붉은 죄를 용서하시고, 주의 보혈로 깨끗케 하여 주옵소서.

돌봄의 은혜

오 주님! 지금 이 순간도 저희들이 괜한 욕심을 부리지 않기를 원합니다. 작은 기쁨 속에서 큰 기쁨을 만들어가게 하시고, 내 마음과 내 주변에서 일어나는 좋은 일들이 각 방향으로 흘러갈 수 있도록 인도해 주시옵소서.

그래서 오늘도 우리의 삶을 빛으로 회복하여 하나님께 영광된 예배와 함께 하나님의 임재를 체험하는 귀한 시간 되게 하여 주시옵소서. 말씀을 전하시는 목사님과 성가대 위에도 함께 하셔서 예배에 참석한 모든 성도들이 하나님의 은혜를 받고 세상에서 빛으로 거듭나게 하여 주옵소서. 거룩하신 예수님의 이름으로 기도 드립니다. 아멘

3. 사귐과 치유와 교제를 주옵소서

 이를 위하여 너희가 부르심을 입었으니 그리스도도 너희를 위하여 고난을 받으사 너희에게 본을 끼쳐 그 자취를 따라오게 하려 하셨느니라 저는 죄를 범치 아니하시고 그 입에 궤사도 없으시며 욕을 받으시되 대신 욕하지 아니하시고 고난을 받으시되 위협하지 아니하시고 오직 공의로 심판하시는 자에게 부탁하시며 친히 나무에 달려 그 몸으로 우리 죄를 담당하셨으니 이는 우리로 죄에 대하여 죽고 의에 대하여 살게 하려 하심이라 저가 채찍에 맞음으로 너희는 나음을 얻었나니(벧전 2:21-24)

찬양의 고백

사랑과 은혜가 많으신 아버지 하나님! 오늘 이 시간 저희들을 주님의 전으로 불러주시고, 하나님께 경배와 찬양을 드리게 해 주심을 감사드립니다. 하나님께서 만세 전에 우리를 택하여 주시고 영원한 생명을 주시며 하나님의 자녀로 삼아 주셨는데, 저희들 세상에서 주님의 자녀답게 살지 못하였음을 이 시간 고백합니다.

돌봄의 은혜

깨어지고 상한 심령으로 오늘 이 자리에 나아왔사오니, 주님 치료해 주시고, 싸매 주시고, 회복시켜 주시옵소서. 오늘 드려지는 예배를 축복해 주시어서 성령 충만한 시간이 되게 하시며, 하나님의 자녀들이 말씀을 통하여 새 힘을 얻고, 찬양을 통하여 감사를 회복하며, 기도를 통하여 하나님의 음성을 듣는 귀한 시간이 되도록 은혜를 베풀어주시옵소서.

은혜의 간구

이 시간 저희들이 주님과의 아름답고 거룩한 사귐이 있게 하시어서 우리가 가지고 나온 기도의 제목들이 감사의 제목들로 바뀌는 놀라운 은혜의 시간이 되게 하여 주시옵소서. 그래서 육신의 병으로 인해 고통 받는 자들에게는 치료의 손길로 임하시어서 깨끗하게 나음을 받게 하여 주시옵소서. 사랑이 많으신 예수님의 이름으로 기도 드립니다. 아멘.

4. 사랑의 교제의 축복

 아버지께 참으로 예배하는 자들은 신령과 진정으로 예배할 때가 오나니 곧 이 때라 아버지께서는 이렇게 자기에게 예배하는 자들을 찾으시느니라 하나님은 영이시니 예배하는 자가 신령과 진정으로 예배할지니라 (요 4:23-24)

은혜의 간구

사람을 사랑하시어 늘 관심을 가지고 잠시라도 잘못된 길로 다닐까 염려하시며 모든 여건과 환경을 조성하시며 섭리하시는 하나님께 감사드립니다. 저희들을 사랑하시어 십자가에 자신의 몸을 바쳐 하나님과 우리 사이의 가로막한 담을 허시어서 우리가 하나님께 나아갈 수 있도록 인도하여 주시니 감사를 드립니다.

그리고 성령께서 친히 저희들과 함께 하시어 여러 가지 상황 속에서도 힘과 용기를 주시는 은혜를 감사드립니다.

사죄의 고백

오늘 이곳에 하나님의 사랑을 받는 성도들이 모여서 예배할 때에 인도하여 주시고 죄악 된 세상에서 욕심과 정욕으로 인하여 하나님을 기쁘게 해드리지 못하고 내 욕심대로 살았던 죄악들을 예수님의 거룩하신 보혈로 씻어 주시옵소서.

예배를 위한 돌봄

하나님 아버지! 우리들을 불쌍히 여기셔서 이 시간에도 들려지는 말씀을 통하여 용기를 주시고 새 힘을 공급하셔서 하나님의 백성으로서 살아가기에 손색이 없도록 도와주시옵소서. 오늘도 주의 종을 통해서 저희들에게 생명의 말씀을 내려주실 때 성령의 감동하심으로 받게 하셔서 우리의 심령이 뜨거워지고 내 안의 더러운 죄악이 씻어져서, 우리의 상처가 치유 받는 체험의 시간이 되도록 도와주시기를 기도합니다.

말씀을 대언하실 목사님을 붙들어 주시고 성령의 기름을 부어주셔서 능력의 말씀이 선포되어지게 하여 주시기를 기도합니다. 또한 성도들이 서로 사랑함으로서 아름다운 믿음의 교제가 이루어지도록 도와주시옵소서. 우리를 사랑하시는 예수 그리스도의 이름으로 기도합니다. 아멘

5. 주님! 나를 붙들어 주옵소서

 열방 중에서 피난한 자들아 너희는 모여 오라 한가지로 가까이 나아오라 나무 우상을 가지고 다니며 능히 구원치 못하는 신에게 기도하는 자들은 무지한 자니라 너희는 고하며 진술하고 또 피차 상의하여 보라 이 일을 이전부터 보인 자가 누구냐 예로부터 고한 자가 누구냐 나 여호와가 아니냐 나 외에 다른 신이 없나니 나는 공의를 행하며 구원을 베푸는 하나님이라 나 외에 다른 이가 없느니라 (사 45:20-21)

찬양의 인도

사랑과 은혜가 풍성하신 하나님 아버지! 한 주일 동안도 저희들을 눈동자 같이 지켜 주셔서 이 복된 자리에 나오게 해 주심을 감사드립니다. 수많은 사람 중에 저희들을 택해 주시고 하나님의 자녀 삼아 주신 은혜에 감사드립니다.

다짐의 고백

지난 한 주간 저희들의 삶을 돌아보건대 하나님의 손길을 입지 않고서는 살 수 없는 연약한 존재임을 고백합니다. 그러나 약할 때 강함을 주시는 주님의 말씀을 믿음으로 붙드오니 장중에 우리를 붙들어 주시옵소서.

돌봄의 은혜

오늘 이 시간에도 우리의 연약함을 도우시는 성령님의 역사가 일어나게 하여 주시어서 저희들이 강하고 담대한 믿음을 가지고 승리케 하여 주시옵소서. 우리의 영과 혼과 육을 성령님께서 어루만져 주시어서 주님의 말씀으로 치유 받게 하여 주시어서 강건하게 하여 주시옵소서.

성령님의 운행의 역사가 충만한 시간이 되게 해 주시고 말씀 전하시는 목사님과 성가대 위에 주님의 축복의 역사가 나타나게 하여 주시옵소서. 말씀을 듣는 저희들이 선포되는 말씀에 아멘으로 화답하여 성령의 다스림을 받는 성도들이 되게 하여 주시옵소서. 날마다 저희들을 돌보시는 예수님의 이름으로 기도합니다. 아멘.

6. 성령의 능력으로 새롭게 하여 주옵소서

 너희는 귀를 기울이고 내게 나아와 들으라 그리하면 너희 영혼이 살리라 내가 너희에게 영원한 언약을 세우리니 곧 다윗에게 허락한 확실한 은혜니라 내가 그를 만민에게 증거로 세웠고 만민의 인도자와 명령자를 삼았었나니 네가 알지 못하는 나라를 부를 것이며 너를 알지 못하는 나라가 네게 달려올 것은 나 여호와 네 하나님 곧 이스라엘의 거룩한 자를 인함이니라 내가 너를 영화롭게 하였느니라 (사 55:3-5)

은혜의 간구

전능하시고 자비로우신 하나님 아버지, 베풀어주신 은혜에 감사를 드립니다. 오늘도 성령님의 은혜로 당신의 자녀들을 불러주시고 인도하셔서 존귀와 영광과 찬송을 드리게 하시니 감사합니다. 하나님 아버지! 이 시간 하나님의 뜻대로 살지 못하고 내 고집 내 뜻대로 살면서 세상 유혹에 끌려 하나님의 영광을 가리고 살았던 연약함과 어리석음을 고백합니다. 우리를 정하게 하시고 성령님의 은혜로 새롭게 하여 주시옵소서.

어려움을 당한 분을 위한 돌봄

이 시간 주의 백성들이 사업의 문제, 직장의 문제, 가정의 문제, 금전적인 문제, 육신의 문제, 질병의 문제를 가지고 주님 앞에 나왔사오니 이런 어려움을 통해서 더욱더 강건하게 하시고 주님을 사랑하는 기회가 되게 하여 주시옵소서. 그리하여 주의 자녀들이 당한 모든 고난과 아픔이 하나님을 만나는 계기가 되게 하여 주시어서 십자가의 구속의 은혜로 낙심한 자들에게는 소망을 주시고, 병든 자는 치료하심의 은혜를, 문제 있는 자는 해결을 받는 은혜의 역사가 예배를 통하여 일어나게 하여 주시옵소서.

예배를 위한 돌봄

우리의 예배를 통하여 영광을 받으시는 주님, 이 시간 믿음으로 간구하는 모든 주의 자녀들의 기도를 들어 응답하여 주시고 하나님의 은혜를 풍성하게 체험하는 예배가 되게 하여 주시옵소서. 성령님께서 친히 이 시간 말씀을 사모하는 심령들에게 하나님의 놀라운 은혜를 부어 주시어서 드리는 예배를 통하여 하나님을 만나고 증인으로서의 삶을 살아가는 데 부족함 없도록 축복하여 주시옵소서. 사랑이 많으신 예수님의 이름으로 기도 드립니다. 아멘

7. 하나님을 온전히 의지하라

 이 날은 여호와의 정하신 것이라 이 날에 우리가 즐거워하고 기뻐하리로다

(시 118:24)

감사의 고백

늘 승리를 우리에게 주시는 하나님 아버지! 지금도 우리를 붙잡고 계시기에 감사합니다. 오늘 거룩한 주님의 날을 맞이하여 정해진 시간에 하나님께 나와서 예배를 드립니다. 이곳에 모인 성도들에게 함께 하여 주시어서 오직 하나님 만 의지하게 하여 주옵소서.

돌봄의 은혜

오늘도 사랑하는 성도들이 주님 앞에 많은 기도 제목을 가지고 나왔습니다. 하나님께서 이 시간 간섭하셔서 아픈 마음을 위로 해주시고, 상처 받은 심령들을 치료해 주시어서 육과 영이 강건하게 하여 주시옵소서. 또한 이 자리에 임재 하셔서 하나님을 예배하는데 부족함이 없도록 신령과 진정으로 예배 할 수 있도록 주장하여 주시어서 여기에 모인 모든 성도마다 성령이 충만하게 하여 주시기를 원합니다.

예배를 위한 돌봄

이 시간 예배를 인도하시며 말씀을 증거 하시는 목사님께 성령의 옷을 입혀 주시어서 말씀이 선포될 때 하나님 나라가 확장 되게 하시며 능력 있는 말씀이 되어서 모든 질병이 고침 받게 하시고, 악한 생각들이 떠나가고 온전히 하나님께 영광만 돌리는 예배가 되게 하여 주시옵소서. 성가대 위에도 함께 하시고 예배를 준비한 예배 위원들에게도 복을 내려 주시옵소서. 우리가 미처 구하지 못한 모든 것까지도 이루어 주실 줄 믿으며 살아 계신 예수님의 이름으로 기도합니다. 아멘

8. 용기와 힘을 주옵소서

 찬양하라 하나님을 찬양하라 찬양하라 우리 왕을 찬양하라 하나님은 온 땅에 왕이심이라 지혜의 시로 찬양할지어다 하나님이 열방을 치리하시며 하나님이 그 거룩한 보좌에 앉으셨도다(시 47:6-8)

찬양의 고백

은혜와 사랑의 하나님 아버지! 주님께 영광과 찬양을 드리며, 거룩한 주일을 허락하시어서 주님 전에 나아올 수 있게 인도하여 주시니 감사 드립니다. 우리의 생명과 가족과 교회를 보존하여 주시고, 어렵고 힘든 세상에서 승리하며 기쁘게 살아갈 수 있도록 성령님을 통하여 용기를 주시니 감사를 드립니다.

자신의 연약함의 돌봄

이 시간 연약한 저희들의 죄와 허물, 연약한 믿음, 육체의 소욕을 용서하여 주시어서 온전히 주님의 뜻을 따르지 못하고 살았으나 이제는 주님의 뜻을 따르는 저희들이 되게 하여 주시옵소서. 이 민족과 나라를 위하여, 교회와 이웃을 위하여 기도하지 못한 죄를 용서하시고, 말씀을 가까이 하지 않고 세상일에 분주하게 살면서 전도하지 못한 죄도 주님의 보혈로 깨끗이 씻어 주시옵소서.

이 나라 이 민족, 이 백성을 긍휼히 여겨 주시어서 이 땅에 참혹한 전쟁이 다시는 일어나지 않게 하시며, 북한 핵 문제가 평화적으로 해결되어 남북통일의 길로 속히 나아갈 수 있게 하시옵소서. 1,000만 이산가족의 한을 풀어주시고 굶주리고 핍박받는 북한의 형제 자매들을 구원하여 주시옵소서!

돌봄의 은혜

이 시간 주님의 이름으로 간구하오니 사랑하는 형제자매들 가운데 영육 간에 병든 자, 낙심한 자, 주의 능력으로 치유 받게 하여 주옵시고 세상에 찌들어서 억압을 받으며 자유함을 잃은 성도들에게 평안의 복으로 축복하여 주시옵소서

예배를 위한 돌봄

오늘도 말씀을 듣고 단위에 서신 목사님께 함께 하여 주시어서 우리 모두 마음 문 열고 아멘으로 받고, 이 말씀으로 한 주간의 삶에 지표가 되게 하여 주시옵소서.

또한 사랑하는 목사님 가정과 목사님에게도 신원을 강건케 하시어서 영과 육이 강건하게 하시고 목회 사역 위에 주님의 축복이 임하셔서 성취되도록 인도하여 주시옵소서. 준비한 말씀 위에도 성령의 기름을 부어 주시고 말씀을 받는 저희들에게도 신령한 복을 주시옵소서. 예수님의 이름으로 기도합니다. 아멘

9. 약한 자들에게 힘을 주옵소서

 내가 여호와께 청하였던 한 가지 일 곧 그것을 구하리니 곧 나로 내 생전에 여호와의 집에 거하여 여호와의 아름다움을 앙망하며 그 전에서 사모하게 하실 것이라 (시 27:4)

송축

세상 만물을 새롭게 하시는 하나님 아버지! 오늘도 주님의 몸 된 교회에 모여 경배를 드리게 하심을 감사합니다. 오늘 이 예배를 주님 홀로 받아 주시고, 온전히 주님께 드려지는 예배가 되게 하여 주시옵소서. 지난 한 주간 저희들의 삶이 죄 가운데 걸어온 삶이었음을 고백합니다. 늘 넘어지는 저희를 불쌍히 여겨 주시고, 죄를 사하여 주시어서 하나님의 은혜와 사랑 안에서 다시금 일어나게 하여 주시옵소서.

은혜의 간구

오늘 드려지는 예배를 축복하여 주시어서 하나님을 만나는 예배가 되게 하시고 신령과 진정으로 드리는 예배가 되어서 성령을 체험하는 예배가 되게 하여 주시옵소서. 우리 가운데 약한 자들을 위하여 기도합니다. 질병으로 예배에 참여하지 못하는 성도들을 긍휼히 여겨 주시고, 그들이 어느 곳에 있든지 동일한 은혜를 내려 주시어서 하나님의 치유하심의 은혜를 체험케 하여 주시옵소서. 교회를 위해 간구 합니다. 저희 교회를 축복해 주시어서 영적 각성이 불일 듯 일어나게 하시고 타성에 젖어 본질적 사명을 잃어버리지 않게 하여 주시옵소서.

돌봄의 은혜

사랑하는 우리 교회가 복음의 사명을 잘 감당케 하시어서 서로가 서로를 세움으로 실족하지 않게 하시고 각 지체들이 포도나무이신 예수님께 있음으로 풍성한 열매를 맺게 하여 주시옵소서. 우리를 구원하신 예수님의 이름으로 기도합니다. 아멘.

10. 치유와 회복의 은총

 하나님은 영이시니 예배하는 자가 신령과 진정으로 예배할지니라(요 4:24)

회중을 위한 중보

사랑과 위로의 하나님 아버지! 오늘도 저희들을 인도하여 주시어서 주의 몸된 교회로 이끌어 주심을 감사 드립니다. 지난 한 주간 졸지도 주무시지도 않으시는 하나님의 보호하심으로 인하여서 그리스도의 피 값으로 사신 교회에 오늘 이 시간도 예배드릴 수 있게 하심을 감사 드립니다. 저희들 지난 한 주간의 삶을 되돌아볼 때에 하나님의 은혜와 사랑을 잊어버리고 살 때가 많았음을 고백합니다. 이 시간 우리가 알고 지은 죄 모르고 지은 죄를 용서하여 주시옵소서

어려움을 당한 분을 위한 돌봄

이 시간 어려움을 당한 성도들을 위하여 기도합니다. 복잡한 세상에서 마음의 상처로 어려움을 당한 심령들이 너무나도 많습니다. 육적으로 지쳐서 영적 무기력에 빠져 있는 심령들에게 은혜를 베풀어 주시어서 지친 영혼들이 예배를 통하여서 성령의 능력으로 회복하게 하여 주시고 새롭게 하여 주시옵소서.

돌봄의 은혜

우리 가운데 병든 환우들이 있습니다. 이 시간 교회에 나오지 못하고 병상에서 예배하는 성도들에게 하나님께서 함께 하여 주시어서 질병을

고침 받게 하여 주시옵소서. 또한 주님께서 그들의 마음에 믿음이 떨어지지 않도록 해주시고 치료의 손길로 만져주셨서 빠른 쾌유가 있게 하여 주옵소서. 어서 속히 그들이 우리 서로 얼굴을 맞대고 주의 몸된 교회에서 예배할 수 있도록 인도하여 주옵소서.

이 시간 우리의 마음을 주님께 드리며 찬양하고 경배하오니 받아 주시고 성령의 능력으로 예배를 축복하여 주시옵소서. 우리의 예배를 받아주시는 예수님의 이름으로 기도 드립니다. 아멘.

11. 겸손함 속에 예배를 사모하라

 너희 목마른 자들아 물로 나아오라 돈 없는 자도 오라 너희는 와서 사 먹되 돈 없이 값없이 와서 포도주와 젖을 사라 너희가 어찌하여 양식 아닌 것을 위하여 은을 달아 주며 배부르게 못할 것을 위하여 수고하느냐 나를 청종하라 그리하 면 너희가 좋은 것을 먹을 것이며 너희 마음이 기름진 것으로 즐거움을 얻으리 라(사 55:1-2)

은혜의 간구

우리 인생의 주인이 되시는 하나님 아버지! 오직 하나님 한 분만을 찬양하기를 소원합니다. 주님을 잊고 세상 속에서 살았던 저희들의 모든 죄를 다 용서하여 주시옵소서. 이 시간 우리 모든 심령 가운데 임재하시어서 각 사람을 만져주시고 낙심한 자에게 소망을 갖게 하시고, 마음이 상한 자는 평안으로 지켜 주셔서 마음이 안정을 찾게 하여 주시옵소서.

인도를 바람

우리를 위해 십자가에 돌아가신 예수님의 사랑처럼 우리도 이웃에게 계산적인 사랑이 아닌 조건 없는 순수한 사랑을 할 줄 아는 믿음의 자녀가 되기를 원합니다. 많은 사람들 앞에서 일상적인 형식과 외식에 치우친 사람이 되지 않게 하여 주시어서 날마다 주님과 동행하면서 감사하며 찬송하는 삶을 살수 있도록 인도하여 주옵소서.

예배를 위한 돌봄

하나님께 드리는 이 예배를 통해서 교만의 우상을 과감히 부서뜨리고 어린아이와 같은 겸손함을 가질 수 있도록 하여 주시어서 말씀으로 새롭게 하여 주시옵소서. 또한 세상에서 보잘 것 없이 작고 초라할지라도, 하나님 나라에서 존귀함을 받는 자가 되도록 은혜를 나려 주옵소서. 오늘 드려지는 예배가 하나님 앞에 온전히 드려지기를 기원하며 예수님의 이름으로 기도 드립니다. 아멘.

12. 예수님의 보혈로

 그가 우리를 흑암의 권세에서 건져내사 그의 사랑의 아들의 나라로 옮기셨으니 그 아들 안에서 우리가 구속 곧 죄 사함을 얻었도다 (골 1:13-14)

인도를 바람

우리의 모든 죄를 예수 그리스도의 피로 씻어 주시고 아들 삼아 주심을 감사합니다. 구원받은 하나님의 자녀들이 모여 예배를 드리오니 우리의 찬양과 기도를 받으시고 영광으로 임하시사 은혜가 가운데 충만케 하여 주시옵소서.

회중을 위한 중보

마음의 상처와 삶의 어려움으로 힘들어하는 형제자매들을 위로하여 주시고 질병으로 고통 받는 가족들을 치료하여 주옵소서. 아직도 하나님을 알지 못하는 가족들을 긍휼과 은혜를 베풀어 주시어서 이 시간 저희들이 세상을 살면서 헝클어진 마음과 가정의 근심과 사업의 고통, 이웃 간의 상한 마음, 가족의 병환, 자녀들의 진학 문제를 주님께 모두 맡기오니 은혜와 평강으로 인도하여 주시옵소서.

돌봄의 사랑

저희들이 이웃을 네 몸처럼 사랑하라는 말씀을 알면서도 사랑하지 못하고 형제를 용서하라는 교훈을 들으면서도 실행하지 못하는 저희들에게 힘 주시고 용기 주시어 이웃을 사랑하며 용서 할 수 있는 능력을 부어 주시옵소서. 주님 말씀을 들어도 깨닫지 못하는 저희의 마음을 예수님의 보혈로 깨끗이 하여 주시어서 날마다 말씀을 통하여 저희를 새롭게 하여 주옵소서. 거룩하신 예수님의 이름으로 기도합니다. 아멘.

13 . 부흥의 축복

할렐루야 여호와의 이름을 찬송하라 여호와의 종들아 찬송하라 여호와의 집 우리 하나님의 전정에 서 있는 너희여 여호와를 찬송하라 여호와는 선하시며 그 이름이 아름다우니 그 이름을 찬양하라 여호와께서 자기를 위하여 야곱 곧 이스라엘을 자기의 특별한 소유로 택하셨음이로다 (시 135:1-4)

인도를 바람

지금도 살아 계셔서 만유를 다스리시며 온 인류의 모든 역사를 주관하시며 감찰하시는 하나님 아버지, 영광과 존귀를 올려 드립니다. 저희들에게 복 주시겠다고 약속하여 주신 주일에 예배드릴 수 있게 해 주시니 감사를 드립니다. 감히 주님 앞에 설 수 없는 죄인들이지만 주님 앞에 나아와서 예배하오니 신령과 진정으로 주님께 정성을 다해서 드려지는 예배가 되게 하여 주시옵소서.

자복-회개

이렇게 주님 앞에 나아와서 죄짐을 내려놓고 기도하오니 용서하여 주시옵소서. 지난 일주일 동안에도 육신이 연약하고 믿음이 부족하다는 핑계로 주님의 뜻을 저버리고 내 뜻대로만 살았던 죄를 고백합니다. 주님 불쌍히 여겨 주시고 예수님의 보혈로 깨끗이 씻어 주시어 용서하여 주시옵소서.

예배를 위한 돌봄

이 시간 목사님을 통해서 저희들 마음 밭에 들려주시는 하나님의 음성을 잘 받을 수 있도록 입술을 사용하여 주시옵소서. 주의 종을 통해서 주시는 말씀을 받을 때에 사람의 말이 아니라 주의 음성으로 받아서 이 자리에 하나님의 크신 뜻과 섭리하심만 나타나게 하여 주시옵소서.

지금까지 저희 교회를 축복해 주시고 부흥시켜 주시었사오니 계속적으로 열방을 향한 빛의 사명을 잘 감당하는 칭찬 받는 교회가 되기를 소원합니다. 하나님께서 더욱 몸된 교회를 사랑하여 주시어서 아직도 주님을 알지 못하고 어둠의 세력에 얽매여 신음하고 있는 불쌍한 영혼들에게 복음의 빛을 감당하는 교회가 되게 하여 주시옵기를 간절히 원하오며 어제나 오늘이나 영원토록 동일하신 예수님의 이름으로 기도드립니다. 아멘

14. 긍휼과 자비를 주옵소서

 이와 같이 너희도 너희 자신을 죄에 대하여는 죽은 자요 그리스도 예수 안에서 하나님을 대하여는 산 자로 여길지어다(롬 6:11)

찬양의 고백

거룩하시고 자비로우신 하나님 아버지! 우리를 푸른 초장으로 쉴만한 물가로 인도하여 주시는 하나님께 감사와 찬양을 드립니다. 하나님께서는 온 우주를 창조하셨고 지금 이 순간도 선한 목적과 섭리 가운데 우리를 보존하시고 하나님의 크신 사랑으로 인도하시니 감사 드립니다.

사죄의 고백

지난 한 주간 동안도 저희들을 지켜 주시어서 세상에 살아도 세상 사람들과 같이 아니하고 예수 그리스도의 사랑을 실천하게 하시었지만 때로는 세상 유혹에 빠져 진리를 외면하고 세상 것들을 추구하면서 살아왔습니다. 이 시간에 저희들의 어리석음을 용서하여 주셔서 십자가 보혈로 깨끗케 하여 주옵소서.

돌봄의 고백

하나님 아버지! 영과 육의 나약한 지체들이 오늘도 주님의 은총을 간절히 사모하는 심령으로 나왔습니다. 저들의 질병을 성령의 불로 태워 주시고 사탄 마귀의 권세에서 자유함을 누리게 하여 주시옵소서. 또한 저희들 성령 충만함을 받아 주의 군사로 하늘의 권세와 땅의 권세를 가지고 어두움의 세력들을 물리치는 주님의 용사가 되게 하여 주시옵소서.

예배를 위한 돌봄

이 시간에 주님을 찬양하며 말씀을 듣기를 원하오니 말씀을 선포하는 목사님에게 은혜를 베풀어 주시고 성령이 충만케 하여 주옵소서. 교회가 부흥되기를 원합니다. 하나님께서 빈자리를 채우셔서 우리가 영혼구원 사역에 귀하게 쓰임 받게 하옵소서. 이 시간에도 예배에 참석하지 못한 성도들도 있습니다. 저들의 형편을 아시는 하나님께서 긍휼과 자비를 베풀어 주시옵소서. 예배의 시종을 주님께 맡깁니다. 거룩하신 예수님의 이름으로 기도 드립니다. 아멘

15. 하나님의 섭리와 은총

 여호와의 크고 두려운 날이 이르기 전에 해가 어두워지고 달이 핏빛같이 변하려니와 누구든지 여호와의 이름을 부르는 자는 구원을 얻으리니 이는 나 여호와의 말대로 시온 산과 예루살렘에서 피할 자가 있을 것임이요 남은 자 중에 나 여호와의 부름을 받을 자가 있을 것임이니라 (욜 2:31-32)

인도를 바람

지난 한 주간도 하나님께서 함께 해 주신 은혜에 감사합니다. 천지 만물을 조성하시고 주님의 뜻대로 인도하신 섭리에 감사 드립니다. 세상은 수많은 전쟁과 기근, 혼란 속에 있지만 저희들을 하나님 자녀 삼아 주시고 보살펴 주신 크신 은혜에 감사를 드립니다.

은혜의 간구

저희들은 주님의 영광을 위해 쓰임 받기에 부족하지만 사용하여 주시어서 늘 강건함을 통해서 주님을 잘 섬길 수 있도록 인도하여 주시옵소서. "사랑하는 자여 네 영혼이 잘 됨 같이 네가 범사에 잘 되고 강건하기를 내가 간구하노라" 하신 요한 삼서 1장 2절의 이 말씀처럼 영적으로 육적으로, 병든 지체들을 보호하시고 강건케 하여 주시옵소서. 병들어 신음하는 성도들의 고통과 아픔을 기억하시사 온전히 치료하여 주시옵소서. "그가 징계를 받음으로 우리가 평화를 누리고 그가 채찍에 맞음으로 우리가 나음을 입었도다" 하신 말씀이 질병으로 어려움 당한 성도들에게 그 말씀이 성취되게 하여 주시옵소서. 능력이 많으신 예수님의 이름으로 기도 드립니다. 아멘

16. 교회의 부흥을 주옵소서

 여호와여 내가 주께 대한 소문을 듣고 놀랐나이다 여호와여 주는 주의 일을 이 수년 내에 부흥케 하옵소서 이 수년 내에 나타내시옵소서 진노 중에라도 긍휼을 잊지 마옵소서 (합 3:2)

찬양의 고백

만유를 지으시고 다스리시며 온 인류의 모든 역사를 주관하시는 하나님! 이 시간 저희들을 하나님 전으로 불러 주시어 예배케 하시니 감사와 영광과 존귀를 돌려드립니다. 이 예배를 주장하시고 홀로 영광 받아 주시옵소서.

이 시간 저희들의 연약함을 긍휼히 여기셔서 모든 불의를 주님의 보혈로 깨끗케 하시어서 날마다 주님의 은혜 가운데 살아가게 하여 주시니 감사를 드립니다. 항상 위로부터 내려 주시는 성령의 감동과 감화로 교통케 하시어 성령의 열매를 풍성히 맺는 저희들이 되게 하여 주옵소서.

예배를 위한 돌봄

오늘도 하나님의 말씀을 전하시고자 단위에 세워주신 목사님께 성령 하나님께서 갑절의 은혜를 허락하시어서 말씀을 대언 할 때 성령이 임하게 하시어서 능력으로 나타나게 하여 주시옵소서. 이 시간 우리 교회를 위해서 기도합니다. 일찍이 주님의 크신 뜻과 섭리로 이 자리에 교회를 세워주시고 부흥케 하시니 감사를 드립니다. 주님께서 항상 성령의 충만한 역사를 허락하시어서 열방을 향한 빛으로 쓰임 받고 칭찬 듣는 교회가 되게 하여 주옵소서. 저희들은 주님 오실 그날까지 항상 깨어서 복된 사명을 잘 감당하도록 이 시간 친히 주장하시고 홀로 영광 받아 주시옵소서. 믿사옵고 예수님의 이름으로 기도 드립니다. 아멘

17. 지경을 넓혀 주옵소서

나의 생전에 여호와를 찬양하며 나의 평생에 내 하나님을 찬송하리로다. 방백들을 의지하지 말며 도울 힘이 없는 인생도 의지하지 말지니 그 호흡이 끊어지면 흙으로 돌아가서 당일에 그 도모가 소멸하리로다. 야곱의 하나님으로 자기 도움을 삼으며 여호와 자기 하나님에게 그 소망을 두는 자는 복이 있도다
(시 146:2-5)

인도를 바람

만물을 주관하시는 하나님 아버지 감사합니다. 거룩한 주일을 주시고 하나님 성전에 나와 예배 할 수 있게 허락하여 주심을 감사 드립니다. 연약하고 어리석은 저희 죄를 용서해 주시옵소서. 물질과 쾌락을 쫓으며 이기적인 생각으로 가득한 세상에서 살았음을 고백합니다.

병든 마음을 가지고 살다가 이 시간 주님 앞에 나와서 간구하오니 우리의 부족함을 용서하여 주시옵소서. 알고 지은 죄와 모르고 지은 죄를 용서하시고 오직 성령의 보혈로 깨끗하게 하여 주시옵소서.

돌봄의 은혜

이 시간 간구 합니다. 온 가족들의 가정과 직장과 사업장을 위하여 기도하오니 축복하여 주시고 건강의 복도 더하여 주시옵소서. 이제 저희들이 세상에서 하나님께 영광을 돌리는 가정들이 되게 하시고, 본이 되게 하여 주시옵소서. 목사님의 목회를 적극적으로 도와서 하나님의 지경을 넓히고 교회가 더욱 부흥 성장하는데 봉사의 직분을 잘 감당케 하여 주시옵소서. 담임 목사님께 영과 육의 강건함을 주시고 성도들을 위하여 기도하실 때마다 힘주셔서 은혜를 더하여 주옵소서. 우리 주 예수 그리스도의 이름으로 기도 드립니다. 아멘

우리를 날마다 새롭게 하여 주시는 주님

- 용혜원 -

우리를 날마다 새롭게 하여 주시는 주님
주님 앞에 예배드리기를 원하오니 받아 주소서
우리의 몸과 마음과 온 영혼으로
예배드리게 하여 주시기를 원합니다

우리의 모습이 언제나
주님의 모습을 닮아가게 하여 주시고
주님 보시기에 아름다운 삶을 살게 하소서
강하고 담대한 믿음을 주셔서
오직 예수로 살게 하여 주소서

우리의 믿음이 날마다 성장하게 하여 주시고
사명을 잘 감당하게 하소서

2장 주일 오후 돌봄의 기도

찬양의 예배를 드리게 하옵소서
은혜에 거듭나는 시간
살리시는 주님의 영
기쁨을 주시고 힘이 되신 여호와
무거운 짐을 맡기는 기도
성령의 능력으로
존귀한 예배의 축복
의의 진리로 인도하시는 심령
찬양 속에 임하신 주님
예배의 회복
겸손한 자의 소원과 마음.
소원의 항구
함으로 그 문에 들어가라
큰사랑의 은혜
값없이 주시는 생명수
감사함으로 시와 찬송을 올려라

돌봄 기도 이론

주일 오후는 주로 찬양예배로 드리는 것이 전례이다. 그러나 신앙이 약하여 주일 아침에만 잠깐 비치었다가 안개와 같이 사라져 버린 성도들이 많이 있다. 시간이 갈수록 개인주의 성향들로 인하여 교회마저도 개인주의로 흘러가고 있는 것이 아닌가 싶다. 자신만 예배드리며 다 된 것처럼 생각하고 예배드리고 끝나면 자기 혼자 가버리는 것이 요즈음 교회 공동체의 현실이다.

그래서 오후 찬양 예배에서는 이러한 문제들을 놓고 돌봄의 기도를 해야 한다. 그러기 위해서 먼저 오전에 나왔던 전 성도가 다함께 오후 예배에도 함께 예배 자리로 설 수 있도록 기도해야 한다. 동시에 주일 오후 예배는 특성화된 예배 프로그램을 많이 만들어 거기에 맞게 기도를 준비하고 모두 동참해서 하나님께 영광을 돌리는 예배가 되도록 기도해야 한다.

무엇보다 주일 오후 찬양예배는 찬양의 강조성이 많음으로 예배가 활기차고 즐겁고 아름다운 축제의 예배가 되도록 기도해야 한다. 예를 들면 마음 문을 열고 감사와 고백이 어우러지면서 찬송의 감격이 넘치는 기도, 또는 영적 부흥으로 드려지는 기도, 성도들에게 적용된 구체화된 삶의 기도가 되어서 성령의 역사 속에서 변화와 간구가 회중들에게 감동과 감화를 주는 영적 기도가 되어야 한다.

1. 찬양의 예배를 드리게 하옵소서

 문들아 너희 머리를 들지어다 영원한 문들아 들릴지어다 영광의 왕이 들어 가시리로다 영광의 왕이 뉘시뇨 강하고 능한 여호와시요 전쟁에 능한 여호와시로다. 문들아 너희 머리를 들지어다 영원한 문들아 들릴지어다 영광의 왕이 들어가시리로다 영광의 왕이 뉘시뇨 만군의 여호와께서 곧 영광의 왕이시로다(시 24:7-10)

경배

졸지도 아니하시고 주무시지도 않으시며 지키시는 하나님 아버지! 저희들이 주님의 말씀을 사모하며 왔사오니 죄악된 마음을 회개할 수 있도록 영안을 열어 주시옵소서. 이 시간 우리의 죄를 용서해 주시고 깨끗케 하여 주시어서 주의 말씀대로 순종하는 삶이 되게 하여 주시옵소서.

또한 이 예배를 통하여 말씀의 검으로 우리의 영과 혼과 골수를 찔러 쪼개어 주시어서 우리 심령에 숨겨져 있는 모든 죄악들을 도말해 주시고 새롭게 하여 주시옵소서. 거듭나게 하여 주시옵소서. 이 (오후)저녁에 성령의 임재를 체험할 수 있게 해 주시어서 저희 마음에 주시는 평안으로 어두움이 사라지게 하여 주시옵소서.

치유의 역사

이 시간 연약한 육체를 가지고 나온 성도들을 기억하시고 육신의 연약한 질병도 치유 받게 하여 주시어서 성령이 충만한 삶으로 인도하여 주시옵소서. 오늘 이 자리에 모여서 찬송하는 성도들에게 기쁨을 주시고 은혜를 주시어서 마음껏 찬송하며 주님을 경배 할 때 심령이 뜨거워지게 하여 주시옵소서. 모든 것을 성령님께 의탁하오며 우리를 구원해 주시는 예수님 이름으로 기도합니다. 아멘.

2. 은혜에 거듭나는 시간

 할렐루야 하늘에서 여호와를 찬양하며 높은 데서 찬양할지어다 그의 모든 사자여 찬양하며 모든 군대여 찬양할지어다(시 148:1-2)

감사의 고백

하늘에 계신 우리들의 아버지 하나님! 어두운 세상에 빛으로 오신 하나님의 사랑을 찬양하며 감사 드립니다. 주님은 저희들에게 세상의 빛이 되어서 그 사명을 잘 감당하도록 하셨지만 저희들이 빛으로서 사명을 다하지 못하고 어두움 속에서 방황하면서 살 때가 많았음을 고백하오니 저희들을 용서하여 주시옵소서.

어려움을 당한 분을 위한 돌봄

특별히 궁핍한 처지에 있는 성도들을 돌아보사 그들의 필요를 채워 주셔서 온전케하여 주시고 보다 더 영적으로 육적으로 성숙하도록 강건케 하여 주시옵소서.

저희 교회가 아버지의 마음을 품게 하여 주시어서 죽어 가는 영혼들을 위하여 복음을 전하게 하시고 아버지의 그 거룩한 뜻을 받들어 이웃의 궁핍에 관심을 가지고 그들의 필요를 채워주는 교회가 되게 하여 주시옵소서.

돌봄의 은혜

주님! 이 땅의 교회들이 거룩하신 주의 말씀의 실천자 되어서 밝은 빛이 되게 하여 주시어서 사랑의 빛으로 미움이 물러가게 하시고, 평화의 빛으로 불안과 공포가 물러가게 하시고, 진리의 빛으로 거짓이 물러가게 하옵소서. 또한 선의 빛으로 악이 물러가게 하여 주시어서 저희들로 하여금 등불을 등경 위에 올리게 하셔서 어두움 가운데 방황하는 모든 이들이 생명의 길로 돌아오게 하여 주옵소서. 오늘 오후 예배에도 성령의 강권하심의 예배가 되게 하시고 말씀을 듣는 저희들이 목사님을 통해서 주시는 말씀으로 더욱더 강해져서 복음을 만방에 전파 할 수 있는 영적 권세를 주시옵소서. 말씀을 전하시는 주의 사자에게 능력을 덧입혀 주시어서 말씀을 전할 때 권세 있게 하여 주시옵소서 이 권세로 어두움의 세력이 물러가고. 복음의 권세가 나타나시어서 하나님의 영광을 위해서 능력 있는 삶을 살게 하여 주옵소서. 사랑이 많으신 예수님 이름으로 기도드립니다. 아멘.

3. 살리시는 주님의 영

백성이 율법의 말씀을 듣고 다 우는지라 총독 느헤미야와 제사장 겸 학사 에스라와 백성을 가르치는 레위 사람들이 모든 백성에게 이르기를 오늘은 너희 하나님 여호와의 성일이니 슬퍼하지 말며 울지 말라 하고(느 8:9)

경배의 고백

지금도 살아 계셔서 우리의 생사화복을 주장하시는 아버지 하나님! 오늘 거룩한 성일을 맞이하여, 아침부터 이 시간까지 주님을 찬양하고 영광을 돌리게 해 주심을 감사 드립니다. 이 시간 주님의 자녀들이 주님 앞에 나아와 주님의 이름을 높이며 경배하기를 원합니다. 주님, 부족하지만 우리의 예배를 받아주시고 영광을 받아 주시옵소서.

용서의 고백

이 시간, 저희들 너무나 힘들고 어두운 세상에서 갈 길을 몰라 방황하다가 주님께로 나아왔습니다. 목자 없는 양같이 유리하는 저희들을 불쌍히 여겨 주시옵고, 저희의 마음속에 좌정해 주시사 저희들을 다스려 주시옵소서.

돌봄의 은혜

저희 속에 있는 영혼의 병, 육체의 병, 마음의 병을 치료해 주시고 회복시켜 주시옵소서. 저희들의 상하고 찢겨진 심령들을 어루만져 주시고 치료하여 주시옵소서. 말 못할 고민으로 고통 받고 있는 자, 주님 아시오니 친히 그 심령 속에 찾아 가셔서 들어주시고, 위로하시고, 해결하여 주시옵소서. 이 한 시간을 통하여 주님의 자녀들이 성령 충만 받게 하옵시고, 세상이 감당치 못할 자로 세워 주시옵소서. 이 시간 온전히 주님의 사랑과 은혜로 충만케 하옵시고, 끝나는 시간까지 이 예배를 주장하여 주시기를 간절히 바라오며, 예수님의 이름으로 기도 드립니다. 아멘.

4. 기쁨을 주시고 힘이 되신 여호와

 피곤한 자에게는 능력을 주시며 무능한 자에게는 힘을 더하시나니 소년이라도 피곤하며 곤비하며 장정이라도 넘어지며 자빠지되 오직 여호와를 앙망하는 자는 새 힘을 얻으리니 독수리의 날개 치며 올라감 같을 것이요 달음박질하여도 곤비치 아니하겠고 걸어가도 피곤치 아니하리로다 (사 40:29-31)

감사의 고백

하나님 아버지 감사합니다. 오전 시간에도 우리들을 사랑하시어 새 힘 주시고 용기를 주시고 사랑으로 감싸주시고 이 오후 시간에도 우리들을 사랑하시어서 은혜 베풀어 주시려고 이곳에 모이게 하시니 참으로 감사합니다. 우리의 찬양을 받아주시고, 입술만 아니라 우리 마음 깊은 곳에서 우러나는 찬양을 드릴 수 있도록 인도하여 주시기를 원합니다. 양들이 목자의 인도함을 받아 평화를 누리며 음침한 사망의 골짜기 속에서도 날마다 주님의 안위를 얻는 것처럼 우리들의 삶의 여정 속에서도 이런 일들이 매일 매일 체험되어지도록 도와 주시기를 기도합니다.

다짐의 고백

이 예배 후에 저희들이 삶의 현장으로 파송 되어질 때 하나님의 백성이 어디 있든지 예수님의 빛을 가지고 그 생명의 참 빛을 다른 사람들에게 비춰 줄 수 있도록 인도하여 주시어서 예수님의 생명의 빛을 보고 실족하지 않도록 도와 주시옵소서. 그리하여 저희들이 예수님의 밝은 빛을 소유하게 하옵소서. 우리를 날마다 푸른 초장으로 인도하시는 주 예수 그리스도의 이름으로 기도드립니다. 아멘

5. 무거운 짐을 맡기는 기도

 수고하고 무거운 짐 진 자들아 다 내게로 오라 내가 너희를 쉬게 하리라 나는 마음이 온유하고 겸손하니 나의 멍에를 메고 내게 배우라 그러면 너희 마음이 쉼을 얻으리니 이는 내 멍에는 쉽고 내 짐은 가벼움이라 하시니라
(마 11:28-30)

송축

살아 계신 하나님 아버지 감사합니다. 오늘 오후 예배에도 주님의 자녀들이 모였습니다. 이 시간에도 주님이 빛을 주시사 저희들 속에 숨어 있는 어두움의 세력들이 떠나가게 하시고 저희들이 모든 속박에서 자유함을 입어 살아 계신 하나님께 영광 돌려 드리게 하옵소서.

돌봄

하나님 아버지! 여기 모인 성도들에게 하나님의 축복을 허락하시자 강건하게 하시고, 언제 어디서나 그리스도의 향기를 뿜어내는 복음의 사신들이 되게 하여 주옵소서. 우리 주변에 아직도 예수 그리스도를 믿지 않고 사는 사람들이 너무 많습니다. 그들에게 복음을 전할 수 있는 능력도 주시옵소서. 또한 병들어 연약한 성도들을 기억해 주셔서 병든 부분을 주님의 보혈로 치유하여 주시옵소서. 주 예수의 이름으로 명하노니 더러운 질병들은 떠나가게 하시고 병든 부분에 성령님께서 보혈의 피로 회복시켜 주심으로 강건해 지게 하옵소서.

돌봄의 은혜

이 시간 성령님께서 저희 가운데 임재하셔서 우리가 가지고 나온 모든 문제들이 해결함 받는 귀한 시간 되게 하여 주시옵소서. 이 한 주간도 주님께서 저희들을 돌봐주시어서 새 생명으로 거듭나는 사람을 살아 갈 수 있게 하시고 모든 근심 걱정, 모두 주님께 맡기오니 평안의 은혜로 인도하여 주시옵소서. 날마다 우리의 짐을 지시는 예수님의 이름으로 기도드립니다. 아멘.

6. 성령의 능력으로

 찬양하라 하나님을 찬양하라 찬양하라 우리 왕을 찬양하라. 하나님은 온 땅에 왕이심이라 지혜의 시로 찬양할지어다(시 47:6-7)

감사의 고백

오늘도 하나님을 예배하는 날로 인도해 주심을 감사합니다. 저희들이 새벽부터 지금까지 하나님을 만나는 귀한 시간을 허락하여 주시었사오니 이 시간 우리의 허약한 모습들을 감싸주시고 치료하셔서 하나님을 경배하며 찬양하는 일에 부족함 없는 자녀들이 되게 하여 주옵소서.

상처의 치유

사랑하는 성도들 가운데 질병으로 신음하는 환우들을 기억하셔서 연약한 상처를 치유하여 주시고 몸과 마음을 강건하게 하여 주옵소서. 또한 지혜로 우리의 삶을 새롭게 하여 주시어서 더욱더 주의 일에 힘쓰는 성도들이 되게 하여 주시옵소서. 오직 성령의 능력을 통하여 은혜 가운데 이루어지기를 원합니다.

능력의 고백

성령의 능력이 아니고서는 아무것도 할 수 없음을 우리는 압니다. 이 시간 저희 부족함을 내어놓고 기도하오니 우리가 더욱더 주의 일에 힘쓸 수 있도록 지혜를 주시어서 믿음에 믿음을 덧입혀 주시옵소서. 이 시간 말씀을 전하시는 주의 종에게도 성령의 능력을 주시어서 말씀에 권세가 있게 하시어서 저희들이 이 말씀을 받고 더 강해져서 하나님의 영광을 드러내도록 인도하여 주옵소서. 사랑이 많으신 예수님의 이름으로 기도드립니다. 아멘

7. 존귀한 예배의 축복

온 땅이 주께 경배하고 주를 찬양하며 주의 이름을 찬양하리이다 할지어다
(시 66:4)

감사의 고백

역사를 주관하시고 운행하시는 하나님! 존귀와 영광을 드리며 그 이름을 찬양합니다. 다원화된 삶의 여정 속에서도 날마다 인자하심과 보호하심으로 한 주간을 지켜주심을 감사 드립니다. 주님의 거룩하고 복된 날을 맞이하여 아버지께 나와서 이 시간 예배드림에 감사를 드립니다.

인도를 바람

지난주간 저희들은 세상에 속하여 살면서 빛과 소금의 사명을 잘 감당하며 살지 못하고 빛을 잃은 무리들이 갈 바를 몰라 방황하고 흔들리며 살았음을 고백합니다. 이 시간 저희들에게 십자가의 보혈로 정결케 하시고 사죄의 은총을 허락하여 주시어서 몸과 마음이 예수님의 보혈로 정결케 되게 하시고 성령의 능력으로 살게 하여 주시옵소서.

회중을 위한 중보

자비로우신 하나님 아버지! 이제 우리가 복음의 전신갑주를 입고 영적 전투에 나아가 우리의 앞길을 막는 사탄의 세력을 제거해 주시어서 믿음의 군사로서 든든히 서서 강하고 담대한 믿음을 소유한 저희들이 되게 하여 주옵소서. 이 시간 목사님을 통하여 하나님의 말씀이 선포될 때 우리의 귀를 열어 주서서 집중하게 하여 주시고, 드려지는 예배가 복된 예배가 되도록 축복하여 주옵소서. 또한 찬양대 위에도 함께 하여 주시어서 하나님의 성호가 우리 심령 속에 임하게 하옵소서. 하나님 홀로 영광 받으시기를 원하오며 거룩하신 예수님 이름으로 기도드립니다. 아멘

8. 의의 진리로 인도하시는 심령

우리 하나님이여 지금 주의 종의 기도와 간구를 들으시고 주를 위하여 주의 얼굴빛을 주의 황폐한 성소에 비취시옵소서(단 9:17)

경배의 고백

찬양과 영광을 홀로 받으시기에 합당하신 하나님 아버지, 아버지의 이름을 찬양합니다. 이 거룩한 주일에 저희를 주님 품안에서 영육간의 쉼을 얻게 하시니 감사합니다. 주님을 떠나 상하고 지친 저희를 불러 회복시켜 주시며, 새 생명으로 살게 하신 그 사랑을 찬양합니다.

인도함의 고백

사랑의 하나님! 이 시간 저희들에게 주의 자비와 은총으로 우리를 축복해 주시어서 용기와 낙망 가운데 사는 저희들에게 새 힘을 주시고 복된 삶을 살수 있도록 인도하여 주시옵소서. 낙망과 좌절로 어려움을 겪는 이웃들을 기억하여 주시어서 주님의 보혈로 정결케하시고 은혜로 그들을 붙잡아 주시옵소서. 또한 사업하는 성도들에게 은혜를 주시어서 그 사업들이 잘되게 하시고, 공부하는 학생들에게는 지혜를 주시며, 군대에 있는 형제들을 하나님께서 보살펴 주심으로 낮의 해와 밤의 달이 상치 않도록 인도하여 주옵소서.

경제적으로 어려움을 겪는 성도들에게는 물질적인 복을 주시어서 풍요로움과 형통함으로 보살펴 주옵소서. 이 시간 드려 지는 예배를 통해서 성령의 임재를 사모합니다. 말씀을 전하시는 목사님에게 함께 하시고 건강의 복으로 인도하여 주시어서 영과 육이 강건하게 하여 주옵소서.

우리 교회를 축복해 주시어서 부흥의 불길이 활활 타오르게 하시고 우리 안에 부흥이 일어나게 하여 주옵소서. 사랑이 많으신 예수님의 이름으로 기도합니다. 아멘.

9. 찬양 속에 임하신 주님

 이스라엘의 찬송 중에 거하시는 주여 주는 거룩하시니이다 (시편 22:3)

경배의 고백

우리의 찬양과 경배를 받으시기에 합당하신 주님의 이름을 높여 드립니다. 이 시간 하나님만을 찬양하며 경배하오니 예배를 통해서 영광을 받으시고 주님의 주권만 드러나게 하여 주옵소서. 저희들 세상 속에서 살면서 많은 근심과 걱정과 염려를 가지고 살아 갈 때가 너무나도 많습니다. 이 모든 근심 걱정을 다 십자가 밑에 내려놓고 왕되신 하나님을 찬양하오니 찬양을 받으시고 우리 가운데 임하셔서 하나님을 경험하게 하옵소서.

돌봄의 고백과 인도

이 시간 사랑하는 성도들을 위하여 기도합니다. 환난과 어려움을 당하는 자들에게는 기쁨으로 인내하는 마음을 주시고, 슬픔에 젖어 있는 자들에게 기쁨으로 변화시키는 놀라운 은혜가 우리의 찬양 가운데 임하게 하여 주시옵소서. 무엇보다도 기쁨이 없는 자들에게 힘을 주시고 굳센 믿음을 주시어서 어떤 일이든지 능히 감당할 수 있는 새 힘을 주시옵소서. 이 오후 예배를 통하여서 예수 그리스도의 생명이 우리 안에 차고 넘치기를 소원합니다. 성령의 법으로 우리를 다스리시고 성령의 기름을 부어 주시옵소서. 예수님의 이름으로 기도드립니다. 아멘.

10. 예배의 회복

 여호와여 내가 주께 대한 소문을 듣고 놀랐나이다. 여호와여 주는 주의 일을 이 수년 내에 부흥케 하옵소서. 이 수년 내에 나타내시옵소서 진노 중에라도 긍휼을 잊지 마옵소서 (합 3:2)

감사의 고백

천지 만물을 주관하시고 섭리하시는 전능하시고 영원하신 하나님 아버지! 죄로 인하여 죽을 수밖에 없는 저희들을 사랑하셔서 예수 그리스도의 보혈로 사함을 받게 하시고 주님의 거룩하신 백성으로 삼아 주시니 감사드리옵나이다. 또 저희에게 거룩한 주일을 허락하셔서 새벽부터 이 시간까지 예배드릴 수 있게 하시니 더욱 감사드리옵나이다.

사죄의 고백

그러나 저희들은 하나님의 은혜를 깨닫지 못하고 주님의 말씀대로 살지 못했습니다. 그리하여 주님 앞에서 주님을 향한 사랑이 식어졌고, 믿음이 약하여 충성과 봉사를 다하지 못하였나이다. 이 시간 저희의 허물을 고백하고 회개하오니 저희의 죄를 사하여 주시옵소서. 친히 죄를 깨닫게 하시며 하나님 앞에 겸손하게 설 수 있도록 성령님이시여 우리 마음속에 임재하여 주시어서 하나님을 온전히 바라보며 의지하고 주님의 뜻 앞에 순종하며 살 수 있는 마음을 주시옵소서.

구원의 확신

하나님 아버지! 저희들의 가족 중에 아직도 주님을 영접치 못하고 죄악 속에서 사는 형제자매들이 있사옵니다. 이 시간 저희들이 한 마음으로 기도하오니 저희 성도들의 모든 가족들이 하나님을 영접하여 영생을 얻게 하시고, 저희들의 가정이 구원의 방주가 되는 놀라운 은총을 받도록 인도하여 주시옵소서.

교회의 부흥

지금 까지 저희 교회를 주님께서 세워주시고 지켜 주시며 부흥 발전케 하셨사오니 감사를 드리옵니다. 더욱 주께서 축복하셔서 저희들의 교회가 이 땅에서 선교의 사명을 감당하는 교회가 되게 하시어서 이 지역 사회를 예수님께로 인도 할 수 있는 은혜를 주옵소서. 각 기관도 축복하셔서 하나님의 영광을 드러내는 귀한 기관이 되도록 세워 주시옵소서. 이 예배를 축복하시고 인도해 주시어서 주님께 홀로 영광 받으시고, 저희들에게 한량없는 은혜를 베풀어 주시옵소서. 아무 공로 없는 죄인이 예수님 이름 받들어 기도드립니다. 아멘.

11. 겸손한 자의 소원과 마음

 여호와여 주는 겸손한 자의 소원을 들으셨으니 저희 마음을 예비하시며 귀를 기울여 들으시고 (시 10:17)

인도와 보호하심

하나님 아버지! 오늘도 주일 오후예배로 하나님께 드립니다. 우리의 찬송과 기도 가운데 임재 하셔서 주님께만 영광이 되는 예배가 되게 하여 주옵소서. 새벽부터 나와서 여러 기관에서 봉사하는 성도들을 기억하시고, 저들 육신이 피곤하나 이 시간 하나님께서 그들의 피로를 씻어 주시고 성령의 은혜로 강건케 하여 주시옵소서.

회중을 위한 중보

사랑의 하나님 아버지! 저희들로 형제를 사랑하고 이웃을 용서할 수 있게 하옵소서. 원망보다는 용서를 선택하기 원합니다. 미움보다는 사랑을 선택하길 원합니다. 저희들의 약한 마음에 힘을 더하여 주시옵소서. 십자가의 길을 걸으시며 십자가에 못 박는 무리를 용서하시고 그들을 위해 기도하신 주님을 생각합니다. 우리도 서로 용서하고 사랑하게 하옵소서. 예수님의 이름으로 기도합니다. 아멘.

12. 소원의 항구

 저희가 평온함을 인하여 기뻐하는 중에 여호와께서 저희를 소원의 항구로 인도하시는도다(시 107:30)

찬양의 고백

천지 만물을 주관하시고 섭리하시는 전지전능하시고 영원하신 하나님 아버지! 오늘 거룩한 하나님의 날 오전 예배에 이어 오후 예배도 드리게 하시니 진심으로 감사를 드립니다. 이 예배가 감사와 찬양이 넘치는 시간이 되게 하시고, 저희들이 주님을 만나는 은혜의 시간이 되게 하여 주옵소서.

은혜의 간구

하나님 아버지, 저희 몸 된 교회를 위하여 기도드립니다. 저희 교회가 온전히 하나님의 영광을 드러내는 교회가 되게 하시고, 이 세상에서 방부제의 역할을 감당하며 많은 생명들을 주님 앞으로 인도하여 구원의 기쁜 소식을 전하는데 부족함 없게 하여 주시옵소서. 지역 복음화의 사명을 잘 감당하게 하여 주시옵소서.

국가와 민족을 위한 돌봄

나라와 민족을 위해 기도드립니다. 이 나라의 통치자와 정사를 맡은 모든 이들에게 순수한 마음과 말에 현명함과 행동에 굳세고 하나님 말씀을 두려워하는 마음을 허락하여 주시옵소서. 이 나라와 백성이 하나님을 경외하는 자들이 되게 하여 주시옵소서.

나라의 모든 정사를 주님께서 친히 주관하여 주시기를 원합니다. 다시는 이 땅에 고난이 없게 하시고 분쟁이 일어나지 않도록 붙들어 주시옵소서. 지금 분단된 이 나라가 복음으로 통일되는 놀라운 하나님의 역사가 나타나게 하여 주시옵소서.

예배를 위한 돌봄

오늘 오후에도 주님의 귀한 말씀을 증거 하실 목사님에게 신령한 능력과 성령으로 충만케 하시옵소서. 그리하여 말씀을 통하여 믿음이 부족한 성도에게는 굳세고 담대한 믿음을 주시옵소서. 예배의 시종을 주님께 맡겨 드립니다. 변함없으신 예수님의 이름으로 기도드립니다. 아멘

13. 감사함으로 그 문에 들어가라

 감사함으로 그 문에 들어가며 찬송함으로 그 궁정에 들어가서 그에게 감사하며 그 이름을 송축할지어다(시 100:4).

송축
만군의 하나님 아버지, 오늘도 새벽부터 이 시간까지 하나님의 은혜 가운데 머물게 하시고, 이 시간에 오후 예배로 하나님께 찬양과 경배를 드립니다. 부족하고 연약한 저희들이 드리는 이 예배를 받으시옵소서.

돌봄의 고백과 인도
이 시간에 간구하옵기는 육신이 세속에 사로 잡혀서 고통으로 신음하는 주님의 백성들을 위하여 기도하기를 원합니다. 주님의 이름으로 기도하오니 더러운 질병과 악한 마귀는 떠나가게 하여 주시옵소서.

경배의 고백
주님을 사랑하는 지체들이 정성으로 준비한 찬양을 드리기를 원합니다. 받으시고 축복으로 저들에게 위로하여 주시옵소서. 이 오후 시간에도 많은 성도들과 더불어 하나님의 말씀을 듣기를 원합니다. 말씀하여 주시어서 전하는 자나 듣는 자나 피차 하나님께는 영광의 시간이요 저희들에게는 기쁨과 축복의 시간이 되게 하옵소서. 거룩하신 예수님의 이름으로 기도드립니다. 아멘

14. 큰사랑의 은혜

 내 계명은 곧 내가 너희를 사랑한 것같이 너희도 서로 사랑하라 하는 이것이니라. 사람이 친구를 위하여 자기 목숨을 버리면 이에서 더 큰사랑이 없나니 너희가 나의 명하는 대로 행하면 곧 나의 친구라 이제부터는 너희를 종이라 하지 아니하리니 종은 주인의 하는 것을 알지 못함이라 너희를 친구라 하였노니 내가 내 아버지께 들은 것을 다 너희에게 알게 하였음이니라(요 15:12-15).

예배를 위한 돌봄

살아 계신 하나님 아버지! 오늘 하루 귀한 주일을 허락 하시사 주님 전에 나와서 예배드리게 하신 은혜 감사 드립니다. 오늘 오후에도 주님의 자녀들이 몸 된 전에 나와서 하나님께 경배하오니 예비하신 말씀으로 함께 하여 주시고, 세우신 목사님에게 영육의 강건함으로 함께 하여 주시옵소서.

돌봄의 은혜

우리 교회 성도님 중에서 영적인 고통과 육신의 질병으로 인하여 고통을 받고 있는 지체들이 있습니다. 그들의 마음에 성령의 위로로 함께 하여 주시고 말씀으로 치료하여 주옵소서. 그래서 질병과 고통 가운데서도 주님의 십자가를 바라보게 하시고 하나님 앞에 더욱 가까이 가는 성도님들 되게 하옵소서. 건강한 몸을 가지고 주님 앞에 영광 돌리며 충성하는 성도님들 되게 하옵소서. 예수님의 이름으로 기도드립니다. 아멘

15. 값 없이 주시는 생명수

 나 예수는 교회들을 위하여 내 사자를 보내어 이것들을 너희에게 증거 하게 하였노라 나는 다윗의 뿌리요 자손이니 곧 광명한 새벽 별이라 하시더라 성령과 신부가 말씀하시기를 오라 하시는도다 듣는 자도 오라 할 것이요 목마른 자도 올 것이요 또 원하는 자는 값없이 생명수를 받으라 하시더라(계 22:16-17).

경배의 고백

오늘 거룩한 성일에 오전 예배에 이어 오후 예배도 드리게 하시니 진심으로 감사를 드립니다. 주님의 크신 뜻이 계셔서 이곳에 우리 교회를 세워 주시고 지금까지 지키시며 부흥 발전시켜 주시니 감사를 드립니다.

은혜의 간구

사랑하는 교회가 지역 복음화를 감당하게 하시고 크신 능력과 축복을 허락하셔서 죽어 가는 많은 심령들에게 복음의 기쁜 소식을 전하게 하옵소서. 또한 각 기관을 지켜주시고 늘 새로운 힘을 주셔서 맡겨진 본분을 감당하며 모이기에 힘쓰고 영혼구령에 최선을 다하기를 원합니다.

나라와 민족을 위한 기도를 드립니다. 이 나라와 백성이 하나님을 경외하는 자들이 되게 하옵소서. 먼저 대통령과 위정자들을 감찰하시고 통찰하시어 모든 정사를 주님께서 친히 주관하여 주시옵소서. 다시는 이 땅에 고난이 없게 하시고, 분쟁이 일어나지 않도록 붙들어 주시옵소서.

예배를 위한 돌봄

성령으로 저희와 함께 하시는 하나님. 지금 이 시간도 주님의 귀한 말씀을 증거 하실 목사님에게 신령한 능력과 성령으로 충만케 하시옵소서. 그리하여 말씀을 통하여 주의 영광이 드러나게 하시고 육신의 병으로 고통 하는 성도들에게 건강과 힘을 주시고 믿음이 부족한 성도에게는 굳세고 담대한 믿음을 주시옵소서. 예배의 시종을 맡기오며 빛 되신 예수 그리스도 이름으로 기도드립니다. 아멘

16. 감사함으로 시와 찬송을 올려라

 시와 찬미와 신령한 노래들로 서로 화답하며 너희의 마음으로 주께 노래하며 찬송하며 범사에 우리 주 예수 그리스도의 이름으로 항상 아버지 하나님께 감사하며 그리스도를 경외함으로 피차 복종하라 (엡 5:19-21)

인도를 바람

하늘에 계신 아버지 하나님, 주께서 오늘도 저희들을 은혜 가운데 지켜 주심을 감사 드립니다. 이 시간 믿음 안에서 신령과 진정으로 예배드리게 하시니 무한 감사를 드립니다.

사죄의 고백

이 시간 주님께 간구합니다. 우리들의 모든 죄를 용서하여 주시고 거듭나는 믿음을 주시어서 주의 거룩한 백성들이 되게 하여 주시옵소서.

어려움을 당한 분을 위한 돌봄

이 시간 연약한 성도들을 위하여 기도합니다. 마음의 병, 육체의 질병 주님의 이름으로 치유하여 주시어서 자유를 얻게 하여 주시옵소서. 나사렛 예수님의 이름으로 명하노니 연약한 육체는 깨끗하게 해 주시고 정결케 해주시어서 주님이 주시는 참 기쁨을 맛보며 살게 하여 주시옵소서. 우리의 모든 질병과 문제를 해결해 주시는 예수님의 이름으로 기도드립니다. 아멘

나의 삶 동안에

- 용혜원 -

나의 삶의 시작과 끝을 주께서 인도하소서

오직 주님을 소망하며 임재하심을 갈망하며
주님의 임재하심에 감격하며
의미 있게, 거룩하게, 뜻 깊게
주님 안에서 살게 하소서

주님을 신뢰하므로 주님의 깊은 마음을 알아
나의 삶 동안에 준비의 섭리를 맛보게 하소서
예수만으로 기뻐하며 예수만으로 만족하며
예수만으로 축복 받으며
성령의 인도하심 따라 살게 하소서

3장 구역에서의 돌봄 기도

아름다운 구역
쉴 만한 물가로
여호와는 저희의 힘이시라
추수할 일꾼들을 보내어 주소서
주의 산업에 복을 주시고
아름다운 구역
너희가 기쁨으로 구원을 얻으라
충성된 삶을 살게 도와주시옵소서
상처받은 구역원을 위한 기도
사랑 안에서 가장 귀히 여기라
나도 그들 중에 있느니라
능력과 권세를 가지고
즐겁게 헌신할 때.
복을 내려 주옵소서
예수만 섬기는 구역
구역 원들이 즐겁게 헌신 할 때
영원한 즐거움
기쁨으로 섬기며 나가라

돌봄 이론

구역 예배는 각 가정의 형편과 그 구역의 특수 상황 속에서 예배를 드린다. 그러므로 가정과 구역의 전반적 흐름을 가지고 구역의 영적 상태와 구역원의 생활을 가지고 돌봄 기도를 해야 한다. 예를 들면 구역 예배 장소는 일정하지 않고 각 가정마다 돌아가면서 드리는 예배이기 때문에 장소에 따라서 환경과 상황이 각각 다르다. 즉 구역 예배를 드리는 본질과 내용은 일정하지만 기도의 주체, 기도의 여건은 다르다고 말할 수가 있다.

구역에서의 기도는 보편화된 기도가 아니라 보다 현실적이고 복음 중심적인 기도를 통해서 위로와 격려, 믿음과 신뢰, 은혜와 축복, 봉사와 전도, 예배와 교육의 장이 되어야 한다. 그러기 위해서는 먼저 돌봄, 서로 돌아(each other care)보고, 각자 자기 일(역할분담)을 통해서 상생의 원리 속에서 협력의 원리를 가지고 사랑으로 서로 세우고 서로가 서로를 위해서 위로와 용기를 주는 기도를 해야 한다. 그렇기 때문에 구역에서의 기도는 5가지가 전제되어야 한다,

첫째, 하나님께 드리는 예배가 전제되어야 한다.

둘째, 효과적인 성경 공부가 전제되어야 한다.

셋째, 이웃을 위한 기도가 전제되어야 한다.

넷째, 복음 전파가 전제되어야 한다.

다섯째, 친교 활동이 전제되어야 한다.

이러한 구역 예배를 통해서 서로의 삶에 대해 많은 대화를 나눔으로써 부족한 영적 생활과 개인들의 삶의 문제점들을 터놓고 기도하는 곳이기 때문이다. 사실 서로가 일터에서 분주하게 살다 보니까, 여러 가지 형편

과 사정을 잘 모른다. 그러나 구역예배를 통해서 병든 자, 시험에 빠진 자, 환란을 당한 자, 슬픔을 당한 자, 사업에 실패한자, 새로 온 새신자, 이거(移去) 하는 자, 개인적인 고민, 직장문제, 가정문제 등 기도제목을 제일 먼저 접하는 장소이다.

　그래서 기도와 말씀으로 위로하고 문제를 해결하도록 도와주며 격려하는 일을 통해서 친교와 사랑을 나누는 현장이 되어야 한다. 이때 주의할 것은 너무 많은 간섭과 개개인의 삶에 대해서 파고들지 말고 오직 위로와 격려를 통해서 서로가 서로를 돌아보는 돌봄의 기도가 되어야 한다.

1. 아름다운 구역

 여호와는 나의 산업과 나의 잔의 소득이시니 나의 분깃을 지키시나이다 내게
줄로 재어 준 구역은 아름다운 곳에 있음이여 나의 기업이 실로 아름답도다
(시 16:5-6)

찬양의 인도

한 사람의 영혼을 천하보다도 더 귀히 여기시는 하나님! 세상에 너무
도 약하고 부족한 저희들을 택하여 주님의 자녀 삼아 주시고 교회의 한
구역의 줄로 재워 주셔서 감사합니다. 우리에게 주님을 향한 열정과 사
랑을 더하셔서 한 가족이 되게 하신 구역원 한 가정 한 가정을 서로가 사
랑으로써 섬기며 나아가게 해 주옵소서. 우리 구역의 성도들 한 사람, 한
사람 신앙이 날로 성장케 해 주시고 각 가정마다 예수님을 모시고 사는
천국이 되게 하여 주시옵소서.

회중을 위한 중보

하나님 아버지, 구역들로 인하여 초대 교회의 성령의 충만한 역사가
일어나게 하시어서, 우리 교회가 말씀으로 충만하고 은혜로 충만하며 사
랑으로 충만하게 하여 날로 뜨겁게 되기를 원합니다. 모든 구역이 교회
를 크게 부흥시키는데 큰 힘이 되게 하여 주시옵소서. 각 구역의 각 가정
을 심방할 때마다 사랑으로 소망을 전하게 하시고, 하나님의 일을 충성
되게 할 수 있게 해 주시옵소서.

은혜의 간구

어려운 일이 있는 가정에 주님이 함께 하셔서 믿음으로 잘 극복하게
하시고, 믿음이 더해가고, 사랑이 더해가고, 은혜가 더욱 넘쳐나게 해 주
시옵소서. 성도의 가정에 날마다 영적인 부흥의 은혜가 넘치게 하시고
만나는 사람들이 주님 앞으로 돌아오는 감동이 있게 하여 주시옵소서.
어떤 경우에도 낙심치 말게 하시고 인내하며 승리케 하여 주시어서 구역
마다 주님의 은혜와 사랑이 넘쳐나게 하여 주옵소서. 사랑이 많으신 예
수님 이름으로 기도합니다. 아멘.

2. 쉴 만한 물가로

 여호와는 나의 목자시니 내가 부족함이 없으리로다. 그가 나를 푸른 초장에 누이시며 쉴 만한 물가로 인도하시는도다. 내 영혼을 소생시키시고 자기 이름을 위하여 의의 길로 인도하시는도다 (시 23:1-3)

인도를 바람

저희들의 생명이시며, 소망이 되시는 하나님 아버지, 전능하신 주님께 영광을 돌리옵니다. 교회의 지체된 저희들이 이 시간 구역예배로 주님께 영광 돌릴 수 있게 축복하시니 감사하옵니다. 주님께서는 저희들을 택하여 주시고 오늘날까지 보호하시고 지켜주셨지만 저희들은 주님의 뜻을 깨닫지 못하고 죄악 가운데 살았습니다. 저희들을 불쌍히 여기셔서 죄 가운데서 구해 주시고 하나님께 충성된 삶을 살게 도와주시옵소서.

구역의 중보

저희들은 넘어지기 쉽고 주님의 뜻을 저버리고 살기 쉬우니 붙잡아 주시옵소서. 사랑의 주님! 저희 구역 식구들을 위하여 기도하오니 들어 주시옵소서. 저희 구역이 더욱 아버지께 인정받는 구역이 되게 하시고, 사랑과 평화가 끊임없이 돋아나게 하시옵소서. 그리하여 서로 사랑하여서 거룩하신 가족으로 묶어 주시고 구역의 가정들을 돌보아 주시옵소서.

각 가정 마다 기도제목들이 다 이루어지게 하옵소서. 특별히 기도하는 것은 여러 가지 처지와 환경에 따라서 출타해 있는 식구들이 있사오니 어느 곳에 있든지 굳건한 믿음으로 살게 하셔서 기쁨의 소식이 늘 끊어지지 않게 도와주시옵소서.

구역의 부흥

구역을 위하여 수고하시는 구역장님에게 더욱 축복하셔서 구역을 돌보는데 부족함 없게 하시고 건강도 지켜 주시옵소서. 하나님 아버지. 저희 교회에 속한 모든 구역을 주께서 감찰하시고 지켜주셔서 모든 구역들이 주님께 영광 돌리며 몸 된 교회를 섬기는데 열심을 갖게 하시옵소서.

한 구역이라도 실족함 없게 하시고 모든 구역장님들을 지켜주시옵소서. 저희들의 교회와 목사님을 위하여 기도하오니 교회가 더욱 부흥 발전하게 하시고 목사님에게 늘 새 힘과 능력을 허락하옵소서. 이 예배에 참석치 못한 식구들도 주님께서 친히 돌보아 주시며 저희 구역을 통하여 교회가 발전하는 원동력이 되게 하옵소서. 시종을 주님께 맡기오며 거룩하신 예수님의 이름으로 기도드립니다. 아멘.

3. 여호와는 저희의 힘이시라

 여호와는 저희의 힘이시요 그 기름 부음 받은 자의 구원의 산성이시로다 주의 백성을 구원하시며 주의 산업에 복을 주시고 또 저희의 목자가 되사 영원토록 드십소서 (시 28:8–9)

은혜의 간구

사랑이 많으신 아버지 하나님! 이 시간 사랑하는 저희 구역원들, 일상의 일을 잠시 멈추고 구역예배로 모였습니다. 주님을 찬양하고 경배하기를 원하오니, 성령님, 이곳에 임재해 주시고 역사해 주시옵소서.

구역의 중보

또한 이 시간을 통해 구역원들끼리 서로 기도하면서 섬기는 시간이 되도록 해 주시옵소서. 가까이 있지만 서로 잘 알지 못하고 섬기지 못하는 구역원들 있습니까? 이 시간 서로를 알게 하시고, 화목하게 하시고, 서로 섬길 수 있는 귀한 교제의 시간이 되게 해 주시옵소서. 이 시간을 통하여 심령이 상한 자가 있다면 위로를 받고, 육신의 병이 있다면 성령의 능력으로 깨끗이 나을 수 있는 시간이 되도록 인도 해 주시옵소서. 아무도 알지 못하고 누구에게도 터놓고 얘기할 수 없는 고민이 있다면, 그들의 마음을 어루만져 주시고 해결함 받을 수 있는 귀한 시간으로 삼아 주시옵소서.

구역의 돌봄

우리는 너무나 연약합니다. 하지만 주님, 능력이 많으시고 은혜로우시니, 주님의 능력으로 힘을 얻게 하시고, 그 은혜로 나음을 얻게 하여 주시옵소서. 또한 서로의 어려움을 알고 서로를 위해 기도해 줄 수 있는 저희들 되게 하여 주시옵소서. 지체의 아픔이 나의 아픔이 되게 하옵시고, 함께 울어주며 고통을 나눌 수 있게 하나 되는 믿음의 공동체가 되게 하여 주시옵소서. 주님이 이 시간도 함께 해 주실 줄 믿고 감사하오며 거룩하신 예수님의 이름으로 기도드립니다. 아멘.

4. 추수할 일꾼들을 보내어 주소서

 무리를 보시고 민망히 여기시니 이는 저희가 목자 없는 양과 같이 고생하며 유리함이라 이에 제자들에게 이르시되 추수할 것은 많되 일꾼은 적으니 그러므로 추수하는 주인에게 청하여 추수할 일꾼들을 보내어 주소서 하라 하시니라 (마 9:36-38)

은혜의 간구

하나님 아버지! 우리 구역을 사랑하시니 감사 드립니다. 우리 구역을 지금 여기 까지 인도하여 주시었고 앞으로도 계속적으로 인도하여 주실 줄 믿고 감사 드립니다. 저희들 세상에 살면서 분주하게 살다가 왔습니다. 예수 그리스도 안에서 하나가 되게 하여 주시어서 서로가 서로를 사랑함으로 나보다 남을 낫게 여기며 성령 안에서 아름다운 교제를 나누게 하시고 서로를 위로하며 서로 위로 받게 하여 주시기를 기도드립니다.

돌봄의 은혜

성령 안에서 서로가 서로에게 친절과 동정을 베풀게 하여 주시어서 예수 그리스도 안에서 한 마음으로 사랑을 나누게 하시며, 성령 안에서 한 마음 한 뜻으로 하나가 되게 하여 주시기를 기도드립니다. 구역 안에서 어떠한 일을 하던지 자신의 마음을 갖지 아니하고 예수님의 말씀을 가지고 겸손함으로 일 할 수 있는 은혜를 베풀어 주시기를 기도드립니다.

다짐의 고백

하나님 아버지! 우리 구역이 하나님의 말씀에 순종하는 구역이 되기를 기도합니다. 하나님 안에서 무엇을 하여야 기뻐하는 일인지를 구별하는 자들이 되게 하여 주시고 또한 우리 구역 한 분 한 분이 주님을 통해서 힘과 능력을 공급받기를 원하오니 구역 모든 가족들에게 성령의 능력을 덧입혀 주시옵소서. 우리를 하나님과 화목케 하시는 주 예수 그리스도의 이름으로 기도드립니다. 아멘.

5. 주의 산업에 복을 주시고

 여호와는 저희의 힘이시요 그 기름 부음 받은 자의 구원의 산성이시로다. 주의 백성을 구원하시며 주의 산업에 복을 주시고 또 저희의 목자가 되사 영원토록 드십소서 (시 28:8-9)

인도를 바람

살아 계신 하나님 아버지! 저희 구역 식구들 이렇게 모여 예배드리게 하심을 감사 드립니다. 오늘 이 시간 저희들에게 임하셔서 꼭 필요한 말씀을 허락하여 주시옵소서. 저희들은 어리석고 미련하여서 각자 각자의 형편 처지를 잘 알 수 없사오니 말씀과 기도와 교제 속에 성령 하나님 함께 하여 주시어서 우리의 마음과 생각이 정결케 하여 주시옵소서. 저희들 마음이 온유하고 겸손하게 하시사 서로의 마음을 잘 알게 하옵시고, 우리의 교제를 통해서 성령님의 역사가 임하시므로 가정구원과 친척구원이 이루어지게 하여 주시옵소서.

구역의 간구

영적으로 힘든 지체에게 새 힘을 허락하시고, 육체적으로 병든 지체에게 주님의 보혈의 능력으로 치료하여 주시옵소서. 물질 문제, 생활의 염려로 힘든 지체들에게 오늘 말씀을 통해 새 힘을 얻게 하옵소서. 저희들이 서로 기도할 때 하나님의 놀라운 역사가 이 시간 일어나게 하여 주시옵소서. 우리 구역 식구들을 돌보시는 예수님의 이름으로 기도합니다 아멘.

7. 예배의 기쁨을 누려라

 내게 줄로 재어 준 구역은 아름다운 곳에 있음이여 나의 기업이 실로 아름답도
다 (시 16:6)

돌봄의 고백과 인도

사랑 많으신 아버지 하나님, 오늘 이렇게 저희 구역에 속한 성도들이
모여 하나님께 예배드리게 하심을 감사 드립니다. 우리의 예배를 받으시
고 하나님의 놀라운 은혜의 역사가 이 시간 우리 구역원들 위에 넘쳐나
게 하옵소서.

돌봄의 은혜

구역원들의 모든 사정을 아시는 주님, 우리의 구하는 것이 하나님의
나라와 의를 구하는 기도이기를 원합니다. 우리의 모든 사정을 아뢸 때
에도 하나님의 뜻이 그것들을 통하여 이루어지게 하여 주옵소서. 특별히
고통과 아픔 중에 있는 성도를 위하여 기도합니다. 구역원들이 한마음으
로 간구하오니 하나님의 자비하신 손길로 위로하시고 주님이 주시는 평
강을 맛보며 새로운 소망을 가질 수 있도록 은혜를 베풀어 주시기를 원
합니다. 성령님께서 고통 가운데 있는 성도들의 마음을 만져주시고, 질
병으로 고통당하는 성도에게는 치료의 은혜를 허락하여 주시옵소서.

돌봄의 간구

하나님 아버지, 이 시간 구역원들이 모여 서로의 아픔을 나누고 기도
의 제목들을 나누었습니다. 그 기도의 제목들을 가지고 늘 기도하는 구
역원들이 되게 하시고 서로 서로의 아픔을 돌아보며 위로하는 저희가 되
게 하여 주시옵소서.

이 시간에 함께 하지 못한 분도 있습니다. 어디에 있든지 예배하는 순
간을 기억하게 하셔서 같은 마음으로 예배할 수 있도록 인도하여 주시옵
소서. 거룩하신 예수님의 이름으로 기도합니다. 아멘.

8. 너희가 기쁨으로 구원을 얻으라

 보라 하나님은 나의 구원이시라 내가 의뢰하고 두려움이 없으리니 주 여호와는 나의 힘이시며 나의 노래시며 나의 구원이심이라 그러므로 너희가 기쁨으로 구원의 우물들에서 물을 길으리로다 (사 12:2-3)

돌봄의 고백과 인도

우리의 일상생활을 통해 간섭하시는 하나님! 오늘 이 시간도 교회 공동체 안에서 잘 짜여진 체계 속에서, 사람과 사람의 만남이 있게 하심을 감사합니다. 부족한 사람들이지만 예수 그리스도 안에서 하나가 되어 교제의 모임을 허락하신 하나님 감사합니다.

돌봄의 간구

이 시간 성령님께서 우리 구역 안에 임하셔서 아픔과 어려움을 가진 성도들에게 아픔이 없어지게 하시고 넘쳐나게 하시옵소서. 그리고 우리의 관계가 원만한 관계가 되게 하여 주시어서 서로 서먹서먹한 성도가 없게 하시어서 서로 만날 때마다 하나님의 영광을 드러내는 귀한 도구가 되게 하여 주시옵기를 원합니다.

다짐의 고백

이 시간 여기 모인 구역의 가정마다 성령의 충만함이 있게 하시고 끊임없이 성령의 교통함이 있기를 원합니다. 오늘의 모임 속에서 성도의 교제가 깊어지게 하시고 성령으로 마음이 하나 되어서 뜨거워지는 귀한 시간 되게 하여 주시어서 풍성한 은혜를 내리어 주옵소서. 우리를 축복하시는 예수님의 이름으로 기도드립니다. 아멘

9. 충성된 삶을 살게 도와주시옵소서

 여호와는 하나님이시라 우리에게 비취셨으니 줄로 희생을 제단 뿔에 맬지어다
(시 118:27)

구역 예배를 위한 송축

우리들의 생명이시며, 소망이 되시는 하나님 아버지! 교회의 지체된 우리들이 이 시간 구역예배로 주님께 영광 돌릴 수 있게 해 주시니 감사하옵니다. 주님께서는 우리들을 택하여 주시고 오늘날까지 보호하시고 지켜주셨지만 우리들은 주님의 뜻을 깨닫지 못하고 죄악 가운데 살았습니다. 우리들은 넘어지기 쉽고 주님의 뜻을 저버리고 살기 쉬우니 붙잡아 주시고, 우리들을 불쌍히 여기셔서 어려운 시련 가운데서도 용기를 잃지 않고 더욱더 주님께 충성된 삶을 살게 도와 주시옵소서.

돌봄의 간구

사랑의 하나님 아버지! 우리 구역이 더욱 아버지께 인정받는 구역이 되게 하시고 사랑과 평화가 끊임없이 돋아나게 하시고 서로 사랑하며 모든 구역 식구들의 마음을 주님의 거룩하신 은혜의 밧줄로 묶어 주시어서 하나 되게 하여 주시옵소서. 그리하여 여러 가지 문제를 걱정하여 기도하는 그들의 기도가 합심하여 기도함으로 다 이루어지게 하시옵소서.

특별히 기도하는 것은 여러 가지 처지와 환경 때문에 출타해 있는 식구들 있사오니 어느 곳에 있든지 굳건한 믿음으로 살게 하셔서 기쁨의 소식이 늘 끊어지지 않게 도와주기를 바랍니다. 그리고 구역을 위하여 수고하시는 구역장님에게 주님의 복으로 채우셔서 구역을 돌보는데 부족함 없게 하시고 건강으로도 지켜 주시고 구역원 한 사람 한 사람 주님의 사랑으로 돌보아 주시옵소서.

다짐의 고백

사랑의 하나님 아버지! 우리 교회에 속한 모든 구역을 주께서 감찰하시고 지켜주셔서 모든 구역들이 주님께 영광 돌리며 몸된 교회를 섬기는 데 열심을 갖기를 원합니다.

한 구역이라도 실족함 없게 하시고 모든 구역장님들을 지켜주시고, 우리 교회와 목사님을 위하여 기도하오니 우리 교회가 더욱 부흥하고 성장하게 하시고 목사님께 늘 새 힘과 능력을 허락하여 주시고, 이 예배에 참석치 못한 식구들도 주님께서 친히 돌보아 주시며 우리 구역을 통하여 우리 교회가 부흥하고 성장하는 원동력이 되게 하옵소서. 사랑이 많으신 예수님 이름으로 기도드립니다. 아멘

10. 상처받은 구역원을 위한 기도

 여호와께서 예루살렘을 세우시며 이스라엘의 흩어진 자를 모으시며 (시 147:2)
상심한 자를 고치시며 저희 상처를 싸매시는도다 (시 147:3)

찬양의 고백

사랑과 은혜와 긍휼히 풍성하신 하나님 아버지! 저희들을 구역예배로 인도하여 주심을 감사 드립니다. 하나님의 뜻을 따라 살기 원하는 구역원들이 한자리에 모였사오니 서로 사랑하며 섬기게 하여 주시옵소서.

어려움을 당한 분을 위한 돌봄

하나님 아버지! 어려움 당하여 염려 가운데 있는 성도의 가정을 붙들어 주시기 원합니다. 모든 환난 중에 있는 우리로 하여금 능히 위로하시는 자비의 하나님 아버지로 깨달아 위로 받기를 원합니다. 그 위로를 통해서 낙심하지 않게 하시며 날마다 새로워지게 하여 주시옵소서.

그리하여 작은 교회인 우리 구역이 부흥하고 교회가 부흥하고 하나님의 나라가 확장되어 가는 도구로 사용하여 주시옵소서. 그러기 위해서 우리 구역이 구역장님과 구역원 모두가 하나가 되어 서로 협력하며 선을 이루기에 부족함이 없게 하여 주시옵소서.

상처의 치유

우리들은 약점 많고 연약한 모습 그대로입니다. 그러나 주님은 약점 투성인 제자들을 다듬어 복음을 전하는 귀한 도구로 사용하였사오니 소극적인 저희들이 예수님의 제자들처럼 주님의 영광을 위해서 귀하게 쓰임 받을 수 있도록 은혜를 베풀어주시옵소서.

저희들은 은혜 받을 자격도 없지만 하나님의 긍휼과 사랑으로 용서해 주시고 사랑해 주시니 감사드리며, 이제 놀라운 변화를 통하여 우리를 변화시켜 주시옵소서. 소극적인 우리가 적극적이게 하시고, 복음에 게으른 우리가 부지런함과 열정을 갖고 우리 구역을 위해 구역장님을 중심으로 하나 되어 선을 이루는 도구가 되기 원합니다.

지난 여러 날 동안 소극적이었던 생각과 나는 할 수 없다는 부정적인 생각에 얽매이지 않고 긍정적이고 적극적인 구역원이 되게 하여 주시어서 구역을 위해서 더 많은 교제를 나누면서 주님이 주신 직분을 잘 감당할 수 있도록 인도해 주시옵소서. 우리를 죄에서 구원하신 예수님 이름으로 기도드립니다. 아멘.

11. 사랑 안에서 가장 귀히 여기라

 형제들아 우리가 너희에게 구하노니 너희 가운데서 수고하고 주안에서 너희를 다스리며 권하는 자들을 너희가 알고 저의 역사로 말미암아 사랑 안에서 가장 귀히 여기며 너희끼리 화목 하라 (살전 5:12-13)

송축의 은혜

사랑의 하나님 아버지, 우리 구역의 가정과 모든 성도들을 지켜 주시고 품어 주신 은혜에 감사를 드립니다. 한 주간 세상에서 많은 일들 가운데 살았지만 다시금 한 자리에 모여 하나님의 인도하심과 보호하심을 찬양하며, 사랑의 교제를 나누게 하심을 감사합니다. 세상의 모진 풍파로 지쳐 있사오니 저희들을 회복시켜 주시어서 하나 됨으로 힘을 얻게 하여 주옵소서.

돌봄의 간구

이 시간 간구 합니다. 가정과 사업장에서 많은 어려운 일들로 힘들어하는 가정이 있습니다. 믿음으로 눈물 흘리며 고통 받는 가정도 있습니다. 자녀로 인해 마음이 괴롭고 아픈 어버이들도 있습니다. 직장의 과중한 업무로 스트레스를 받고, 상사들로 인해 힘들어하는 성도들도 있습니다. 학업으로 인해 고민하고 지쳐 가는 사랑하는 어린 자녀들이 있습니다. 이 모든 어려움으로 힘들어하는 사랑하는 구역 원들에게 힘을 주시고 문제의 과정을 해결할 수 있는 지혜를 부어 주시옵소서.

돌봄의 간구

비록 서로 어렵고 힘들지만 구역 모임을 통하여 하나님의 은혜를 체험하게 하시고 서로 위로하며 용기를 주는 구역 모임이 되게 하여 주시옵소서. 우리 구역을 통하여 하나님의 영광을 나타내기 원합니다.

하나님 아버지, 어버이를 세워주시고, 가정을 축복하시고, 사업장과 학교에서 아버지의 자녀들이 건강한 믿음으로 살아갈 수 있는 복을 내려 주시옵소서. 성령님의 도우심을 기대합니다. 그래서 모든 가정들이 염려와 근심과 걱정에서 해방되어 새 기쁨 속에서 복되게 살아가는 성도들이 되게 하여 주시옵소서. 우리의 힘이신 예수님의 이름으로 기도합니다. 아멘.

12. 나도 그들 중에 있느니라

 두 세 사람이 내 이름으로 모인 곳에는 나도 그들 중에 있느니라(마 18:20)

은혜의 간구

사랑하는 주님, 우리 사랑하는 구역원들을 지켜주시고 보호하신 은혜에 감사 드립니다. 한 주간이 지나고 많은 시간 속에서도 저희들의 발걸음을 인도하셔서 함께 얼굴을 보며 예배를 드리고 삶을 나눌 수 있도록 인도하심을 감사 드립니다. 우리 사랑하는 구역원 한 사람 한 사람의 마음을 이 시간 주의 은혜와 성령으로 만져 주심으로 회복하게 하여 주시옵소서.

어려움을 당한 분을 위한 돌봄

가정과 직장과 사업장에서 겪는 수많은 어려운 일 때문에 힘들어하며 아파하는 이들이 있습니다. 가정에서 믿지 않는 남편 때문에 눈물 흘리며 통회하는 이가 있고, 자녀 때문에 눈물이 마르지 않는 주의 사랑하는 자녀가 있습니다. 직장에서는 과중한 업무로 스트레스가 쌓이고, 상사 때문에 어려움을 당하는 사랑하는 구역 식구들이 있습니다.

그리고 시대가 어려워서 사업을 하면서 힘들어하는 이가 있습니다. 이 모든 환난과 어려움을 당하여서 힘들어하는 사랑하는 구역원들에게 힘을 주시고 이 어려움 과정을 주의 은혜로 통과하여 정금 같이 나올 수 있는 믿음을 허락하여 주시옵소서. 그리하여 우리 구역 원들이 이 자리에 모여서 하나님을 향한 믿음의 간증이 있고 서로에게 도전을 주며 섬길 수 있는 은혜가 있게 하옵소서.

다짐의 고백

　주님께서 저희들과 함께 하심을 감사 드립니다. 우리 구역원들과 함께
하시는 하나님을 우리 서로가 나타내어 보여줄 수 있도록 성령께서 도와
주시고 인도하여 주시옵소서. 우리의 모임 가운데 성령의 임재로 임하여
주시옵소서. 능력이 많으신 예수님의 이름으로 기도드립니다. 아멘.

13. 능력과 권세를 가지고

 예수께서 열 두 제자를 불러 모으사 모든 귀신을 제어하며 병을 고치는 능력과 권세를 주시고 하나님의 나라를 전파하며 앓는 자를 고치게 하려고 내어 보내시며 이르시되 여행을 위하여 아무것도 가지지 말라 지팡이나 주머니나 양식이나 돈이나 두 벌 옷을 가지지 말며 (눅 9:1-3)

찬양의 고백

고마우신 하나님 아버지. 오늘 이 자리에 주의 이름으로 함께 모여 기도와 찬양과 말씀으로 예배하는 주님의 귀한 자녀들과 함께 하여 주시기를 원합니다. 두세 사람이 모인 곳에는 나도 그들 중에 있다고 하신 예수님의 말씀을 날마다 기억하여 이 자리에 성도들이 모였사오니 구역 모임이 하나님께 영광 돌리는 사랑의 모임이 되게 하여 주시옵소서.

회중을 위한 중보

자기만을 위해 살아가는 이 시대에 주님의 이름으로 모인 자들이 하나님을 높일 뿐만이 아니라, 서로 간에 마음을 열어 놓고 삶을 나누고 신앙의 격려와 위로와 교제 가운데 성령의 역사하심이 이루어지길 기도합니다. 성령께서 우리 모임 가운데 임재 하셔서 서로의 막힌 담을 허물어 주시고 서로에게 위로와 힘이 될 수 있도록 성령께서 우리를 하나로 묶어 주시옵소서.

인도를 바람

또한 가정의 위기와 어려움이 있다면 그 어려움을 함께 나누며 서로를 위해 간절한 마음으로 기도함으로 그 어려움들이 해결되어지는 놀라운 능력이 나타나게 하여 주시옵소서. 성도들의 모임이 기쁨의 모임이 되게 하시고 주님의 임재를 체험하는 모임이 되게 하여 주시옵소서. 사랑이 많으신 예수 그리스도의 이름으로 기도합니다. 아멘.

14. 즐겁게 헌신할 때

 주의 권능의 날에 주의 백성이 거룩한 옷을 입고 즐거이 헌신하니 새벽이슬 같은 주의 청년들이 주께 나오는도다 (시 110:3)

인도를 바람

하나님 아버지 오늘도 우리 구역을 보호하시고 붙들어 주심을 감사합니다. 구역장님과 구역식구들 모두 하나님을 사랑하고 헌신하길 원하오니 우리 구역이 날마다 부흥케 하여 주시옵소서. 특히 병원에 입원중인 OOO집사님을 기억하시고, 하나님의 은혜로 속히 나아서 모든 구역가족과 함께 모이게 하여 주시옵소서.

돌봄의 간구

하나님! OOO집사님 이제 막 사업을 시작했습니다. 성실과 지혜로 승리하도록 힘을 주시고 구역과 교회의 기쁨이 되게 하여 주시옵소서. 하나님 아버지! 금번 OOO집사님 아들 이번에 전국 선수권 대회에 나갑니다. 최선을 다하는 아들이 되도록 힘을 주시고 몸 다치지 않도록 보호하여 주시옵소서.

OOO집사님 남편 OOO을 기억하여 주시고 아직 복음을 모르고 있사오니 속히 그의 마음과 생각을 새롭게 하사 하나님 품으로 돌아오게 하옵소서.

상처의 치유

우리 구역이 하나님의 사랑을 받게 하시고 그 사랑으로 모든 마음의 상처를 치유하게 하시어서 성령으로 하나 되어 오직 말씀으로 승리하게 하옵소서. 이 모든 말씀을 예수님의 이름으로 기도드립니다. 아멘

15. 복을 내려 주옵소서

 모세가 이르되 각 사람이 그 아들과 그 형제를 쳤으니 오늘날 여호와께 헌신하게 되었느니라 그가 오늘날 너희에게 복을 내리시리라 (출 32:29)

찬양의 고백

저희들의 생명이 되시며 소망이 되시는 하나님 아버지! 주님께 영광을 드립니다. 저희 교회의 지체들이 이 시간 구역예배로 주님께 영광 돌릴 수 있도록 복 내려주심을 감사 드립니다.

지난 한 주간도 저희들 말씀대로 살지 못하고 내 뜻대로 살았습니다. 용서하여 주시옵소서. 매 주 이렇게 회개하며 용서받고 또 말씀대로 살아야겠다고 결단하면서도 또 실천하지 못했습니다.

돌봄의 은혜

이제 저희들의 결심이 기도로 끝나지 않게 하시고 오직 말과 행함으로 실천하게 하옵소서. 저희들은 늘 넘어지기 쉽고 주님의 뜻을 저버리고 살기 쉬우니 붙잡아 주시옵소서. 저희 구역 식구들을 위해 기도드립니다. 하나님 아버지께 인정받는 구역이 되게 하여주시고, 서로 돌아보아 사랑과 선행으로 격려하는 구역이 되게 하여 주시옵소서.

돌봄의 간구

저희가 서로 세밀히 알지 못하는 각 가정의 여러 문제와 기도 제목들이 있습니다. 어떤 처지와 환경에서의 기도 제목이든지, 아무리 어려운 문제들이라 할지라도 흔들리지 않도록 하나님께서 굳세게 지켜 주시고, 매 구역예배 시간마다 기쁨의 소식이 끊어지지 않도록 풍성하게 응답하여 주시옵소서. 구역을 위해 수고하시는 구역장님 사역 위에 영 육간에 강건함으로 힘주시옵소서. 장소를 제공하는 가정 위에 주님의 복으로 충만케 하여 주시옵소서. 모든 구역 식구들이 하나님만을 바라보며 참 구원에 이르러 각 가정마다 형통케 되는 복으로 채워 주시옵소서. 예수님의 이름으로 기도드립니다. 아멘.

16. 예수만 섬기는 구역

 예수께서 대답하여 가라사대 기록하기를 주 너의 하나님께 경배하고 다만 그를 섬기라 하였느니라(눅 4:8).

영광의 고백

저희들의 생명이시며, 소망이 되시는 하나님 아버지! 전능하신 주님께 영광을 돌리옵니다. 교회의 지체된 저희들이 이 시간 구역예배로 모여 하나님께 영광 돌릴 수 있게 하시니 감사하옵니다.

인도를 바람

사랑의 하나님 아버지! 주님께서는 저희들을 택하여 주시고 오늘날까지 보호하시고 지켜주셨지만 저희들은 주님의 뜻을 깨닫지 못하고 죄악 가운데 살았습니다. 주님께서 저희들을 불쌍히 여기셔서 죄 가운데서 구해 주시고 하나님께 충성된 삶을 살게 도와주시옵소서. 저희들은 늘 넘어지기 쉽고 주님의 뜻을 저버리고 살기 쉬우니 붙잡아 주시옵소서

돌봄의 간구

사랑의 주님! 저희 구역 식구들이 서로를 돌보고 위하여 기도하게 하시고 나보다 구역의 지체를 위하여 헌신하는 우리 구역원들이 되게 하옵소서. 이 구역이 더욱 아버지께 인정받는 구역이 되게 하시고 사랑과 평화가 끊임없이 샘솟듯 일어나게 하여 주시옵소서. 구역을 위하여 수고하시는 구역장님에게 더욱 축복하셔서 구역을 돌보는데 부족함 없게 하옵소서. 저희 구역을 통하여 교회가 더욱 성장할 수 있도록 기도하는 구역, 돌보는 구역, 사랑으로 하나가 되는 구역이 되게 하옵소서. 거룩하신 예수님의 이름으로 기도드립니다. 아멘

17. 구역 원들이 즐겁게 헌신할 때

 내 마음이 이스라엘의 방백을 사모함은 그들이 백성 중에서 즐거이 헌신하였음이라 여호와를 찬송하라 (삿 5:9)

인도함의 은혜

하나님 저희들이 구역예배로 모였습니다. 하나님의 은혜와 임재의 시간으로 채워 주시옵소서. "두 세 사람이 내 이름으로 모인 곳에는 나도 그들 중에 있느니라" 하신 말씀이 오늘 우리 가운데 이루어지게 하시옵소서.

구역의 중보

우리 사랑하는 구역 식구들에게 영적으로나 육적으로 어려움 없도록 성령님 도와주시고 늘 강건함으로 하나님을 섬길 수 있도록 함께 하여 주시옵소서. 고통 가운데 있는 사랑하는 OOO성도님의 가정을 기억하시사 하나님의 위로와 평강이 늘 머물게 하여 주시옵소서. 그 가정이 창대한 복으로 서게 하시사 하나님 영광을 높이 찬양하는 귀한 가정이 되게 하여 주시옵소서.

돌봄의 간구

어린 자녀들을 기억하시사 믿음 안에 온전히 자라게 하시고 주님의 돌보심의 손길을 날마다 체험하는 은혜를 누리게 하옵소서. 예수님의 이름으로 기도드립니다. 아멘.

18. 영원한 즐거움

 주께서 생명의 길로 내게 보이시리니 주의 앞에는 기쁨이 충만하고 주의 우편에는 영원한 즐거움이 있나이다 (시 16:11)

인도함의 은혜

살아계신 하나님 아버지! 저희들의 몸과 마음과 온 정성을 주께 드리오니 홀로 영광 받아 주시옵소서. 지난 한 주간도 주님의 품에 거하게 하시어 아무런 연고 없이 지켜주시어 이렇게 구역예배를 드리게 하시니 감사를 드립니다.

돌봄의 간구

오늘도 저희들에게 주님의 귀한 사랑을 베푸시어 저희 심령을 기쁨으로 충만케 하옵소서. 지난 한 주 동안 살면서 말씀대로 살지 못하고 내 뜻을 드러내고 하나님의 영광을 가렸다면 용서하여 주시옵소서. 은혜의 단비를 소낙비와 같이 내려주시기를 원합니다. 고통의 멍에를 벗어버리고자 주님 앞에 모인 사랑하는 구역식구들을 하나님께서 베풀어주시는 크신 위로와 사랑이 넘치기를 원합니다.

다짐의 고백

오늘 구역 예배를 위해서 장소를 제공한 가정 위에 임마누엘의 복을 허락하시어 늘 지켜 주시고 모든 일들을 눈동자와 같이 보살펴 주시옵소서. 또한 우리 구역을 위해 항상 애쓰며 저희 구역 식구들을 위해 항상 기도하며 돌보시는 구역장님을 피곤치 않도록 돌보시고 크신 은혜를 허락하여 주시옵소서. 이 시간 모든 구역 원들에게 하나님만 바라게 하시고 형통케 되기를 원하며 구원의 기쁜 소식이 넘치기를 간절히 바라며 사랑이 많으신 예수님의 이름으로 기도드립니다. 아멘.

18. 기쁨으로 기며 나가라

 기쁨으로 여호와를 섬기며 노래하면서 그 앞에 나아갈지어다(시 100:2).

영광의 고백

저희들의 생명이시며, 소망이 되시는 하나님 아버지! 전능하신 주님께 영광을 돌리옵니다. 교회의 지체된 저희들이 이 시간 구역예배로 주님께 영광 돌릴 수 있게 축복하시니 감사하옵니다.

주님께서는 저희들을 택하여 주시고 보호하시고 지켜 주셨지만 저희들은 주님의 뜻을 깨닫지 못하고 죄악 가운데 살았습니다. 주님께서 저희들을 불쌍히 여기셔서 죄 가운데서 구해 주시고 하나님께 충성된 삶을 살게 도와주시옵소서. 저희들은 늘 넘어지기 쉽고 주님의 뜻을 저버리고 살기 쉬우니 붙잡아 주시옵소서.

구역의 중보

저희 구역 식구들을 위하여 기도하오니 들어 주시옵소서. 저희 구역이 더욱 아버지께 인정받는 구역이 되게 하시고 사랑과 평화가 끊임없이 돋아나게 하시옵소서. 모든 구역 식구들의 마음을 하나로 묶어 주시어서 격려하는 구역이 되게 하여 주시옵소서. 그리하여 여러 가지 문제를 만나도 기도함으로 승리하는 구역 되도록 축복하여 주시기를 원합니다.

구역의 부흥

구역을 위하여 수고하시는 구역장님에게 이 시간 더욱더 은혜와 축복을 주셔서 구역을 돌보는데 부족함 없게 하시고 건강으로도 지켜 주시옵소서. 이 예배에 참석치 못한 식구들도 주님께서 친히 돌보아 주시며 저희 구역을 통하여 저희 교회가 발전하는 원동력이 되게 하옵소서. 은혜가 풍성하신 예수님 이름으로 기도드립니다. 아멘.

예수 그리스도를 온전히 찬양하게 하소서

- 용혜원 -

이 땅에 구주로 오신 주님
주님을 온전히 찬양하게 하소서
생명의 주님 구원의 주님을
온전히 찬양하게 하소서

예수 그리스도로 기쁨을 얻게 하시고
길 잃은 양을 찾는 기쁨에
우리도 동참하게 하여 주소서
예수 그리스도의 일하심에 동참하게 하소서

오 주여! 내 마음에 오소서
오 주여! 내 마음에 오소서
내 마음에 찾아오신 예수 그리스도를
온전히 찬양하게 하소서

4장 임산부들을 위한 돌봄 기도

생명의 근원이 되시는 예수 그리스도
새 생명을 주옵소서
임마누엘의 축복
생명을 주신 하나님께 감사하라
성령 안에서 기도하게 하시고
마음에 평강을 허락하여 주시옵소서
구원에 이르도록 자라게 하라
오직 주 밖에 없나이다
하나님의 백성은 복이 있다
시온의 대로가 있는 자
빛과 사랑으로 양육하게 하옵소서
넘치는 축복을 내려 주옵소서
복 받은 백성들이 되어라
지혜를 얻는 것이

돌봄 기도의 이론

위기라고 하면 우리는 보통 격변이 일어났다가 금세 수그러지는 것을 생각한다. 그러나 임신은 많은 사람들에게 하나의 위기요 동시에 축복이다. 이러한 위기는 크게 경제적인 위기, 변화의 위기, 심적 갈등의 위기로 나눌 수가 있다. 이때 돌봄 자들은 임신한 분들을 위해서 조금이나마 평온한 가운데 임산부의 생활을 할 수 있도록 기도해 주어야 한다. 그때 임산부들은 마음이 평안해지고 안정적인 마음을 가지기 때문에 남편 또는 목회자, 가족들이 기도해 줄 때 마음에 심리적 안정이 찾아오게 되는 것이다.

이때의 기도는 하나님의 축복 속에서 신실하신 은총의 역사가 나타나도록 기도해 주고 산모들의 마음에 불안이 찾아오지 않도록 돌봄을 주어야 한다. 마치 한나가 하나님 앞에 나가서 수심과 근심이 없이 기도한 것처럼 축복과 사랑 속에서 두 가지를 간구해야 한다.

첫째는 임산부를 위한 건강과 영성을 위해서 기도해야 한다. 임산의 영향력이 아이에게 그대로 전달되기 때문이다. 둘째는 태아를 위해서 기도를 해야 한다. 비록 엄마의 뱃속에서 조성될 때 아가에게 지혜와 총명, 좋은 성품과 성격을 주시도록 기도해야 한다.

아이는 리드미컬(Rhythmical)한 심장을 가졌기에 어머니의 뱃속에서 어머니와 아버지의 말소리도 다 듣고 있기 때문에 어머니가 불안하거나 분노의 감정을 가지면 태아에게 그대로 전달되어서 하나님께서 주시는 마음의 평안을 잃어버리기 때문이다. 이러한 기도가 임산부와 아이에게 하나님의 평강 속에서 주시는 돌봄 기도가 되는 것이다. 이때 주의 할 점은 큰 소리로 기도하기보다 사랑과 간절함으로 기도하면서 하나님의 뜻이 이루어지도록 기도해야 한다.

"보라 네 문안하는 소리가 내 귀에 들릴 때에 아이가 내 복중에서 기쁨으로 뛰놀았도다"(눅 1:44).

1. 생명의 근원이 되시는 예수 그리스도

 한나가 잉태하고 때가 이르매 아들을 낳아 사무엘이라 이름하였으니 이는 내가 여호와께 그를 구하였다 함이더라 (삼상 1:20)

인도함의 고백

생명의 근원이 되시는 하나님! 이 귀한 가정에 새 생명을 주셔서 감사합니다. 귀한 생명으로 가정에 기쁨을 주시니 감사합니다. 혹시라도 산모의 마음에 근심이 없게 하시고 평안 속에 출산의 그 날을 기다리게 하옵소서. 늘 말씀과 기도로 선한 생각 속에 주님과 동행하게 하옵소서. 태중에서부터 성령이 충만했던 세례 요한 같이 아이가 태중에서 기쁨으로 뛰놀게 하옵소서. 주께서 주신 주님의 어린 생명이 선하고 건강하게 자랄 수 있게 해 주옵소서.

인도와 보호하심

또 가정에도 아이가 잘 자랄 수 있는 좋은 환경을 만들어 주옵소서. 솔로몬에게 주신 지혜를 주시고, 다윗에게 주신 영성을 주시며, 모세와 같은 영적 지도자가 되게 해 주옵소서. 이 혼탁한 세상에 빛과 소금으로 쓰임 받게 하옵소서. 하나님 나라에 쓰임 받는 일군이 되게 하여 주옵소서.

경건한 자녀를 주신 것은 경건한 백성을 이 땅에서 창성케 하시고자 하시는 주님의 섭리인 줄 아오니 이 어린 생명으로 인하여 온 가정이 기뻐하게 하시고 늘 가정에 감사가 넘쳐나게 하옵소서. 주님만이 생명을 주관하시오니 우리의 생명을 맡아 주관하시고 새 생명이 탄생하여 주의 영광이 되게 하옵소서. 산모를 건강케 하셔서 순산의 기쁨을 누리게 하옵소서. 아이도 산모도 스트레스 받지 않고 많은 통증 없이 출산할 수 있도록 주여 도와주시옵소서. 생명의 근원이 되시는 그리스도 예수님의 이름으로 기도드립니다. 아멘.

2. 새 생명을 주옵소서

 여호와께서 한나를 권고하사 그로 잉태하여 세 아들과 두 딸을 낳게 하셨고 아이 사무엘은 여호와 앞에서 자라나라 (삼상 2:21)

인도를 바람

생명의 주인이신 하나님! 주께서 우리 자매님의 태를 여시고 태의 열매를 상급으로 주시니 찬양과 감사를 드립니다. 지금 자매님의 마음은 기쁨과 환희와, 또 한편으로 어머니가 된다는 사실로 인하여 두려움이 있을 줄로 압니다. 주님께서 평안과 담대함을 주옵소서. 주님, 이 부부에게 아기는 부모의 것이 아니고 주님께서 선택하신 주님의 자녀임을 고백하는 신앙이 있게 해 주옵소서. 이제 그 어머니를 통하여 태아에게 복을 부어 주시기를 원합니다.

인도함의 은혜

모태에서 있을 때부터 성령 충만한 아기로 자라나며, 주님과 동행하는 아이가 되게 해 주옵소서. 또한 세포 하나하나 마다 주님께서 만지시고 섬세하게 섭리하사 두뇌가 탁월한 아기로 성장하여 주님의 피로 값 주고 사신 교회에 참 일꾼 되게 하시고, 밝고, 어여쁜 눈을 주시고, 평생에 주님만 바라보고 사는 아름답고 총기에 넘치는 눈으로 만들어 주옵소서. 청각기관도 잘 발달하여 주님의 음성을 구별할 줄 아는 지혜로운 귀가 되게 하시고 음감에도 민감하여 찬양으로 주님께 영광 돌리게 하옵소서.

그리고 튼튼한 위장과 간장을 허락하시어 그의 평생에 위장병과 간장병으로 고통당하는 일 없게 하옵소서. 사랑의 주님! 임신에 대한 많은 두려움이 있습니다. 그러나 하나님께서 두려움도 없애 주시고 자신감을 주옵소서. 그래서 순산할 수 있도록 주님께서 도우시고 때를 따라 섭리하시고 도와주옵소서. 그래서 새 생명을 통하여 하나님께 영광 올려드릴 수 있도록 해 주옵소서. 예수님의 이름으로 기도드립니다. 아멘

3. 임마누엘의 축복

 보라 처녀가 잉태하여 아들을 낳을 것이요 그 이름은 임마누엘이라 하리라 하셨으니 이를 번역한즉 하나님이 우리와 함께 계시다 함이라 (마 1:23)

감사의 고백

우리에게 생명을 주시고, 우리의 생명을 주장하시는 아버지 하나님! 한 생명을 갖고자 기도하고 기다리던 한 부부에게 이렇게 귀한 생명을 허락해 주심을 감사 드립니다. 이 땅의 모든 생명이 주님께로부터 왔고 주님의 것임을 고백합니다. 이 생명을 책임져 주시고, 무사히 출산할 때까지 산모와 태아를 지켜 주시옵소서. 특별히 산모에게 건강을 허락해 주시고 순산할 수 있도록 은혜를 베풀어주시옵소서.

은혜의 간구

산모에게 믿음 주셔서 태중에 있는 태아를 말씀으로 양육하게 하옵시고, 늘 기도와 찬양을 통해 태아가 뱃속에서부터 주님을 만나고 찬양할 수 있도록 하여 주시옵소서. 또한 산모의 마음에 늘 기쁘고 감사한 마음을 허락해 주셔서 뱃속에 있는 태아도 기쁘고 감사한 마음을 가질 수 있도록 도와 주시옵소서.

산모의 가족에게도 은혜를 베풀어주시고, 산모가 편안하고 기쁜 마음으로 남은 기간을 준비할 수 있도록 산모에 대한 사랑과 배려를 아끼지 않고 도와주도록 인도해 주시옵소서. 산모에게 열 달의 시간은 힘든 기간이지만, 이 고통을 통해 너무나도 귀하고 아름다운 한 생명이 탄생함을 알게 해 주시고, 이 기간을 감사함과 기쁨으로 보낼 수 있도록 하여 주시옵소서. 산모에게 늘 기쁨과 건강을 허락해 주시기를 간절히 바라오며, 예수님의 이름으로 기도드립니다. 아멘.

4. 생명을 주신 하나님께 감사하라

 그가 내게 이르기를 보라 네가 잉태하여 아들을 낳으리니 포도주와 독주를 마시지 말며 무릇 부정한 것을 먹지 말라 이 아이는 태에서 나옴으로부터 죽을 날까지 하나님께 바치운 나실인이 됨이라 하더이다 (삿 13:7)

인도를 바람

할렐루야! 창조자 되신 하나님을 찬양합니다. 사람을 지으시고 그 코에 생기를 불어넣으셔서 기쁨의 영을 만들고 그들로 하여금 찬양 받기를 원하시는 하나님을 찬양합니다. 하나님께서 사람들로 하여금 생산의 능력을 주신 것은 생명의 소중함을 스스로 터득하게 하기 위한 방법인 줄을 알고 하나님께 감사와 찬양 드립니다.

능력의 고백

하나님 아버지! 이들의 태를 열어주신 것을 감사 드립니다. 아이를 갖고자 하고 싶어도 하나님께서 태를 열어주지 아니하시면 생산할 수가 없는데 이렇게 사랑하시어 은혜를 베풀어주시니 감사합니다. 이 은혜를 감사하게 하시고 하나님께서 주신 생명 잘 양육하게 하시고 또한 그들에게도 육체의 건강을 허락하여 주시어서 건강한 생명이 되도록 인도 하여주시옵소서.

그리고 이 생명을 주신 하나님께 감사하는 그들 되게 하시고 날마다 하나님과 교제함으로 이 아이가 태에서부터 하나님의 참다운 백성이 되게 하여 주시기를 기도합니다. 우리의 조성자가 되며 영원한 생명이 되신 주 예수 그리스도의 이름으로 기도드립니다. 아멘

5. 성령 안에서 기도하게 하시고

 이에 보아스가 룻을 취하여 아내를 삼고 그와 동침하였더니 여호와께서 그로 잉태케 하시므로 그가 아들을 낳은지라 (룻 4:13)

인도함의 은혜

생명의 근원이 되시는 하나님 아버지! 은혜와 사랑을 생각할 때마다 감사 드립니다. 태의 열매를 주셔서 가정에 기쁨을 주시니 감사 드립니다. 산모가 입덧으로 많이 힘든 가운데 있사오니 태아가 자리를 잘 잡도록 임신한 자매에게 은혜를 주시어서 성령 안에서 강건케 하여 주시옵소서. 힘들 때마다 몸에 건강함을 주시고 성령님께서 순간순간 권고하여 주심으로 오직 하나님을 바라보며 육체적으로 힘들지 않도록 붙들어 주시옵소서.

영혼의 돌봄

특별히 가족들과 주위 사람들이 많은 사랑과 이해와 배려가 필요한 때입니다. 주변의 가족들에게도 주님께서 붙들어 주셔서 잘 도와주며 주님께서 주시는 생명을 위해서 함께 힘쓰게 하여 주시기를 간절히 원합니다. 만삭이 되어서 출산 할 때까지 임산부에게 평강을 허락하여 주시고 태중의 영혼도 잘 자라게 하시어서 건강하고 튼튼하게 태어나게 인도하여 주시옵소서. 사랑하는 자녀로 인해서 하나님께는 영광이요 가정에는 기쁨이 되게 하여 주시옵소서. 임마누엘 되신 우리 구주 예수님의 이름으로 기도드립니다. 아멘.

6. 마음에 평강을 허락하여 주시옵소서

 여인이 과연 잉태하여 돌이 돌아오매 엘리사의 말한 대로 아들을 낳았더라
(왕하 4:17)

인도함의 고백

거룩하시고 전능하신 하나님 아버지께 경배와 찬양을 드립니다. 하나님 아버지! 주님께서 이 가정을 세워 주시고 지켜주시고 인도하시며 또한 이렇게 첫 아이를 기업으로 얻게 하여 주심을 감사합니다.

여호와 하나님을 경외하는 자에게 복을 주시되 자손이 번창하고 끊이지 않으며 천대까지 이르러 복을 주시겠다고 약속 하셨사오니 이 가정에 이런 복을 주시옵소서. 이제 태어날 아이가 평생에 주님을 잘 섬기는 하나님의 자녀로 성장하게 하여 주시옵소서. 지금 까지 복중의 태아를 지켜 주신 하나님께 감사합니다.

평강의 축복

이제 때가 되어 하나님께서 주신 자녀를 출산하려고 합니다. 어렵고 힘든 과정임을 압니다. 주님이 OOO성도의 손을 잡아 주셔서 두렵지 않게 하시며 분만하는 과정을 참으로 하나님의 은혜의 손길로 순탄하게 하여 주시옵소서. 무엇보다도 산모와 태아의 생명과 건강을 지켜주시기를 원합니다. 주님의 손에 있사오니 아버지여 은혜를 허락하여 주옵소서. 함께 하는 의료진들에게도 하나님의 은혜가 함께 하시기를 원합니다.

하나님, 구하옵나니 산모의 마음에 평강을 허락하여 주시옵소서. 담대함을 허락하여 주시옵소서. 태어날 아이로 인하여 이 가정이 더욱 더 하나님이 기뻐하시는 가정으로 세워져 갈 뿐만 아니라 이 아이가 속한 가문에도 큰 기쁨이 되게 하시며, 이 가정에 복의 근원이 되게 하여 주시옵소서. 이 가정을 지키시고 보호하심을 믿사오며 예수님의 이름으로 기도합니다. 아멘.

7. 구원에 이르도록 자라게 하라

 갓난아이들같이 순전하고 신령한 젖을 사모하라 이는 이로 말미암아 너희로 구원에 이르도록 자라게 하려 함이라 (벧전 2:2)

인도함의 은혜

사랑의 하나님 아버지! 우리를 이세상의 생명으로 태어나게 하시고, 부부의 만남을 통하여 우리에게 행복을 주시고, 한 가정을 이루게 하심을 감사 드립니다. 또한 이 가정에 더 큰 기쁨을 주시려고 이 부부에게 한 영혼을 잉태하게 하심을 감사 드립니다. 이 시간 성도의 아기를 위하여 기도하오니 건강을 허락하시사 순산을 허락하여 주시고, 참 어머니의 진정한 준비를 갖추게 하시고, 마음 속의 모든 염려와 걱정을 제거하여 주시고, 모든 두려움과 불안을 없이 하여 주시옵소서!

은혜의 간구

사랑의 주님! 아기가 엄마의 뱃속에서 편안하게 자라나게 하시고, 지혜롭고 슬기로운 주님의 백성으로 성장하게 하시고, 장차 이 세상에 탄생하여 엄마의 품에 안기어 엄마의 젖을 먹고 살아갈 때, 그 두 눈으로 엄마의 눈을 쳐다보며 사랑을 느끼는 자녀가 되도록 섭리하여 주시옵소서. 이 아이에게 뛰어난 재능을 주시고, 깨끗한 마음과 온화하고 겸손하여 세상을 포용 할 수 있는 자유의 영혼을 허락하여 주시기 바랍니다.

인도와 보호하심

사랑하는 자매에게 건강한 아기를 허락하여 주셨사오니 태아가 잘 성장하도록 인도하여 주시고 태아에게 준 달란트를 찾아내어 그것을 개발하는 부모가 되게 하여 주시옵소서. 이뿐 아니라 아기의 개성을 존중하는 부모가 되게 하시고, 엄마로 하여금 사랑과 모성애를 풍부하게 주시어서 아기를 잘 양육하는 부모가 되게 하시고, 또한 자상하고 위엄 있는 부모로서 아기를 주님의 교훈으로 잘 양육하게 하옵소서. 사랑이 많으신 예수님의 이름으로 기도드립니다. 아멘.

8. 오직 주밖에 없나이다

 내가 여호와께 아뢰되 주는 나의 주시오니 주밖에는 나의 복이 없다 하였나이다 (시 16:2)

영혼의 돌봄

사랑의 주님! 귀한 생명을 잉태케 하시니 감사 드립니다. 신비로운 하나님의 섭리에 따라 이 세상에 보냄을 받은 귀한 생명을 잘 태교하여 하나님께서 기뻐하시는 자녀로 태어나도록 도와주시옵소서.

OOO성도가 주님이 선물로 주신 이 아이를 감사와 사랑으로 기를 수 있도록 마음과 뜻을 인도하여 주시고, 주님께서 주시는 내적 평안으로 기르게 하시고 가정과 환경에도 복을 주시어서 복된 자녀가 되게 하여 주옵소서. 혹시나 어려운 순간이 있을 때에도 "내가 너를 떠나지 아니하며 버리지 아니하리니 마음을 강하게 하라 담대히 하라, 네가 어디로 가든지 네 하나님 여호와께서 너와 함께 하리라 하시니라"는 말씀 붙들고 믿음으로 승리하는 부모가 되게 하시옵소서.

이 아이가 자라날 때에 늘 곁에서 기도로써 기를 수 있도록 부모들에게 기도의 영을 부어 주시고, 하나님께서 계획하신 그 목적을 깨달아 마음과 뜻을 다하여 양육하게 하시어서 하나님의 말씀으로 기를 수 있도록 지혜와 깨달음의 복도 내려 주시옵소서

인도와 보호하심

사랑의 주님! 이 아기에게 건강을 주셔서 무럭무럭 자라게 하시고, 지혜와 함께 예수님을 닮은 성품을 부모로부터 물려받게 하시고, 하나님 아버지께서 기대하신 인물로 자라기에 부족함이 없도록 도와 주시옵소서. 참으로 이러한 하나님의 목적을 이루는 귀한 자녀로 자라도록 지켜주시고 건강하게 출산하도록 아기와 산모를 지켜주시옵소서. 예수님의 이름으로 기도합니다. 아멘

9. 더욱 사랑하며 보살펴 주는 가정

 자식은 여호와의 주신 기업이요 태의 열매는 그의 상급이로다 (시 127:3)

은혜의 간구

하늘에 계신 하나님 아버지! 주님의 사랑하는 자녀에게 귀한 선물을 주심을 감사합니다. 이 세상에 그 어떤 것 보다 귀한 생명을 허락하심을 감사 드립니다. 주님의 이 귀한 선물을 구하나 얻지 못하는 이들도 많이 있습니다. 하나님께서 주신 이 귀한 생명의 선물을 소중히 여기며 사랑하는 가정과 어버이가 되게 하여 주옵소서.

하나님, 새 생명을 위하여 사랑하는 딸에게 건강을 허락하시고 순산케 하옵소서. 이 딸에게 이 잉태의 시간 동안 참 어머니의 진정한 준비를 갖추게 하셔서 마음에 모든 의심과 걱정을 제하여 주시옵소서. 모든 두려움과 불안을 없이 하사 형성되고 있는 복중의 어린 마음이 위태로운 이 세상에서 용감하고 정정당당한 용사가 되게 하옵소서. 복중의 태아와 어머니를 붙잡아 주시고 하나님의 날개 아래 품어 주시어서 가정과 친지와 모든 이들에게 축복을 받게 하옵소서.

인도함의 고백

출산의 때에도 함께 하여 주시어서 하나님께서 주신 선물을 잘 양육하게 하시고 아기를 낳을 사랑하는 딸에게도 힘을 주시어서 강건케 하여 주시고 회복이 빠르게 하여 주옵소서. 산후의 조리 중에도 소홀함이 없게 하셔서 영육 간에 강건함을 허락하옵소서.

자녀를 낳는 해산의 고통 가운데 우리를 향하신 주님의 사랑을 깨달아 알게 하심을 감사 드립니다. 자녀를 키우면서 하나님 아버지의 마음으로 양육케 하시고, 그 자녀를 보고 키워 가는 즐거움 가운데 더욱 사랑이 깊어져 가는 가정이 되게 하옵소서. 은혜가 풍성하신 예수님의 이름으로 간구합니다. 아멘.

10. 하나님의 백성은 복이 있다

 여호와로 자기 하나님을 삼은 나라 곧 하나님의 기업으로 빼신바 된 백성은 복이 있도다 (시 33:12)

인도함의 고백

생명을 창조하시고 주관하시는 하나님 아버지 감사합니다. 자식은 여호와의 주신 기업이요 태의 열매는 그의 상급이라고 말씀하신 것처럼 오늘 이 가정에 귀한 자녀를 허락하셨사오니, 아이가 태어나는 그 날까지 산모와 아기의 건강을 지켜주시길 간절히 기도드립니다.

이제 주님의 자녀로 부모의 위치에 서게 되었으니, 하나님 아버지의 마음을 가지고 신앙으로 아이의 양육을 잘 준비하게 하시고 모든 외적으로 필요한 것들이 부족함 없이 다 채워지게 하여 주시길 소망합니다.

돌봄의 고백

태중의 아이가 이 가정의 부모에게 복의 근원이 되게 하시고 성령님을 의지하는 삶을 살게 하시고 성령의 인도하심대로 그 삶을 살아드리는 거룩하고 복된 아이가 되게 하시어서 예수 그리스도와 같이 하나님과 사람 앞에 사랑 받으며 거룩한 나실인으로 신앙의 계보를 잘 이어가게 하여 주옵소서. 예수 그리스도의 이름으로 기도드립니다. 아멘.

11. 시온의 대로가 있는 자

 주께 힘을 얻고 그 마음에 시온의 대로가 있는 자는 복이 있나이다 (시 84:5)

인도함의 은혜

생명의 근원이신 하나님 아버지! 자매의 태중에 한 생명을 지으시고 자매를 통하여 하나님께 찬송을 돌리게 하시니 감사합니다. 자매의 생각과 말과 행동을 경건케 하시고 깊은 은혜의 자리에 들어가게 하옵소서. 근심이 없게 하시고 평안 속에 출산을 기다리게 하시고 건강을 주셔서 순산의 기쁨을 누리게 하옵소서.

돌봄의 은혜

새 생명을 주신 하나님 아버지! 자매가 날마다 선한 생각 속에 아버지와 동행함으로 어린 생명이 선하고 건강하게 자라게 하옵소서. 잉태한 생명을 맡아 주관하시고, 새 생명이 탄생하여 주의 영광이 되게 하옵소서. 또한 예비 아빠가 되는 OOO씨를 기억하시고 하나님의 사랑으로 마음을 온순케 하셔서 아내를 노엽게 하지 않고 기쁨을 유지하여 산모를 도울 수 있는 형제가 되도록 주여 도와주옵소서.

태아가 자랄수록 가정을 돌보는 일이 힘들고 어려울 텐데 도움의 손길을 많이 보내 주셔서 자매가 힘들지 않도록 하여 주옵소서. 경건한 자매에게 자녀를 주신 것은 이 땅에서 경건한 백성을 창성케 하고자 하시는 하나님의 섭리인 줄 아오니 양육하는 일에 정성을 다하게 하옵소서. 이 어린 생명으로 인하여 온 가정이 기뻐하게 하시고 믿음이 더 하게 하옵소서. 생명의 근원 되시는 예수님의 이름으로 기도드립니다. 아멘.

12. 빛과 사랑으로 양육하게 하옵소서

 할렐루야, 여호와를 경외하며 그 계명을 크게 즐거워하는 자는 복이 있도다
(시 112:1)

인도함의 고백

모든 생명의 주인 되시는 전능하시고 자비하신 하나님 아버지! 저희들에게 생명을 베푸시고 새로운 생명을 창조하시는 주님의 능력을 찬양하며 감사 드립니다.

사랑의 하나님 아버지! 주님의 축복과 사랑하심으로 이 가정에 귀한 생명을 잉태케 해 주셨사오니 그 귀한 생명을 출산하는 날까지 건강으로 지켜주시옵소서. 생명을 잉태한 부모에게 복을 주셔서 그 생명을 키워가는데 부족함 없게 채워 주시고 주님의 뜻과 말씀을 늘 사모하며 선한 뜻을 품음으로 선한 성품을 가진 아이가 탄생되게 하여 주시옵소서.

인도와 보호하심

그 부모들로 하여금 하나님께서 맡겨주시는 하나님의 아이를 맞이할 준비를 갖추게 하셔서 예수 그리스도의 빛과 사랑으로 충실히 양육하게 하여 주옵소서. 이 가정의 모든 사정과 형편을 주님께서 아시오니 온전히 주관하여 주옵시고 넘치는 복을 내려 주시옵소서. 사랑 많으신 예수님의 이름으로 기도드립니다. 아멘.

13. 넘치는 축복을 내려 주옵소서

 한나가 잉태하고 때가 이르매 아들을 낳아 사무엘이라 이름하였으니 이는 내가 여호와께 그를 구하였다 함이더라(삼상 1:20)

위로의 은혜

전능하시고 자비하신 하나님 아버지! 저희들에게 생명을 베푸시고 새로운 생명을 창조하시는 주님의 능력을 찬양하며 감사 드리나이다. 주님께서 사랑하는 이 가정에 귀한 생명을 잉태하게 하시고, 때가 이르매 건강한 아이를 순산할 수 있도록 은혜 베풀어 주셨사오니 아이가 엄마의 신앙을 본받아 온전한 믿음의 사람이 되게 하시고 건강하게 하옵소서.

은혜의 간구

이 시간 간구하오니 산모에게도 건강을 주님께서 주시어서 보호하여 주시고, 아이에게도 몸과 마음과 생각을 주장하여 주심으로 온전하게 성숙하게 하옵소서. 거룩하신 하나님 아버지! 이 가정의 모든 사정과 형편을 주님께서 아시오니 온전히 주관하여 주옵시고 넘치는 축복을 내려 주옵소서. 사랑이 많으신 예수 그리스도의 이름으로 기도드립니다. 아멘.

14. 복 받은 백성들이 되어라

 이러한 백성은 복이 있나니 여호와를 자기 하나님으로 삼는 백성은 복이 있도 다 (시 144:15)

인도함의 은혜

하나님 감사함을 드립니다. 오늘 이 예배를 통하여 하나님의 뜻이 이루어지게 하시고 듣는 저희들은 하나님의 말씀에 온전히 귀 기울이는 자녀들 되게 하옵소서. 육일동안 천지 만물을 창조하시고 마지막에 인간을 만드사 하나님 형상을 부어주신 아버지 하나님, 늘 저희들이 하나님 형상 가운데 거하게 하시고 늘 주님을 닮아 가는 자로 살아가게 하옵소서.

위로의 돌봄

우리 사랑하는 임산부들이 있습니다. 태아의 출산까지 건강을 지켜 주시사 하나님의 은혜 가운데 출산을 맞게 하옵소서. 라헬을 통하여 요셉을 생산케 하신 것처럼, 요셉처럼 하나님의 형통한 복을 받는 자녀들이 다 될 수 있도록 하여 주시옵소서. 부부가 한 마음 한 뜻을 두고 믿음 안에서 말씀과 기도로 양육할 수 있게 하옵소서.

항상 그리스도의 마음을 품어 복중에 있는 아이가 예수님의 사랑을 알게 하시고 산모에게 평강과 화평을 끼쳐 주시어 강건한 모습으로 순산하게 하옵소서. 주님께서 위탁하신 새 생명을 잘 기를 수 있는 지혜와 모든 환경을 조성하여 주시어서 물질의 부족함으로 공고함을 당하지 않도록 도와 주시옵소서. 악하고 불의한 영들이 틈타지 못하도록 이 가정을 지키시고 아름답고 복된 삶을 영위하여 새 생명을 맞이하는데 부족함이 없도록 채워 주시옵소서. 예수님의 이름으로 기도드립니다. 아멘

15. 지혜를 얻는 것이

 지혜를 얻은 자와 명철을 얻은 자는 복이 있나니 이는 지혜를 얻는 것이 은을 얻는 것보다 낫고 그 이익이 정금보다 나음이니라 (잠 3:13-14)

영혼의 돌봄

모든 생명의 창조주 되시는 하나님 아버지! 이 가정에 귀한 새 생명을 주심을 감사드립니다. 사랑의 하나님께서 생명을 허락하신 것은 하나님의 섭리인줄 믿습니다.

어머니의 복중에 있는 동안 하나님의 뜻하신 바대로 건강하게 커가게 하시고 생명을 잉태한 부모에게 은혜를 더하여 주셔서 새 생명이 탄생하는 기쁨이 있는 그 시간까지 부모들이 하나님의 말씀을 사모하며 아름다운 뜻을 품어 생활하게 하심으로 귀하고 선한 성품을 가진 아이가 태어날 수 있도록 인도하여 주시옵소서.

위로의 돌봄

이제 부모들로 하여금 하나님께서 양육하도록 위탁하신 새 생명을 잘 양육할 수 있는 마음의 준비와 이 가정의 모든 상황과 여건이 하나님이 기뻐하시는 뜻 가운데서 날마다 아름답고 좋은 것으로 채워 주시옵소서. 예수님의 이름으로 기도합니다. 아멘

나의 눈에 눈물이 고일 때

- 용혜원 -

고통과 슬픔으로 인하여
나의 눈에 눈물이 고일 때
주님께서 위로의 손길로 날 감싸주십니다

상처받은 마음을 어찌하지 못할 때
몸부림치며 비명을 지르고 싶을 때
주님은 가장 부드러운 눈길로
나를 바라보시며 가까이 다가와
위로해 주십니다

홀로 고독에 몸부림치며
모두다 떠나버리라고 외치고 싶을 때
주님은 나의 친구가 되어 주셔서
나의 푸념을 하나도 남김없이 다 들어주십니다
주님은 나의 구주이십니다

5장 자살하려고 하는 자들을위한 돌봄 기도

어떤 어려움과 역경도 이기게 하옵소서
마음속에 평안함과 기쁨을 주옵소서
우리는 주님의 선물이다
주의 택하신 자의 형통
나의 기도를 들으소서
나를 붙들고 계시는 예수님
예수는 나의 힘
마음이 상한 자에게 가까이 하시고
하나님의 사랑에서 끊을 수 없느니라
절망에서 희망으로
마음의 모든 파도를 잔잔케 하여 주옵소서
죄와 사망의 법에서 자유
내 영혼을 건지소서
그들이 간절히 주께 기도할 때
간구의 기도

돌봄 기도 이론

고통의 당사자가 고통으로부터 벗어나려는 목적으로 다른 사람에게 자기 생명을 중단시켜 줄 것을 요청하는 행동이 안락사라고 한다. 그렇다면 자살은 고통으로부터 벗어나기 위하여 자기 손으로 자기 생명을 끊는 행동이다. 프로이드는 자살이 죽음의 본능으로부터 기인한다고 말한다. 그러나 인간에게 죽음의 본능이 있다는 말은 성경이 말하는 죽음의 기원에 대한 설명과 조화되지 않는다. 죽음은 본능의 요소가 아니라 인간이 도덕적인 죄를 범했을 때 찾아 온 낯선 현상이다. 인간은 오히려 본능적으로 죽음을 두려워하고 피하고자 하기 때문에 인간에게 죽음의 본능이 있다는 견해는 경험적으로도 입증되기 어렵다. 프로이드의 문제는 정신질환자에게서 나타난 현상을 정신질환자가 아닌 정상인에게까지 일반화시켰다는 데 있다.

또한 중·고등학교 학생들이 성적이 오르지 않는다든지 집단 따돌림을 당할 때도 자살의 충동을 가질 수가 있다. 그러나 성적이 오르든지 아니면 성적이 오르지 않아도 삶의 가능성이 열려 있음을 깨닫게 되고 따뜻한 공동체의 관심이 보이면 자살의 충동은 없어진다. 남녀관계에서도 마찬가지이다. 사랑을 얻는 일에 실패하여 정신적인 소외감과 배반감을 극복하지 못할 때도 자살의 충동이 찾아 올 수 있다.

자살의 충동은 생명에의 본능이 이처럼 외부의 어떤 힘에 의하여 방해받을 때 극복하지 못하면 찾아온다. 자살의 충동은 그렇게 극복하기 어려운 것이 아니고 삶을 힘들게 하는 방해물들이 제거되거나 극복할 수 있는 의지나 타당한 이유가 있으면 어렵지 않게 극복될 수 있다. 이때 자살하려는 자들을 위해 돌봄의 기도를 하기에 앞서서 그들의 문제를 풀려는 시도와 함께 병행해야 할 것이 자살하는 사람들을 위한 돌봄 기도이다. 혹시나 자살하는 사람들이 이런 마음을 가지고 기도해야 한다.

  첫째, 문제가 해결 되게 하여 주옵소서.
  둘째, 하나님께서 사랑하고 있음을 확인하게 하옵소서.
  셋째, 죽음의 문제가 아니라 삶의 용기를 달라고 기도해야 한다.
  그러면 그들은 자살하지 않는다. 혹시 어떤 문제로 자살하려고 하는 사람들은 먼저 당신이 선택받은 사람인 것을 깨닫고 주님의 초대의 말씀 앞에 서게 하고 삶의 의욕을 심어 줄 때 진정한 돌봄의 기도이다. 이때 주의 할 점은 삶의 맹목적인 삶이 되지 않도록 기도를 할 때 승리하는 사람의 기도가 될 것이다.

1. 어떤 어려움과 역경도 이기게 하옵소서

 내가 알기에는 나의 구속자가 살아 계시니 후일에 그가 땅 위에 서실 것이라
(욥 19:25)

인도를 바람

사랑하신 하나님 아버지의 은혜를 감사 드립니다. 이제까지 저희들의 생명을 안보 하시고 보호하여 주신 은총을 다시 한번 감사드리며 사람의 목숨이 질그릇 보다 더 약하다는 것과, 우리의 생명이 우리 것이 아님을 깨닫게 하시오니 감사합니다.

모든 일을 선하게 인도하시는 하나님 아버지, 아담이 범죄한 이후 이 땅위에는 고통과 근심이 끊이지 않고 있습니다.

위로의 돌봄

여기 한 지체가 삶의 무게를 감당키 어려워 모든 것을 내려놓고 어디론가 훌쩍 떠나버리고 싶은 마음을 가지고 있습니다. 그러나 내 생명이 내 손에 있지 아니하고 인생의 생사화복을 주장하시는 하나님의 손에 있음을 이 시간 고백합니다. 비록 낙망하여 어려움 속에서 있지만 이때 더욱더 하나님을 바라보는 믿음이 큼으로 근심에서 벗어나게 하옵소서. 이 시간 기도하오니 주님의 은혜로 모든 무거운 짐들이 벗겨지게 하시고 성령의 밝은 빛으로 인하여 마음에 기쁨과 평안이 물밀 듯 임하게 하옵소서. 보혜사 성령의 역사로 세상이 알지 못하는 평안을 알게 하시고 간직하게 하여 주옵소서.

"너희는 마음에 근심하지 말라 하나님을 믿으니 또 나를 믿으라" 친히 말씀하셨사오니 참으로 하나님을 믿고 주 예수 그리스도를 나의 생명의 주로 믿음으로 참 자유함을 얻게 하여 주옵소서. 그래서 하나님께서 주신 생명을 소중하게 여기고 주님의 뜻을 따라서 살게 하옵소서. 주님의 능력으로 새롭게 하여 주시어서 어떤 어려움과 역경도 이기고 승리하게 하옵소서. 주 예수의 권능이 함께 하심으로 승리자의 삶이 되게 하여 주옵소서. 살아 계신 예수님의 이름으로 기도드립니다. 아멘

2. 마음속에 평안함과 기쁨을 주옵소서

 내가 죽지 않고 살아서 여호와의 행사를 선포하리로다 (시 118:17)

위로의 은혜

은혜로우신 아버지 하나님! 늘 우리를 지켜주시고, 우리에게 은혜를 내려 주시옵소서. 이 시간 너무나 안타깝고 고통스러운 마음으로 기도드립니다. 여기 한 형제(자매)가 마음의 극심한 고통으로 인하여 너무나 힘들고 괴로워하고 있습니다.

돌봄의 고백

주님이 우리의 구주가 되시고 아버지가 되시오니, 이 형제(자매)의 아픔과 고통을 감싸 안아주시고 이 어려움으로부터 해방될 수 있도록 성령의 능력으로 강권하여 주시옵소서. 오직 모든 고통을 해결해 주실 분은 주님이시오니 큰 믿음을 허락해 주시옵소서. 다른 모든 사람이 고통 중에 있는 지체를 외면한다 할지라도 주님은 끝까지 붙들어 주시어서 주님의 사랑을 알게 하시고 온전히 주님을 의지할 수 있도록 인도하여 주시옵소서.

주님! 이 형제(자매)에게 다시 한번 힘과 용기를 허락하시고, 이 자리에서 박차고 일어나서 하나님을 찬양하며 주의 일을 능히 감당하는 자로 삼아 주시옵소서. 앞으로는 어떤 좌절과 슬픔 가운데 거하지 않게 하시며, 기쁜 마음으로 주님을 섬기며 살아갈 수 있도록 인도하여 주시옵소서. 이제, 주님의 은혜로 이 형제(자매)를 괴롭혔던 모든 문제가 사라지게 하시고, 그 마음속에 평안함과 기쁨을 허락해 주시옵소서. 사랑이 많으신 예수님의 이름으로 기도드립니다. 아멘.

3. 우리는 주님의 선물이다

 우리가 살아도 주를 위하여 살고 죽어도 주를 위하여 죽나니 그러므로 사나 죽
으나 우리가 주의 것이로라 (롬 14:8)

치유의 고백

한 사람의 생명이 천하보다도 귀하다고 말씀하시는 하나님 아버지!
사랑하는 지체를 성령께서 인도하여 주시기를 원합니다. 이 시간 성령께
서 친히 이 자리에 임재하셔서 낙심하여 모든 것을 포기하고 싶은 지체
를 강하게 붙들어 주시고 삶의 소망을 부어주시기를 기도합니다.

위로의 돌봄

이 시간 사랑하는 지체에게 하나님의 의와 하나님의 나라를 위하여 자
신의 참된 사람으로 보람을 찾을 수 있도록 인도하여 주시기를 기도합니
다. 예수님께서도 한 알의 밀이 땅에 떨어져 썩지 않으면 한 알 그대로
있고 썩으면 많은 열매를 거둔다고 하였사오니 하나님, 저들을 불쌍히
여겨 주셔서 자신의 생명을 소중하게 여기는 성도가 되게 하여 주시기를
기도합니다.

시련을 당하는 욥이지만 자신의 생명을 함부로 하지 아니하고 인내하
였던 것처럼 저들이 가지고 있는 여러 가지 당면한 문제들을 우리 하나
님 앞에 내려놓으므로 그들의 문제들이 해결 받게 하여 주시기를 기도합
니다. 어떤 어려움이 있어도 다 주님 앞에 토설함으로 자신의 목숨을 버
리기보다는 이 고난을 통하여 더욱더 새 생명을 얻게 하여 주시기를 기
도합니다. 그리하여 근심이 변하여 기쁨이 되게 하시고, 슬픔이 변하여
춤이 되게 하여 주시옵소서. 우리를 위하여 자신의 목숨을 주신 예수님
의 이름으로 기도드립니다. 아멘.

4. 주의 택하신 자의 형통

나로 주의 택하신 자의 형통함을 보고 주의 나라의 기업으로 즐거워하게 하시며 주의 기업과 함께 자랑하게 하소서 (시 106:5)

어려움의 고백

길과 진리요 생명 되신 하나님 아버지 감사 드립니다. 바른길을 찾지 못하고 어두움 가운데서 헤매는 저들의 영혼을 불쌍히 여겨 주시옵소서. 성령님 이 시간 저들의 영혼을 만져 주시사 길 되신 주님을 만나게 하여 주시옵소서. 그리하여 오직 성령님의 조명을 받아 참된 진리 되신 예수 그리스도를 만나게 하여 주시옵소서. 또한 자기의 생명을 자기의 것으로 여기지 않고 주님이 주신 생명임을 잊지 않게 하여 주시옵소서.

영혼의 돌봄

하나님, 참된 소망을 알지 못하고 방황하고 있사오니 소망되신 주님을 알게 하시사 어떤 어려움과 역경 속에서도 꿋꿋하게 인내하며 모든 것을 딛고 다시 일어설 수 있게 하여 주시옵소서. 성령님께서 저들의 눈을 열어주셔서 천국에 대한 소망으로 넘치게 하여 주시옵소서. 저들 속에 역사하는 악한 영의 세력들을 나사렛 예수님의 이름으로 떠나가게 하시고 오직 십자가의 사랑을 저들이 체험하고 주님 안에서 안식을 누리게 하옵소서. 끊임없는 사랑으로 우리를 돌보시는 예수님의 이름으로 기도 드립니다. 아멘.

5. 나의 기도를 들으소서

 내 의의 하나님이여 내가 부를 때에 응답하소서 곤란 중에 나를 너그럽게 하셨 사오니 나를 긍휼히 여기사 나의 기도를 들으소서 (시 4:1)

위로의 은혜

죄로 인하여 죽을 수밖에 없는 저희들을 하나님의 은혜로 영원한 생명을 허락하신 하나님 감사합니다. 하나님의 자녀 삼아 주신 것을 감사합니다. "내가 너를 지명하여 불렀나니 너는 내 것이라" 말씀하신 하나님! 나의 나 된 것은 오직 하나님의 은혜인 줄 믿습니다.

너무나 큰 은혜를 받았기에 그 은혜에 무엇으로 보답할까 하고 살아가야 할 텐데 이 세상이 하나님 자녀 된 우리들을 가만히 내버려두지 않습니다. 사탄은 지금도 우리를 미혹하여 어떻게 하든지 하나님의 영광을 나타내지 못하도록 하고 있습니다. 아버지 하나님, 우리의 심령이 사탄을 대적할 수 있도록 힘과 지혜와 용기를 허락하여 주시기를 원합니다.

영혼의 돌봄

이 땅에서 사는 동안 힘쓰고 애써 하나님의 뜻을 이루어 드리는 성도가 되게 하여 주시옵소서. 하나님의 말씀을 통하여, 영혼이 힘을 얻어 능히 사탄 마귀를 대적할 수 있게 하옵소서. 세상이 성도를 유혹하고 넘어뜨리려 하여도 오직 하나님만 붙들고 승리하는 삶을 살아가게 하여 주시옵소서. 나의 삶은 오직 하나님의 주권아래 있음을 고백합니다. 나의 생명도 나의 것이 아니라 하나님 것임을 고백합니다. 하나님께서 죄악 가운데서 우리를 다시 살리셨으니 이제는 하나님을 위하여 나의 생명까지도 드릴 수 있는 믿음을 허락하여 주시옵소서. 우리를 위하여 예수님께서 그 말할 수 없는 고통을 당하시고 우리에게 새 생명을 주셨는데 우리가 어떻게 그 사랑을 외면할 수 있겠습니까? 아버지 하나님, 하나님을 사랑하는 자 되게 하옵소서. 그 사랑을 인하여 우리의 생명까지도 하나님을 위하여 헌신할 수 있는 성도가 되게 하여 주시옵소서. 살아 계신 예수님의 이름으로 기도드립니다. 아멘

6. 나를 붙들고 계시는 예수님

 여호와여 아침에 주께서 나의 소리를 들으시리니 아침에 내가 주께 기도하고 바라리 이다 (시 5:3)

인도를 바람

언제나 우리의 도움이 되시는 하나님 아버지, 오늘도 당신의 손길을 기다리는 우리에게 찾아오셔서 펼치고 계시니 감사합니다. 우리는 우리의 시각으로 볼 때에는 너무나 한정된 것이 참 많사오니 우리의 시야를 넓혀주셔서 우리의 눈이 주님을 바라보기 원합니다.

위로의 은혜

이 시간 낙망하고 좌절한 성도에게 힘을 주셔서 좌절하지 않게 하여 주시고 다시 일어나게 하여 주시옵소서. 낙망하지 않고 힘들더라도 이겨낼 수 있는 힘을 주시어서 끝까지 승리 할 수 있도록 보호하여 주시옵소서. 오늘 이 순간도 붙잡고 계셔서 주님이 원하시는 믿음의 종들이 되게 하여 주옵소서. 지금도 나를 붙들고 계시는 예수님의 이름으로 기도드립니다. 아멘.

7. 예수는 나의 힘

여호와여 나의 기도를 들으시며 나의 부르짖음에 귀를 기울이소서 내가 눈물 흘릴 때에 잠잠하지 마옵소서 (시 39:12)

은혜의 간구

사랑의 주님! 오늘도 우리에게 생명을 영위할 힘을 주시고 하나님만 바라보며 천국의 소망을 가지고 힘 있게 살게 하시니 감사 드립니다. 우리의 소유권은 주께 있음을 믿사오니 우리가 세상에 존재하는 삶의 의미를 분명하게 알게 하여 주옵소서.

영혼의 돌봄

이 시간 생명의 주인 되시는 우리 주 예수 그리스도의 이름으로 명하노니 마음에 좌절과 낙심과 우울을 주고 힘들게 하는 사탄과 마귀는 모두 물러가게 하시고, 오직 성령의 능력으로 강건하게 하여 주시옵소서. 이 시간 사랑하는 지체에게 어떤 슬픔이 있을지라도 변하여 기쁨이 되게 하시고, 울음이 변하여 찬송이 되게 하시고, 마음에 평안과 소망을 주시는 주님으로 가득 차게 하여 주시어서 예수님께서 주시는 생명의 능력으로 일어나게 하시옵소서.

절망 가운데 38년을 살던 병자를 치유해시고, 냄새나는 무덤에서 나사로를 살리셨던 것처럼 모든 질병이 예수님의 이름으로 회복되어 강건하게 하옵소서. 이 시간 절망가운데 있는 성도에게 오셔서 슬픔의 마음을 위로하여 주시고 강건케 하여 주옵소서. 예수님의 이름으로 기도합니다. 아멘.

8. 마음이 상한 자에게 가까이 하시고

 내가 확신하노니 사망이나 생명이나 천사들이나 권세자들이나 현재 일이나 장래 일이나 능력이나 높음이나 깊음이나 다른 아무 피조물이라도 우리를 우리 주 그리스도 예수 안에 있는 하나님의 사랑에서 끊을 수 없으리라 (롬 8:38-39)

인도함의 고백

사랑의 하나님 아버지! 우리를 창조하시고 우리의 모든 것을 아시는 주님께 영광과 찬양을 드립니다. 하나님께서 천지를 창조하실 때에 모든 만물이 하나도 그 목적이 없는 것이 없고, 그 쓰임이 없는 것이 없음을 고백합니다.

하나님, 우리의 마음을 붙들어 주옵소서. 우리의 마음은 갈대와 같이 흔들리기 쉽습니다. 상처받기 쉽습니다. 이 상처받은 마음을 보혈의 손으로 어루만져 주시고 위로하여 주옵소서. 나의 삶은 힘든 때도 있습니다. 넘어질 때도 있습니다. 외로움에 지칠 때도 있습니다. 이 세상의 그 누가 나를 외면하며, 버린다 할지라도 오직 주님은 내 편이 되어 주시며 나와 함께 하시는 분이심을 믿습니다.

인도와 보호하심

우리 영혼의 고통의 소리를 들으시는 주님, 지금 이 마음의 괴로움을 감찰하여 주시어서 마음의 깊은 곳에 있는 상실감과 괴로움을 주님의 사랑으로 채워주시옵소서. 내 삶의 목적을 회복하게 하시고 내 마음에 빛을 주시어서 늘 하나님의 임재를 체험하게 하여 주옵소서.

이제 내게 예수님의 사랑을 깨달아 알게 하시고 그 사랑을 내 마음에 채워주옵소서. 주님의 사랑 안에 살기를 원합니다. 예수님의 이름으로 기도합니다. 아멘.

9. 하나님의 사랑에서 끊을 수 없느니라

내가 확신하노니 사망이나 생명이나 천사들이나 권세자들이나 현재 일이나 장래 일이나 능력이나 높음이나 깊음이나 다른 아무 피조물이라도 우리를 우리 주 그리스도 예수 안에 있는 하나님의 사랑에서 끊을 수 없으리라
(롬 8:38-39)

위로의 은혜

위로의 하나님 아버지, 이 땅에 어느 누구도 쓸데없는 사람이 없고 하나님께서 태초부터 사랑하시어 이 땅에 보내어 주셨습니다. 당신은 사랑 받기 위해 태어난 사람이라는 찬양의 제목처럼 우리 모두는 하나님의 사랑을 받고 이 땅에 태어났고 주님주신 생명으로 살아가고 있습니다. 때론 힘들 때도 있고 제가 감당할 수 없는 어려움 속에서 고독하여서 혼자라고 느낄 때에라도 주님께서는 여전히 우리와 함께 하시오니 다시 한번 소망을 가져봅니다.

위로의 돌봄

이 시간 세상 살아가는 것이 지루하여 살 마음조차 없어서 낙심한 성도에게 세상을 살아가야 할 이유를 가르쳐주시고 세상을 살아갈 수 있는 소망을 발견할 수 있도록 성령께서 역사 하시고 깨닫게 하여 주옵소서.

이 시간 사랑하는 성도에게 생명이 나의 것이 아니고 예수 그리스도께서 자신을 십자가에 못 박아 죽으심으로 우리에게 생명을 주셨다는 사실을 알게 하여주옵소서. 지금 살아가고 있는 나의 생명이 하나님의 것이기에 이 생명을 가지고 주의 영광을 위해서 살 수 있도록 성령께서 기름 부어주시고 역사 하여 주옵소서.

사랑하는 주님께서 주신 이 귀하고 귀한 생명을 붙들어 주시기를 간절히 원합니다. 주님께서 이 영혼의 생명을 붙들어 주시지 않는다면 귀한 가족들을 남겨두고 내게 남겨진 행복할 수 있는 기회들을 놓치게 될 것이오니 더러운 마귀의 거짓에 속지 않도록 지켜 주시옵소서. 이 시간 주님의 사랑을 깨닫게 하여 주시어서 이 세상에 내가 살아가야 할 이유들을 알게 하여 주옵소서. 예수님의 이름으로 기도드립니다. 아멘.

10. 절망에서 희망으로

 여호와는 마음이 상한 자에게 가까이 하시고 중심에 통회하는 자를 구원하시는 도다 (시 34:18)

어려움의 고백

들에 있는 풀 한 포기도 주관하시는 하나님 아버지. 예수님을 통하여 주님의 얼굴을 바라봅니다. 세상의 어떤 것도 우리를 주 예수 그리스도의 사랑에서 끊을 수 없사오니 이 시간 친히 붙잡아 주시옵소서.

위로의 은혜

특별히 이 시간 고통의 문제를 가지고 어둠의 터널을 지나고 있는 주의 자녀를 성령 하나님께서 위로하여 주시고, 슬픔을 기쁨으로 바꿔 주옵소서. 절망을 희망으로 인도하여 주옵소서. 우울한 마음을 예수 그리스도를 생각하는 행복한 마음으로, 치유하여 주옵소서. 우리의 몸과 영혼은 하나님의 아름다운 형상이며 가족에게는 무엇과도 바꿀 수 없는 귀한 가족 공동체임을 알게 하여 주소서. 오직 예수 그리스도에게만이 평안과 기쁨과 행복이 있는 유일한 길임을 인정하며 그 안에서 회복과 치유의 시간으로 바뀌어 가기를 간절히 기도드립니다.

주님께서 그 절망적이고 회복이 어려울 것과 같은 내면을 살피시고 만져 주시사 주안에서 살아나게 하시고 하나님의 비전을 갖게 하시며, 우리를 위해 골고다 언덕을 십자가를 지고서 힘겹게 오르시던 예수 그리스도의 헌신과 사랑을 날마다 기억하게 하여 주옵소서. 우리를 살리신 우리 주 예수 그리스도의 이름으로 기도드립니다. 아멘.

11. 마음의 모든 파도를 잔잔케 하여 주옵소서

 그 잃어버린 자를 내가 찾으며 쫓긴 자를 내가 돌아오게 하며 상한 자를 내가 싸매어 주며 병든 자를 내가 강하게 하려니와 살찐 자와 강한 자는 내가 멸하고 공의대로 그것들을 먹이리라 (겔 34:16)

다짐의 고백

하나님 아버지! 오늘 사랑하는 형제와 여러 가지 대화를 나누었습니다. 너무 실망하고 가슴이 아파서 견딜 수 없어 자신의 목숨을 끊으려고까지 생각을 했습니다. 아버지 우리 주님이 하신 말씀을 기억합니다. 내가 곧 길이요 진리요 생명이라고 하신 주님, 오늘 여기 머리 숙인 형제에게 길이 되어주셔서 정말 길이 없는 이때에 주님을 통하여 해결 받는 기적을 체험하도록 역사 하여 주시옵소서. 사람으로는 할 수 없으되 하나님은 다 하실 줄 믿사오니 필요한 사람을 보내주시고 협력자를 보내 주셔서 이 문제가 해결되도록 역사하여 주시옵소서.

위로의 돌봄

아버지! 형제의 마음에서 어두운 마음을 제거해 주시고, 희망을 가리고 있는 모든 사탄의 권세를 물리쳐 주시고, 하갈이 광야에서 샘을 발견하여 아들과 함께 목숨을 구했듯이 형제의 눈을 열어 가까운 곳에서 해결하시는 주님을 보게 하셔서 이제는 실망에서 희망으로 일어나게 하소서. 바람과 파도를 잔잔케 하신 주님 형제의 마음의 모든 파도를 잔잔하고 평온케 하여 주소서. 빛 되시는 주님이 형제의 마음과 삶을 비추어 주시사 승리하게 하여 주시옵소서 예수님의 이름으로 기도드립니다. 아멘.

12 . 죄와 사망의 법에서 자유

 그러므로 이제 그리스도 예수 안에 있는 자에게는 결코 정죄함이 없나니 이는 그리스도 예수 안에 있는 생명의 성령의 법이 죄와 사망의 법에서 너를 해방하였음이라(롬 8:1)

위로의 은혜

인간의 피난처가 되시고 환난 날에 도움이 되시는 전능하신 하나님 아버지! 오늘도 사랑하는 이 가정으로 인도하시어 기도하게 하심에 감사드립니다. '환난 날에 나를 부르라. 내가 너를 건지리니 네가 나를 영화롭게 하리로다' (시 50:15) 라고 말씀하신 주님! 인간의 연약함을 이 시간에 간구 합니다. 불쌍히 여겨 주시어 생명의 주인 되신 주님을 전적으로 의지하는 믿음이 되게 하옵소서.

능력의 고백

원하옵기는 사랑하는 지체를 불쌍히 여기시고 자비를 베풀어주옵소서. 주님이 주신 생명을 빼앗아 가려고 하는 악한 권세를 굴복시키시고 예수 그리스도의 이름으로 회복되게 하옵소서. 이제는 생명의 주인 되신 주님께 모든 것을 맡기고 새로운 삶을 시작하게 하옵시고 섬기는 교회에서 충성된 종으로 거듭나게 하옵소서.

한 생명을 천하보다 귀하게 여기시는 하나님 아버지! 지금 어려움 속에서 방황하고 있사오니 찾아오셔서 내적 고통을 치료하여 주시고 새 힘과 새 능력을 허락하여 주시옵소서. 주님께서 친히 상한 마음을 어루만져 주시고 회복시켜 주시옵소서. 거룩하신 예수님의 이름으로 기도드립니다. 아멘

13. 내 영혼을 건지소서

 내가 여호와의 이름으로 기도하기를 여호와여 주께 구하오니 내 영혼을 건지 소서 하였도다 (시 116:4)

인도함의 고백

하나님! 죄로 인해 죽어 가는 영혼을 사랑하사 당신의 아들 예수 그리스도를 보내 주신 은혜에 감사를 드립니다. 우리는 허물과 죄로 인해 죽었으나, 그 가운데서 저희들을 불러 주셔서 당신의 자녀로 살게 하신 은혜에 감사를 드립니다.

인도함의 고백

하나님, 우리 사랑하는 OOO를 기억하시사 주님의 은혜와 사랑을 만나게 하옵소서. 우리를 위해 온갖 수치와 고난을 참으시고 십자가에 돌아가신 주님의 사랑을 만나게 하옵소서. "그런즉 누구든지 그리스도 안에 있으면 새로운 피조물"이라 하였사오니 하나님의 새로운 형상으로 인쳐 주시옵소서.

지금까지 당신이 자비와 사랑으로 인도해 주신 은혜를 늘 감사하는 자가 되게 하여 주시옵소서. 그리스도의 사랑에 거하게 하옵소서. 어려운 가운데서도 지금까지 인도해 주신 하나님, 늘 당신의 사랑 안에 거하는 형제가 되게 하여 주시옵소서. 악한 마귀 역사가 틈타지 않도록 성령님 보호해 주시옵소서. 예수님 이름으로 기도드립니다. 아멘.

14. 그들이 간절히 주께 기도할 때

 여호와여 백성이 환난 중에 주를 앙모하였사오며 주의 징벌이 그들에게 임할 때에 그들이 간절히 주께 기도하였나이다 (사 26:16)

위로의 은혜

한 생명을 천하보다 귀하게 여기시는 하나님! 좌절과 낙심으로 인하여 생의 의미와 의욕을 잃은 이 영혼을 불쌍히 여기시고 주님께서 친히 위로하시어 새 힘과 새 능력을 허락하여 주시옵소서. 주님께서 친히 상한 마음을 어루만져 주시고 회복시켜주시옵소서.

영혼의 돌봄

우리의 피난처가 되시는 하나님! 환난 날에 하나님을 부르고 부르짖으면 응답하시겠다고 약속하셨사오니 지금 이 고통에서 건져주시고 어떠한 상황과 처지에 처한다 할지라도 오직 주님만 의지하게 하시고 주님을 믿는 믿음으로 포기하지 않으며 승리할 수 있게 하옵소서.

하나님께서는 항상 임마누엘로 함께 하심을 믿습니다. 이 영혼을 돌보시고 범사에도 잘 되어지는 복이 있기를 원합니다. 항상 긍정적인 사고로 내게 능력 주 신자 안에서 능치 못하심이 없으심을 믿게 하옵소서. 눈동자와 같이 보살피시며 머리털 하나까지도 새신 바 되셔서 살아 역사하시는 하나님께서 늘 보호하여 주실 줄 믿사옵고 예수님의 이름으로 기도드립니다. 아멘 .

15. 간구의 기도

히스기야가 얼굴을 벽으로 향하고 여호와께 기도하여 너는 가서 히스기야에게 이르기를 네 조상 다윗의 하나님 여호와께서 이같이 말씀하시기를 내가 네 기도를 들었고 네 눈물을 보았노라 내가 네 수한에 십오 년을 더하고

(사 38:2-5)

은혜의 간구

하나님 아버지! "여호와는 나의 빛이요 나의 구원이시니 내가 누구를 두려워하리오. 여호와는 내 생명의 능력이시니 내가 누구를 무서워하리오"라고 말씀하셨사오니 마음이 울적하고 견디기 어려울 때일수록 소망의 하나님을 바라보게 하여 주시옵소서.

누가 우리를 그리스도의 사랑에서 끊으리요. 우리를 끊을 자가 없습니다. 환란이나 핍박이나 그리스도의 사랑에서 끊을 자가 없습니다. 너희는 마음에 근심하지 말라 하나님을 믿으니 또 나를 믿으라. 하나님은 지금도 역사하고 계십니다.

너희는 마음에 근심하지 말라. "내게 능력주시는 자 안에서 내가 모든 것을 할 수 있느니라"고 말씀하셨사오니 강한 힘과 능력을 주시어서 주님께서 그에게 주신 생명을 소중히 여기고 오직 예수님만을 바라보며 맡겨진 자리에서 충성하는 사람으로 살게 하옵소서. 그리하여 하나님의 영광이 그 마음 안에 있어서 하늘의 빛을 바라보고 주님만을 바라보며 복되게 살게 하여 주옵소서. 거룩하신 예수님의 이름으로 기도드립니다. 아멘.

주여 영원히 나와 함께 하소서

- 용혜원 -

내가 좋아하는 것들도
내가 사랑하는 것들도
나를 떠날 때가 있습니다

나의 젊음도 나의 지혜도
나의 명예와 재산도
나의 집도 나의 부모도 나의 형제자매도
나의 가족도 나를 떠날 때가 있습니다

주여 영원히 나와 함께 하소서
모든 것들을 사랑하며 살게 하소서
천국을 소망하며 살게 하소서
주여 영원히 나와 함께 하소서

6장 유가족들을 위한 돌봄기도

위로의 은혜를 주옵소서
은혜의 돌봄을 주옵소서
내 백성을 위로하라
환난 중에 있는 자들에게
우리의 소망은 오직 하나님께 있나이다
부모 사망 후 유가족들을 위한 기도
남편을 잃은 유가족들을 위한 돌봄 기도
부활의 주님을 기다리며
믿음의 대장부가 되어라
하나님과 동행하는 삶
위로의 축복을 주옵소서
고난이 우리에게 넘친 것같이
부활의 소망으로
주님이 주신 은혜로 역경을 헤쳐 나가라
가슴 속에 아픔을 치료하여 주시옵소서

돌봄 기도의 이론

이 세상에서 가장 가슴 아픈 슬픔은 자신이 사랑하는 사람들을 잃어버리는 것이다. 그 중에서도 사랑하는 가족 중에 누군가가 이 세상을 떠났다고 하는 것은 너무나도 엄청난 충격이다. 이때 유가족들은 가족을 잃음으로서 다시는 돌이킬 수 없는 시간의 충격을 받았기 때문에 그때의 심정은 이루 말로 다할 수 없이 엄청난 아픔이라고 말 할 수가 있다.

사랑하는 가족과의 사별은 다시는 돌이킬 수 없는 시간들이기 때문에 마음 같아서는 다시 시간을 돌이켜 보려 하지만 한번 가면 다시 오지 않는 시간이기 때문에 그 어떤 사람의 위로도 도움이 되지 못한다. 이런 상황 속에서 우리가 하나님께 할 수 있는 기도가 있다면 유가족을 위한 돌봄의 기도다. 이때 기도는 오히려 말없이 그 옆에 있어줌과 더불어 눈물을 흘려주면서 주님의 마음을 가지고 유가족을 위한 감성과 지성을 통해서 돌봄의 기도를 해야 한다. 그러면서 유가족을 위한 배려 속에서 사랑의 기도가 듬뿍 배어 있어야 한다.

많은 분들이 유가족들을 위해서 기도할 때 보면 아주 보편적인 기도, 즉 교리적인 기도를 많이 한다. 그러나 이때는 하나님의 말씀에 입각한 위로와 소망 그리고 격려와 사랑이 배어 있는 내용의 기도야 한다. 어떤 기도든지 언어의 표현이 중요하지만 이때의 표현은 감성적이며, 논리적인 기도가 필요하다.

이때 주의 할 것은 상심한 마음을 위로하는데 집중하다보면 말씀을 떠난 기도가 되지 않도록 해야 하며, 동시에 소망이 하나님께 있다는 것을 강조하다가 오늘의 삶을 부인하는 오류를 범하지 말아야 한다. 오직 순수하게 슬픔으로 인해서 낙망한 가족들에게 하나님의 위로와 사람들의 관심과 사랑을 가지고 다가갈 때 그들의 마음이 열려지게 될 것이다. 이 때 주의 할 점은 유가족을 위한 돌봄 기도에서는 사랑의 위로와 돌봄을 통해서 이 땅에서 삶이 보람되고, 소망이 넘치는 사람이 되도록 간절히 기도해 주어야 한다.

1. 위로의 은혜를 주옵소서

 이에 그의 모든 형제와 자매와 및 전에 알던 자들이 다 와서 그 집에서 그와 함께 식물을 먹고 여호와께서 그에게 내리신 모든 재앙에 대하여 그를 위하여 슬퍼하며 위로하고 각각 금 한 조각과 금고리 하나씩 주었더라 (욥 42:11)

은혜의 간구

모든 위로의 주님! 이 땅에 가족으로 사랑의 띠를 채워주시고 함께 살게 하셨던 것을 감사합니다. 오늘 슬픔의 그늘에서 아파하는 유족들에게 위로의 은혜를 부어주옵소서. 환난 중에 위로가 되시며 능력이 되시는 사랑을 부어주옵소서. 이들의 아픔을 가장 잘 아시는 주님께서 상심한 마음을 만져 주옵소서.

위로의 돌봄

사랑의 하나님! 유족들이 아픔을 잘 이겨낼 수 있도록 도와 주옵소서. 이 땅에서 더 이상 함께 할 수 없는 아픔 때문에 슬픕니다. 더 잘 하지 못한 것 때문에 가슴이 저립니다. 그러나 이제는 유가족들이 하늘에 대한 소망으로 기뻐하게 하시고, 주님 품에 안긴 것을 생각함으로 기뻐하게 하시고, 우리의 아쉬움은 남아 있는 유족과 이웃들에게 아낌없는 사랑으로 갚아가게 해 주옵소서. 그리하여 이전보다 더 주님을 향한 소망과 기쁨으로 하루하루 살아가게 해 주옵소서. 복음을 전하지 못한 아픔이 있다면 저 세상에 방황하는 영혼들을 더 많이 찾아가

복음을 전할 수 있게 해 주옵소서. 그리하여 주께서 놀라운 감사와 찬양이 넘쳐나게 하심을 경험하며 살게 해 주옵소서. 아무리 심한 환난이 닥쳐온다고 할지라도 하나님께서 주시는 위로로써 모든 환난을 이겨낼

수 있게 해 주옵소서. 그 누구도 손 댈 수 없는 고난이 넘친다고 할지라도 주님의 위로하심이 더욱 넘쳐나게 해 주옵소서.

위로의 은혜

위로의 하나님! 이 시간 유족들의 눈물을 거두어 주시고 가슴 속에 맺힌 답답한 아픔을 제하여 주옵소서. 신령한 하나님의 나라를 똑똑히 바라보게 하옵소서. 우리가 슬픔 가운데서도 힘을 얻어 살게 하옵소서. 이 시간 하늘의 위로와 소망이 임하셔서 모든 슬픔을 부활의 소망으로 이기게 하옵소서. 감사하며 사랑 많으신 예수님의 이름으로 기도드립니다. 아멘.

2. 은혜의 돌봄을 주옵소서

 나를 더욱 창대하게 하시고 돌이키사 나를 위로하소서 (시 71:21)

은혜의 간구

긍휼과 사랑이 많으신 하나님! 고통과 슬픔 속에 있는 이들을 위로하여 주옵소서. 상처와 고통이 예수님의 빛 가운데 위로 받기를 원합니다. 우리가 지금은 죽음을 통하여 헤어졌으나 주님께서 나는 부활이요 생명이라 말씀하심을 믿고 우리에게 영원한 나라, 주님이 계신 천국에서 다시 만나 영원히 행복을 누리며 살 것을 믿습니다.

은혜의 위로

은혜로우신 주님, 사랑하는 OOO집사님은 하나님의 뜻대로 주님 품에 안기었사오니 이제 남겨진 가족들을 주께서 돌보아 주시고, 위로해 주시옵소서. 혹 어린 자녀들이 아버지가 그리워 울 때, 곁에 없는 남편이 그리워 고독할 때, 주님께서 그 눈물을 닦아주시고 아들 잃은 어머니의 마음을 위로하시고, 형제가 떠나간 형제를 부르며 아파할 때 그 마음들도 주님께서 위로해 주옵소서. 상처 난 마음을 어루만지시고, 떠나간 자로 인한 슬픔이 오래지 않도록 주님께서 도와주옵소서.

은혜의 돌봄

이제 집사님이 떠나간 자리를 하나님께서 대신하여 주옵시고 친히 주님께서 이 가정의 가장이 되어 주심으로 모든 환란에서 크신 팔을 산울과 같이 막아 주옵소서. 때를 따라 필요한 소용과 영육간의 강건함으로 붙잡아 주옵소서. 고아와 과부와 나그네를 불쌍히 여기시고 사랑으로 보살펴 주시는 하나님, 나는 그들의 하나님이라 말씀 하셨사오니 주님나라가 이 땅위에 임하시기까지 그들과 함께 하시고 친히 보호자가 되어 주옵소서. 고통가운데에도 예비하신 하나님의 뜻을 구하게 도와주옵소서. 우리를 사랑하시는 예수님의 이름으로 기도드립니다. 아멘

3. 내 백성을 위로하라

 너희 하나님이 가라사대 너희는 위로하라 내 백성을 위로하라 (사 40:1)

인도를 바람

모든 생명의 근원이 되시는 아버지 하나님! 이 시간 사랑하는 고인을 떠나보내고 이 땅에 남아있는 유가족들이 슬픔에 잠겨 있습니다. 주님 위로해 주시고 그 마음을 어루만져 주시옵소서. 생명을 주신 분도 주님 이시오, 생명을 거두어 가시는 분도 주님이십니다. 비록 고인의 생명을 거두어 가셨지만 주님 품에 있음을 인하여 기뻐합니다. 우리가 인간인지 라 비록 잠시 동안의 이별이 슬프지만, 사랑하는 OOO을 슬픔도 고통도 없고 영원한 기쁨만 있는 천국으로 데려가셨음을 믿습니다.

위로의 은혜

유가족들의 마음에 평안함을 허락해 주시고 큰 믿음을 허락해 주시옵 소서. 특별히 유가족들에게 고인이 이 땅에 계실 때 우리에게 보여주었 던 귀한 신앙을 본받을 수 있는 믿음을 허락해 주시옵소서. 또한 남아 있 는 유가족들이 언젠가는 저 천국에서 고인과 다시 만날 날을 소망하며 믿음으로 천국을 사모할 수 있도록 하옵시며, 하늘나라의 소망을 갖고 더욱 열심히 신앙생활 잘할 수 있도록 도와 주시옵소서. 이제 후로는 유 가족들의 마음속에 더 이상 슬픔이 머물지 않게 하시고, 고인의 신앙과 뜻을 받들어 더욱 주님을 사모하고 믿음의 생활을 잘 할 수 있도록 은혜 를 베풀어주시옵소서. 유가족들에게 위로와 힘이 되어주실 줄 믿사오며 예수님의 이름으로 기도드립니다. 아멘.

4. 환난 중에 있는 자들에게

 찬송하리로다 그는 우리 주 예수 그리스도의 하나님이시요 자비의 아버지시요 모든 위로의 하나님이시며 우리의 모든 환난 중에서 우리를 위로하사 우리로 하여금 하나님께 받는 위로로써 모든 환난 중에 있는 자들을 능히 위로하게 하시는 이시로다 (고후 1:3-4)

인도와 보호하심

살아 계신 하나님 아버지. 사랑하는 가족을 먼저 하나님께 보내고 슬퍼하는 이 가정 위에 위로와 평강을 주옵소서. 먼저 가신 이를 우리 하나님의 선하신 대로 인도하여주시고 이 세상에 남은 유족들을 기억하시기를 원합니다. 성령께서 친히 이들에게 임재하시고 이들의 마음을 어루만지시고 위로하시어서 평안을 주시고 먼저 가신 분이 세상에서 다하지 못한 사랑을 유족들이 대신하여 행할 수 있도록 인도하여 주시기를 원합니다. 이들의 앞길을 우리 주님께서 보살피시고 인도하여 주셔서 먼저 가신 분이 부끄럽지 아니하도록 도와주시기를 원합니다.

우리의 인생은 아침에 잠깐 보이다가 없어지는 안개와 같다 하였으니, 인생의 허무함을 깨달아 어두움가운데서 정처 없이 돌아다니는 것이 아니라 이 세상의 어두움을 밝히려 빛으로 오신 생명의 빛 예수그리스도를 영접하고 의지함으로 참된 인생의 방향을 정하는 유족들이 되게 하여 주시기를 기도합니다.

위로의 돌봄

하나님 아버지. 예수님께서는 무덤에 계셨다가 부활하심으로 모든 이들이 부활한다는 것을 일깨워주고, 심판의 부활과 생명의 부활로 살아난다 하였으니 이남은 유족들이 길이요 진리요 부활이요 생명이신 예수님을 영접하여 영원한 생명에 동참하게 하여 주시기를 기도합니다.

하나님 아버지, 유가족들이 이 세상을 살아갈 때 이들의 길을 선하게 인도하여 주시고 형통케 하여 주셔서 살아가는데 있어서 어려움이 없도록 성령님께서 인도하여 주시기를 기도합니다. 우리를 지켜주시는 예수님의 이름으로 기도합니다. 아멘.

5. 우리의 소망은 오직 하나님께 있나이다

 너희 마음을 위로하시고 모든 선한 일과 말에 굳게 하시기를 원하노라
(살후 2:17)

은혜의 간구

궁휼히 풍성하신 하나님 아버지! 은혜를 생각할 때마다 감사 드립니다. 오늘 이 자리에 사랑하는 가족을 떠나보내고 슬픔에 젖어 있는 유가족들을 기억하시사 한없는 위로로 함께 하여 주시옵소서. 비록 몸은 떠났지만 그의 영혼은 천국으로 간 줄 알고 감사드리는 자들이 되게 하시고 저들도 천국에 대한 소망으로 넘치게 하여 주시옵소서.

또한 함께 한 골육 친척들에게도 찾아가 주셔서 언젠가 주님이 부르실 때에 우리도 떠나야 한다는 사실을 기억하며 영생을 믿고 두려움이 아닌 편안한 마음으로 죽음을 준비 할 수 있도록 깨달음을 허락하여 주시옵소서.

위로의 돌봄

오직 예수님만이 우리의 소망되심을 저들이 믿게 하여 주시옵소서. 이 땅에서 누구 보다 더 주님을 잘 섬기며 잘 믿다가 천국에서 형제(자매)를 기쁨으로 만나게 하여 주시옵소서. 먼저 간 고인의 빈자리를 하나님을 사랑하고 이웃을 사랑하는 섬김으로 승화시킬 수 있도록 성령님께서 인도하시고 도와주시옵기만을 간절히 빌고 원하옵나이다. 그리하여 이 땅에서 부끄럽게 살지 않고 참 평안을 누리며 주님의 영광을 드러내는 가정이 되게 하여 주옵소서. 우리의 생사화복을 주관하시며 소망이 넘치게 하시는 예수님의 이름으로 기도합니다. 아멘.

6. 부모 사망 후 유가족들을 위한 기도

그러므로 이 여러 말로 서로 위로하라 (살전 4:18)

위로의 은혜

영광과 찬송을 받으시기에 합당하신 하나님 아버지, 하나님께서는 죽은 자의 하나님이 아니시고 산자의 하나님이심을 믿습니다. 죄로 인해 영원히 멸망 받고 죽을 수밖에 없는 우리를 그리스도의 보혈로 눈보다 희게 하사 죄 없다 하시고 하나님의 거룩한 자녀 삼아 주신 은혜를 감사 드립니다. "나는 부활이요 생명이니 나를 믿는 자는 죽어도 살겠고 무릇 살아서 나를 믿는 자는 영원히 죽지 아니하리라"고 말씀하신 하나님. 그리스도 예수 안에 있는 우리 성도에게는 결코 죽음이 없고 영원히 주님과 함께 거하며 영생을 누림을 믿습니다. 위로의 하나님 아버지. 이제 사랑하는 가족을 잃고 깊은 슬픔 가운데 있는 OOO성도님과 그 가족들을 하나님 아버지께서 위로하여 주시고 평강을 주시기를 원합니다.

인도와 보호하심

우리의 헤어짐은 이 땅에서의 헤어짐뿐이요 고인과 이 땅에 남은 가족은 천국에서 다시 만날 것을 믿습니다. 고인이 보여주셨던 신앙의 본을 이제 그 자녀들이 닮아가게 하시고 고인이 가지셨던 흔들림 없는 하나님에 대한 신앙을 자녀들도 본받아 하나님을 더욱 더 사랑하는 자녀들 되게 하여 주시옵소서. 고인을 천국에서 다시 만날 것을 믿지만 이 땅에서 다시 볼 수 없다는 마음에 큰 슬픔이 있는 줄 압니다. 사랑의 하나님, 저들의 슬픔을 누가 위로할 수 있겠습니까? 그러나 슬픔은 잠깐임을 믿습니다. 아버지께서 친히 위로하시고 슬픔 가운데서도 하나님의 사랑을 경험하는 귀한 유가족들이 되게 하여 주시옵소서. 용기를 북돋아 주며 하나님의 사랑으로 서로를 격려하는 아름답고 귀한 유가족들 되게 하여 주시기를 간절히 원합니다. 위로의 성령님께서 유가족들에게 큰 위로와 평강으로 함께 하실 줄 믿사오며 예수님의 이름으로 기도합니다. 아멘.

7. 남편을 잃은 유가족들을 위한 돌봄 기도

 그 아비 에브라임이 위하여 여러 날 슬퍼하므로 그 형제가 와서 위로하였더라
(대상 7:22)

은혜의 간구

자비로우시고 사랑이 많으신 하나님 아버지, 오늘 여기 남편(아내)을 잃고 슬픔 중에 계시는 사랑하는 OOO를 위로하여 주옵소서. 비록 슬픈 일을 당하셨지만 하나님께서 크신 사랑으로 지금까지 OOO의 가정을 지켜주신 것처럼 이제 어렵고 힘든 과정 가운데 있는 성도의 앞길을 붙잡아 주시고 언제나 사랑으로 위로하시고 인도해 주시옵소서. 저희는 주님의 뜻을 잘 알 수 없지만, 분명히 성도의 남편(아내)을 데려가신 뜻이 있는 줄 믿습니다.

인도함의 고백

하늘나라에서 축복을 누리게 하시고 언제나 사랑으로 주님의 아들을 보살펴 주시옵소서. 하나님 아버지! 당신의 사랑하는 딸(아들)이 더 이상 슬픔과 외로움에서 고통 받지 않게 하시고 힘과 능력을 주시어 앞으로 남은 인생에 큰 축복으로 인도하여 주시옵소서. 어려운 일이 닥치고, 견딜 수 없는 고난이 오더라도 사랑하는 따님과 늘 동행하셔서 미리 길을 예비하시고 능력을 주시어 신앙의 모범이 되는 사랑하는 주의 자녀로 삼아 주시옵소서. 자녀가 잘 되는 축복과 신앙의 가정을 이루게 하시고 많은 사람들에게 위로와 용기가 되는 가정으로 축복하옵소서. 우리와 늘 함께 하시는 예수님의 이름으로 기도드립니다. 아멘!

8. 부활의 주님을 기다리며

 너희는 내 말을 자세히 들으라 이것이 너희의 위로가 될 것이니라 (욥 21:2)

인도를 바람

생명의 주인 되시는 주님! 사랑하는 OOO성도를 주님의 섭리가운데 이 땅에 태어나게 하시고, 이 땅에서 주님의 자녀로서 살게 하시고, 이 땅에서 너무나 두고 보기가 아까우셔서 주님의 품으로 부르시니 이 또한 감사합니다. 이렇게 감사할 수밖에 없는 이유는 우리에게 소망이 있기 때문입니다. 이 시간 사랑하는 가족을 주님 품으로 떠나보내고 인간적인 연민과 슬픔으로 애통하는 가족을 위하여 기도합니다.

주께서 이들의 마음에 오셔서 위로가 되시고 힘이 되어 주셔서, 사랑하는 OOO을 주님 품으로 보낸 슬픔을 이기게 하시고, 먼 훗날 지금과 비교할 수 없는 완전한 모습으로 기쁨과 감사로 만날 수 있는 영생의 소망을 주시옵소서.

"너희는 마음에 근심하지 말라 하나님을 믿으니 또 나를 믿으라 내 아버지 집에 거할 곳이 많도다"(요14:1)하신 말씀이 위로가 되어서 슬픔의 근심 대신 생명의 부활을 기대하며 아버지 품에서 다시 만날 그 날을 소망하게 하시고, 유가족들이 사랑하는 OOO을 떠나보낸 이 시점에서 더욱더 온전하고 바른 믿음을 회복하여서 인생의 유한함과 함께 인생의 목적을 발견하도록 도와주시고, 위기와 고통의 순간에 오히려 삶의 변화와 놀라운 성장을 허락하여 주셔서, 성령님의 뜨거운 역사로써 마음 마음속에 위로와 감동을 주셔서 슬픔이 변하여 기쁨이 되게 하시고 울음이 변하여 찬송이 되게 하시옵소서.

위로의 은혜

사랑의 주님! 이 시간 참으로 이별이 주는 의미와 진리를 깨달을 수 있게 해 주시고, 세상 사람들과 같이 소망 없는 사람처럼 울지 말게 하시고, 한숨쉬지 말게 하시고, 허탈감에 빠져 낙심하지 않도록 심령에 강건함을 허락하여 주셔서, "또 내가 들으니 하늘에서 음성이 나서 가로되 기록하라 지금 이후로 주안에서 죽는 자들은 복이 있도다 하시매 성령이 가라사대 그러하다 저희 수고를 그치고 쉬리니 이는 저희의 행한 일이 따름이라 하시더라"(계14:13) 하신 말씀처럼 주안에 있는 복이 이 세상에서나 육체를 떠난 하나님 나라에서나 너무나 크고 놀라운 축복임을 유가족이 깨달아 이 슬픔과 애통을 이기고 주님 안에 있는 생명의 기쁨을 바라보며 누리게 하옵소서.

위로의 돌봄

사랑의 주님, 놀라운 하나님의 위로와 하나님의 살아 계심이 유가족들의 마음속에 확증이 되게 하셔서, 저 열린 하늘을 통하여 비춰오는 소망을 밝히 보게 하시고, 아버지 보좌 앞에서 위로 받고 의의 면류관, 생명의 면류관을 받아쓰고 영광의 미소를 짓는 앞서간 가족을 믿음으로 바라보며, OOO성도가 못다 이룬 가정을 향한 하나님의 목적을 유가족들이 이어 받아서 이 세상에서 하나님께 영광을 돌리는 믿음의 명문가를 이루게 하옵소서.

사랑하는 OOO성도는 먼저 하나님 품에 안겼으나, 남은 유가족은 우리 주님 앞에서 만날 그 날까지 이 세상에서 선한 싸움을 싸우고 달려갈 길 다 가고 믿음을 지켜서 살다가, 의의 면류관 받아쓰는 최후의 영광을 누릴 수 있는 삶을 살도록 격려와 권면과 용기를 주시옵소서. 사망 권세를 멸하시고 부활하신 예수님의 이름으로 기도합니다. 아멘.

9. 믿음의 대장부가 되어라

 내가 이제 세상 모든 사람의 가는 길로 가게 되었노니 너는 힘써 대장부가 되고 (왕상 2:2)

인도함의 고백

처음과 나중이 되시며 모든 만물의 시작과 끝을 지으신 하나님, 주님의 이름은 찬양합니다. 한 영혼을 우리 가운데 보내어 주셨고 함께 기쁨과 슬픔을 나누게 하시다가 그 영혼을 주님께서 부르시어 짧은 생을 정리하고 아버지께로 돌아갔습니다. 우리의 곁을 떠난 영혼은 이제 아버지와 함께 거하지만, 여기에는 사랑하는 이를 보내고 슬픔에 잠긴 남은 가족들이 있습니다. 가족들을 주님께서 위로하여 주옵소서.

인도와 보호하심

우리의 삶이 이것이 끝이 아니라 천국에서의 새 삶을 소망하게 하시고. 삶과 죽음이 아버지 손에 달려 있음을 깨닫게 하옵소서. 이 가정을 붙들어 주옵소서. 이 가정이 다시금 일어서길 원합니다. 아버지께로 돌아간 영혼을 기억할 때, 고통과 아픔이 아닌 아름다운 소망을 품고 믿음 가운데 살게 하여 주옵소서.

생명의 주관자이신 하나님을 바라보며 살게 하옵소서. 더욱 믿음 안에서 살게 하시고 이 가족들의 건강을 지켜주시길 원합니다. 서로를 위로하고 더욱 사랑하며 하나님 안에서 행복하고 화목한 가정이 되기 원합니다. 서로에게 세상을 살아가는데 힘이 되게 하옵소서. 예수님의 이름으로 기도드립니다. 아멘.

10. 하나님과 동행하는 삶

 모든 생물의 생명이 하나님의 손안에 있고, 사람의 목숨 또한 모두 그분의 능력 안에 있지 않느냐 (욥 12:10)

은혜의 간구

인생의 끝을 지으신 주님, 한 영혼이 이 땅에 왔다가 주님이 부르시기에 생의 끝을 마감하고 돌아갔습니다. 사랑의 주님, 이제 사랑하는 이를 보내고 슬픔에 잠긴 유가족들이 있습니다.

이 시간에 사랑하는 이를 보내고 슬픔과 후회 속에 눈물 흘리는 유가족들을 위로하시고 함께 하여주옵소서. 유가족의 마음 가운데 평안을 주시고 이 땅에서 믿음으로 살아가야 할 이유가 무엇인지를 발견하며 나아갈 수 있도록 성령께서 함께 하여 주옵소서

위로의 돌봄

이제 사랑하는 이를 보내고 남은 유가족들에게 천국의 소망을 품을 수 있게 하시어서 이 땅에서 더욱 굳센 믿음을 가지고 대장부로서 생을 마감하는 그 날까지, 믿음으로 달려가게 하옵소서. 남은 유가족들의 건강을 지켜주시고 서로를 위로하고 서로를 이전보다 더욱 따뜻한 가슴으로 생각하여 행복하고 화목한 믿음의 가정이 되게 하옵소서.

이전 보다 서로에게 관심을 가지고 서로에게 세상을 살아가는 힘이 되어 줄 수 있도록 하나님께서 은혜를 부어주시기를 원합니다. 이 땅 위에서의 삶이 끝이 아님을 알게 하시고, 천국을 향하여 소망을 가지고 하나님과 동행하는 삶을 살아서 감사하며 살 수 있도록 은혜를 주시옵소서. 사랑이 많으신 예수님의 이름으로 기도드립니다. 아멘.

11. 위로의 축복을 주옵소서

 애통하는 자는 복이 있나니 저희가 위로를 받을 것임이요 (마 5:4)

인도를 바람

하나님 아버지, 오늘 큰 충격과 슬픔으로 인해 실의에 빠져 있는 주님의 가정을 위로하여 주시길 간절히 바랍니다. 스스로 생명을 버렸다 할지라도 그 영혼이 결코 하나님으로부터 버림받지 않았음을 믿습니다.

삶의 어려움과 고통의 문제로 인하여 먼저 하나님의 품에 안긴 주의 백성을 주님께서는 이제 아무 고통과 슬픔이 없는 성도들의 본향인 천국에서 하나님 품안에 안겨 안식을 누리며, 영원한 천국의 삶을 살아가게 하시니 감사드립니다. 이 시간 사랑하는 유족들을 위로하여 주시고 마음에 평안함을 주시옵소서. 사람들의 비난과 조롱을 생각하지 않게 하여 주시고, 죄책감을 갖지 않게 되기를 소망합니다.

위로의 은혜

오직 주님은 우리를 너무나 사랑하시고 언제나 위로로써 우리에게 다가오시는 사랑의 하나님이심을 기억하는 가정이 되게 하여주옵소서. 비록 감당할 수 없을 것 같은 슬픔이라 할지라도 하나님은 모든 인생의 주권자이시며 생명의 주관자이시고, 하나님의 섭리와 인도가 늘 우리 앞에 온전히 놓여있음을 기억합니다.

지금의 어려움이 하루 빨리 치유되어 극복하고 이전보다 더욱 평안한 믿음의 삶을 살아갈 수 있도록 인도하여 주옵소서. 이 시간 주님께서 성도의 가정 구성원들의 마음을 살펴주시고 회복시켜 주시옵소서. 우리를 사랑하신 예수 그리스도의 이름으로 기도드립니다. 아멘.

12. 고난이 우리에게 넘친 것같이

 그리스도의 고난이 우리에게 넘친 것같이 우리의 위로도 그리스도로 말미암아 넘치는 도다 (고후 1:5)

인도함의 고백

하나님 아버지, 오늘 여기에 모인 유족들에게 자비를 베푸시기 원합니다. 가족을 떠나보내는 마음을 주님이 위로하여 주시고 또한 부활의 소망을 우리의 마음에 충만하도록 채워주셔서 다시 만날 소망을 갖게 하옵소서. 슬퍼하는 유족들의 눈물을 거두어 주시고 고인에게 해주지 못했던 사랑도 이제 다 잊게 하시고 고인에게 섭섭했던 마음도 다 주님의 사랑으로 용서하여 주옵소서.

돌봄의 은혜

또한 고인이 살면서 우리에게 남겨 주었던 소중한 마음과 사랑을 간직하게 하시고 우리도 그 사랑을 받았으니 그 사랑으로 다른 사람을 사랑하게 하여 주옵소서. 장례를 치르는 모든 순서를 주님 인도하시고 조금도 거치는 일이 없도록 지켜 주옵소서. 장례 기간이나 발인 할 때나 장지에서 하는 일이나, 모든 일을 마치고 뒷마무리하는 일까지 주님이 지켜 주셔서 순조롭게 이루어지게 하옵소서.

특히 미망인(또는 남편, 자녀)을 기억하셔서 외롭지 않게 하여 주시고 주님이 늘 동행하여 주옵소서. 주님이 남편이 되어 주셔서 필요한 것마다 채워 주시고 힘든 일 마다 해결하여 주시고 주님이 보호막이 되어 주시옵소서. 기도할 때 더 가깝게 응답하여 주시고 자녀들에게는 더욱 좋은 소식만 있도록 지켜 주옵소서. 여기에 동참한 모든 사람들 또한 주께서 복 주시기를 원하며 예수님의 이름으로 기도드립니다. 아멘.

13. 부활의 소망으로

내가 너희를 향하여 하는 말이 담대한 것도 많고 너희를 위하여 자랑하는 것도 많으니 내가 우리의 모든 환난 가운데서도 위로가 가득하고 기쁨이 넘치는 도다 (고후 7:4)

은혜의 간구

인생의 절대 주권자 되시는 하나님 아버지! 오늘 사랑하는 가족을 먼저 보내고 슬픔에 잠겨있는 이들을 주님의 사랑으로 어루만져 주시옵소서. 예수님을 믿고 영생을 바라며 하나님 품에 안기었으니 슬픔이 기쁨이 되게 하시고 천국에서 고인을 만날 것을 기대하는 부활의 소망으로 참 위로가 있기를 원합니다. 비록 고인은 흙으로 돌아갔지만 영혼은 저 영원한 처소인 하나님 나라에서 안식을 누림을 믿습니다. 이로 인하여 남은 유가족들은 더욱 분명한 부활의 소망을 갖게 하옵소서.

돌봄의 은혜

고인을 보낸 슬픔과 충격으로 좌절하거나 낙담하지 않도록 성령 하나님께서 붙들어 주시고 고인의 빈자리를 채워 주시옵소서. 이제부터는 더욱더 주님을 사랑하고 주어진 삶을 능력 있게 살게 하시고, 장차 주님 앞에 설 때에 부끄러움 없게 하시고 산 소망을 가지고 장차 고인을 다시 만날 때까지 주님만 바라고 담대하게 살아가게 하여 주시옵소서.

남은 가족들에게는 내세의 소망을 꿈꾸며 견고한 믿음을 가지고 살아갈 때 필요한 모든 것을 주께서 채워주시고 새 힘을 공급하여 주시옵소서. 고인을 천국으로 인도하여 주신 주님, 이 가족들을 더욱 굳세고 담대한 믿음으로 지켜 주시옵소서. 우리 구주 예수님의 이름으로 기도드립니다. 아멘.

14. 주님이 주신 은혜로 역경을 헤쳐 나가라

 한 번 죽는 것은 사람에게 정하신 것이요 그 후에는 심판이 있으리니(히 9:27)

위로의 은혜

사랑과 위로의 하나님 아버지시여! 주님의 크신 위로를 받고자 이 시간에 간구하오니 저희들의 기도를 들어 응답해 주시옵소서. 이 가정의 사랑하는 성도님께서 먼저 주님의 부름을 받아 평소에 늘 간구 했던 성도의 소원대로 천국에 갔습니다. 주님의 품에서 영생을 누릴 것을 믿사옵니다. 원하옵기는 이 가정을 지켜주시고 주님의 사랑 안에 보호하시며 주인 되셔서 모든 것을 인도하여 주시옵소서.

위로의 돌봄

사랑의 하나님 아버지시여. 사랑하는 가족을 잃은 이들을 위로하시어 주님이 주신 은혜로 말미암아 용기를 가지고 이 역경을 헤쳐 나갈 수 있는 강한 믿음과 영육간의 건강을 허락하시옵소서. 외로울 때 주님께서 친구가 되어 주시고, 앞 길이 막힐 때 길을 밝게 인도하시어서 이들의 간구에 응답하여 주옵소서.

우리 주님이 이 가정에 위로자 되시고 기쁨이시오니 주님께서 축복하시고 평강의 은혜로 인도하여 주옵소서. 우리를 구원하신 예수님의 이름으로 기도드립니다. 아멘.

14. 가슴 속에 아픔을 치료하여 주시옵소서

 웃을 때에도 마음에 슬픔이 있고 즐거움의 끝에도 근심이 있느니라 (잠 14:13)

돌봄의 고백

하나님 아버지! 주님은 자비의 아버지시며 모든 위로의 하나님이심을 믿습니다.

오늘, 슬픔의 그늘에서 위로를 필요로 하는 유가족들에게 능력을 베풀어주시어서 주님의 은총을 느끼게 하여 주옵소서. 환난이 닥쳐온다고 할지라도 주님께서 주시는 위로로써 모든 환난을 이겨내리라고 말씀하였사오니 이 가정의 유족들에게 주님이 주시는 은혜로 마음에 평안이 넘치게 하옵소서.

돌봄의 은혜

모든 위로의 샘이신 사랑의 주님, 죽음과 같이 힘에 부치도록 심한 고통과 슬픔을 당했을지라도 낙담하지 않게 하시고 오직 주님만을 바라보면서 하나님만 의지함으로 마음에 기쁨이 충만케 하옵소서.

이 시간, 유족들의 슬픔을 닦아주시고 가슴속에 맺힌 아픔을 치료하여 주시옵소서. 우리의 소망이신 예수 그리스도의 이름으로 기도드립니다. 아멘

주님의 십자가 보혈이

- 용혜원 -

주님의 십자가 보혈이
날마다 흐르고 있음을 깨닫게 하소서

주님의 사랑이 홍수처럼 터져서
우리의 모든 죄악을 다 씻어주시고자
흘러내리고 있음을 믿게 하소서

죄악에 휩쓸려 가는 자들을 건져내사
주님의 보혈로 씻어 주소서

구원 받은 사람들이 곳곳에서
벌떼처럼 일어나게 하소서.
모든 죄를 깨끗하게 씻음 받는 사람들이
곳곳에서 구름 떼처럼 일어나게 하소서

7장 낙심한 자들을 위한 돌봄기도

모든 염려를 주님께 맡겨라
마음이 상한 자를 구원하시는 예수님
상한 심령을 치유하게 하옵소서
낙담하지 아니하고
희락의 기름으로 그 슬픔을
낙심하지 아니하고
낙망 중에 하나님을 찬양하라
환난에 낙심치 말라
진리로 공의를 베풀어주시는 예수님
낙심치 않기 위하여 기도하라
상처를 싸매시는 예수님
꾸지람을 받을 때에 낙심하지 말라
낙심 중에도 예수님을 의지하라
낙심하지 않고 오직 예수님을 의지하라
낙망 중에 하나님을 찬양하라
자포자기 상태에서 벗어나게 하옵소서

돌봄의 기도 원리

대부분의 낙심들은 자신들이 무엇인가를 하려고 시도하려다가 난관에 부딪쳐서 절망할 때 낙심을 경험하게 된다. 그러기 때문에 낙심은 다음과 같은 것에 올수가 있다. 하나는 일의 욕심에 올 수가 있고 두 번째는 마음에 상처와 절망에서 올 수가 있다. 즉 삶의 고통을 자신의 능력으로 이기지 못할 때 찾아오기 때문에 이때 드려야 할 기도가 낙심한 자들을 위한 돌봄 기도이다. 그래서 시편 기자는 이렇게 기도했다.

"나의 하나님 아버지 두 손을 펴사 제 마음과 두 무릎을 일으켜 세워주시옵소서. 저의 힘으로는 감당할 수 없기에 전능하신 하나님 아버지께 맡기오니 힘 있게 일어설 수 있게 하옵소서."

이러한 기도가 좌절과 낙망을 원치 않는 아버지이심을 믿고 드리는 기도가 낙심한 자들을 위한 돌봄 기도이다. 낙심한 사람을 위한 기도는 용기, 회복, 격려의 요소와 함께 성령의 감동하심이 들어가야 한다. 그래서 시편 기자는 이렇게 기도를 했다.

"하나님은 우리의 피난처시오 힘이시니 환난 중에 만날 큰 도움이시라 그러므로 땅이 변하든지 산이 흔들려 바다 가운데 빠지든지 바닷물이 흉용하고 뛰놀든지 그것이 넘침으로 산이 요동할지라도 우리는 두려워 아니하리로다"(시 46:1-3).

비록 자신에게 어떤 일로 인해서 낙심한 상황이지만 하나님께서 나를 붙들고 계시다는 것을 기억하게 하면서 혼자가 아니며 하나님께서 좁은 길을 걸을 때도 언제나 함께 하신다는 사실을 기억하게 하고 오직 소망은 하나님께 있음을 위해서 기도해야 한다. 만약 이때 낙심의 이유가 죄의 뿌리라면 죄의 뿌리를 위해서 중보하면서 되도록 죄를 지적하고 책망하는 기도는 안 된다.

책망은 하나님께 맡기고 하나님의 돌보심과 선하심, 위로의 소망을 주는 기도가 되도록 해야 한다. 여기서 주의 할 점은 다윗이 죄를 지적했던 나단 선지자가처럼 "당신이 바로 그 사람이라"(삼하 12:7) 라는 책망은 금물이다. 오직 소망은 하나님께 있음을 알고 참 소망을 하나님께 두면서 드리는 기도라야 낙심한 자들을 위한 돌봄 기도가 되기 때문이다.

1. 모든 염려를 주님께 맡겨라

 네 짐을 여호와께 맡겨 버리라 너를 붙드시고 의인의 요동함을 영영히 허락지
아니하시리로다(시 68:19)

은혜의 간구

사랑과 긍휼과 자비가 풍성하신 하나님 아버지! 죄로 말미암아 영원히 죽었던 저희들을 십자가의 보혈로 구속하여 주심을 감사 드립니다. 온갖 시련과 혼란이 가득 찬 이 세상에서 저희를 불러 하나님의 백성 삼으시고 이 순간까지 보호하여 주심을 인하여 감사 드립니다. 이 큰 사랑에 늘 감사하며 찬양의 삶을 살아야 하는데 때로 낙심되고 절망이 될 때가 있습니다. 우리의 믿음이 연약함을 용서해 주옵소서.

돌봄의 고백

낙심과 절망에 풍랑 이는 바다와도 같은 이 세상에서 풍랑을 만날 때마다. 저희에게 힘주시고 능력을 주시어서 이기게 하시옵소서. 순간의 잘못된 판단으로 죄를 짓고 낙심 중에 있는 형제에게 잘못을 뉘우치고 회개하는 심령을 주옵소서. 다시는 죄악의 유혹에 빠져들지 않게 해 주옵소서. 험난한 이 세상에 살다가 시련을 만나 마음 아파하는 형제가 있습니다. 주님께서 위로하여 주옵소서.

환난 중에서도 승리케 하시는 여호와 하나님. 사랑하는 형제를 붙들어 주시옵소서. 환난을 만날지라도 넘어지지 않게 하시며 주님을 의지하고 승리하게 하옵소서. 시험을 당할 때마다 승리하신 주님을 바라보게 하시며 이 시험을 인하여 주님의 마음을 깨닫게 하시고 주님을 더욱 사랑하게 해 주옵소서.

돌봄의 은혜

우리를 도우시는 하나님! 감당할 만한 시험을 주시며 피할 길도 주시는 주님이심을 믿고 어떤 어려운 일을 만날지라도 주님만을 의지하며 나아갈 수 있게 하옵소서. 주님을 의지함으로 모든 시험에서 승리하게 하옵소서.

우리의 삶의 현장에서 구체적으로 사탄의 시험을 이기신 예수님의 지혜와 성령 충만을 형제님에게 부어 주옵소서. 그의 삶이 그리스도와 더불어 사는 삶이 되게 해 주옵소서. 우리를 승리케 하시는 예수님의 이름으로 기도드립니다. 아멘.

2. 마음이 상한 자를 구원하시는 예수님

 여호와는 마음이 상한 자에게 가까이 하시고 중심에 통회하는 자를 구원하시는도다 (시 34:18)

은혜의 간구

마음이 상한 자를 위로하시는 우리 아버지 하나님, 오늘 낙심 가운데 힘들어하는 사랑하는 성도를 위하여 기도합니다. 열심히 살기를 원했고 또 그렇게 살았습니다만 뜻하지 않은 어려움이 앞을 가로막았습니다. 너무 힘들어 기도할 기력을 잃어버리고 주님을 미워하는 마음도 생겼습니다. 그러나 하나님은 긍휼히 많으신 분이시며 우리의 연약한 성정을 아시오니 회복의 은혜를 부어 주옵소서.

돌봄의 고백과 인도

이 시간도 주님의 은혜로 모든 고통이 지나가게 하시고 죽음을 이기신 우리 주님처럼 우리도 말씀으로 승리자의 삶을 살게 하옵소서. 우리 주님은 높이기도 하시고 낮추기도 하시며, 상하게도 하시고 고치기도 하시는 분이오니, 우리가 낙심할 때 죄를 짓지 않도록 도와 주시어서 오늘의 시련으로 낙심하지 않도록 보살펴 주시옵소서.

돌봄의 간구

이 시간 간구 합니다. 이 시련을 통하여 사랑하는 성도가 더욱더 주님께 가까이 갈 수 있도록 도와 주옵소서. 우리에게 믿음 없는 것을 용서해 주시고 모든 것을 인내와 용기로 문제를 해결할 수 있게 하여 주옵소서. 이 시간 이후로 오직 주님만을 온전히 믿음으로 승리의 삶이 되게 하시고 주님의 은혜로 우리 믿음의 결실이 평안과 축복으로 드러나게 해 주옵소서. 예수님의 이름으로 기도드립니다. 아멘.

3. 상한 심령을 치유하게 하옵소서

 하나님의 구하시는 제사는 상한 심령이라 하나님이여 상하고 통회하는 마음을 주께서 멸시치 아니하시리이다 (시 51:17)

돌봄의 은혜

우리에게 늘 힘과 용기를 주시는 아버지 하나님! 여기 주님 앞에 낙심하여 고통 받는 한 형제(자매)가 있습니다. 주님의 권능의 팔로 붙들어 주시고, 주의 능력으로 힘을 주시옵소서.

자복-회개

주님도 이 땅에 계실 때 우리의 연약함을 체휼하지 않으셨습니까? 이 형제(자매)의 낙심과 고통을 어루만져 주시고 새 힘을 부어 주시옵소서. 여호와를 앙망하는 자에게는 독수리의 날개 치며 올라감 같은 힘을 주신다고 하셨사오니, 이 형제(자매)에게 독수리와 같은 믿음과 능력을 주시옵소서. 이 형제(자매)가 아무리 낙심하고 절망해도 주님은 형제(자매)를 버리지 않으심을 기억하게 해 주시고, 끝까지 주님만을 바라보고 힘차게 나아갈 수 있도록 도와 주시옵소서.

돌봄의 간구

또한 이 형제(자매)에게 자신이 택하신 족속이요, 왕 같은 제사장이요, 하나님 나라의 백성임을 깨닫게 해 주시고, 이 땅의 모든 고통과 좌절이 한 순간임을 알며, 오직 천국에 소망을 두고, 천국의 소망으로 인해 다시 힘을 얻게 하시옵소서. 이제 후로는, 더 이상 낙심하지 아니하고 주님을 믿고 힘차게 나아갈 수 있도록 도와 주시옵소서. 이 형제를 붙들어 주실 것을 믿고 예수님의 이름으로 기도드립니다. 아멘.

4. 낙담하지 아니하고

 상한 갈대를 꺾지 아니하며 꺼져 가는 등불을 끄지 아니하고 진리로 공의를 베풀 것이며 그는 쇠하지 아니하며 낙담하지 아니하고 세상에 공의를 세우기에 이르리니 섬들이 그 교훈을 앙망하리라 (사 42:3-4)

어려움의 고백

사랑의 하나님, 환난은 인내를 인내는 연단을 연단은 소망을 이룬다 하였으니 이 시간 어려움을 당한 성도를 위로하시고 도와주시옵소서. 이 시간 성령께서 친히 어려움 당한 성도의 심령을 치료하여 주셔서 절망하지 않게 하시고 다시 힘을 얻고 일어설 수 있도록 힘과 용기를 부어 주시기를 기도합니다.

인도함의 은혜

믿음의 선진들이 갖은 고난과 핍박 속에서도 참고 견딜 수 있었던 것처럼 낙심하지 않게 하시고 더욱더 인내하는 용기를 허락하여 주셔서 이 어려움을 굳건히 이길 수 있는 힘을 주시옵소서. 우리의 힘이 되신 하나님을 찬양합니다.

상처의 치유

사랑하는 성도에게 이 어려움을 통해서 정금 같은 믿음으로 잘 다듬어져서 그리스도의 순결한 신부로 태어나 아름답게 서게 하여 주옵소서. 이 시간 주님께서 찾아오셔서 육신의 모든 문제도 풀어 주시어서 해결되게 하여 주시기를 기도합니다. 우리는 연약한 육신을 가졌기에 우리가 당하는 환경도 무시하지를 못합니다.

아무리 시험에 들지 않으려고 한다 할지라도 너무 곤경에 빠지면 힘을 잃어 대항할 수 없으니 이길 수 있는 힘을 주시옵소서. 우리를 위하여 십자가의 고난을 당하신 예수 그리스도의 이름으로 기도합니다. 아멘

5. 희락의 기름으로 그 슬픔을

주 여호와의 신이 내게 임하셨으니 이는 여호와께서 내게 기름을 부으사 가난한 자에게 아름다운 소식을 전하게 하려 하심이라 나를 보내사 마음이 상한 자를 고치며 포로된 자에게 자유를 갇힌 자에게 놓임을 전파하며 여호와의 은혜의 해와 우리 하나님의 신원의 날을 전파하여 모든 슬픈 자를 위로하되 무릇 시온에서 슬퍼하는 자에게 화관을 주어 그 재를 대신하며 희락의 기름으로 그 슬픔을 대신하며 찬송의 옷으로 그 근심을 대신하고 그들로 의의 나무 곧 여호와의 심으신 바 그 영광을 나타낼 자라 일컬음을 얻게 하려 하심이니라 (사 61:1-3)

인도를 바람

우리의 힘이 되시는 여호와 하나님 감사합니다. 이 세상 살 동안은 우리에게 낙심할 일도 많이 있고 절망 할 일도 많이 있습니다. 그러나 저희들에게는 어떤 어려움이 있어도 하나님이 계시기 때문에 낙망하지 않게 하여 주옵소서.

돌봄의 간구

주님, 서로에게 준 아픔과 상처들과 큰 충격으로 인해서 저희들은 종종 힘이 들어서 다시금 일어서지 못할 것 같은 때도 있습니다. 그러한 때에 낙망하지 아니하고 기도할 수 있게 성령께서 능력을 부어 주시옵소서. 그래서 오직 주님만을 바라보게 하시고 사람을 바라보지 않게 하여 주시옵소서.

이스라엘을 지키시는 자는 주무시지도 졸지도 않고 보호하신다고 하였사오니 저희들을 붙잡아 주셔서 낙망에서 새 힘을 얻고 소망의 자리로 인도함 받게 하옵소서. 지금까지 저희들을 인도해 주신 은혜에 감사드리며 우리를 붙드시는 예수님의 이름으로 기도드립니다. 아멘.

6. 낙심하지 아니하고

 우리가 선을 행하되 낙심하지 말지니 피곤하지 아니하면 때가 이르매 거두리라 (갈 6:9)

어려움의 고백

세상을 이기신 하나님, 우리에게 힘을 주심 감사합니다. 하나님을 믿는다고 하였지만 아직까지 내 안에 있는 내 생각으로 살다가 낙심하여 하나님께 기도합니다. 인간이기에 인간적인 방법으로 살다가 너무 큰 환난을 당하고 하나님께 나왔사오니 우리를 용서하여 주시옵소서.

돌봄의 간구

하나님, 내 생각으로 살 때 그때는 성공하는 것 같았지만 그것이 나를 어두움으로 인도하였고 나의 마음에 시련을 주었사오니, 이제 우리가 주님 말씀 붙잡고 더 굳건히 설 수 있는 능력을 주옵소서. 그래서 이제 어려움이 오더라도 하나님을 의지하려고 하오니 가르쳐 주시고 인도하여 주시옵소서. 이제 주님 뜻대로 살기를 원하오니 도와주시옵소서. 세상을 이기신 예수님의 이름으로 기도드립니다. 아멘.

7. 낙망 중에 하나님을 찬양하라

 내 영혼아 네가 어찌하여 낙망하며 어찌하여 내 속에서 불안하여 하는고 너는 하나님을 바라라 나는 내 얼굴을 도우시는 내 하나님을 오히려 찬송하리로다 (시 42:11)

은혜의 간구

우리의 피난처가 되어 주시는 하나님! 지금 어려움으로 인하여 헤어나지 못하고 있는 성도에게 찾아오셔서 능력의 팔로 도와 주시길 원합니다. 이 시간 어려움 당한 형제(자매)를 긍휼히 여기사 시험과 환란의 고통을 이기고 정금 같이 나올 수 있도록 힘을 주시옵소서. 이 고통을 통하여 주님의 뜻을 알게 하시고 주를 믿는 믿음이 견고케 되어서 더욱더 강건한 삶을 살 수 있게 하옵소서.

돌봄의 간구

또한 이 시련으로 행여나 하나님을 원망하거나 불신하지 않도록 도와 주시옵소서. 도리어 이일로 하나님의 손길을 체험하게 하시어서 주님께 더욱더 감사하며 하나님께 영광 돌리는 좋은 계기가 되게 하옵소서.

오늘 하루 절망이기보다는 모자람을 아는 희망이게 하시옵소서. 오늘 하루 나약함이기보다는 날로 강인한 믿음을 가져서 굳건히 설 수 있는 믿음을 주옵소서.

지쳐 쓰러지고 그을리는 그런 뙤약볕 속에서도 목마름의 고통보다는 단비의 촉촉함에 감사하는 여문 성숙이게 하시옵소서. 우리의 문제를 해결해 주시는 예수님의 이름으로 기도드립니다. 아멘.

8. 환난에 낙심치 말라

 그러므로 너희에게 구하노니 너희를 위한 나의 여러 환난에 대하여 낙심치 말라 이는 너희의 영광이니라 (엡 3:13)

인도함의 은혜

믿음을 주장하사 온전케 하시는 주님! 이 시간도 우리를 사랑하여 주시고, 우리를 주님의 놀라운 섭리 가운데 보호하여 주심을 감사 드립니다. 주님은 우리에게 모든 것을 주시고 우리를 사랑하셨건만 우리들은 주님의 이러한 사랑을 누리지 못하고 살아가고 있습니다.

믿음으로 아브라함은, 어디로 가야 할지 알지 못하고 떠나라는 하나님의 명령을 받고, 고향과 친척과 아비의 집을 떠났사오나 부족한 죄인은 한 걸음 한 걸음 나의 길을 인도하시는 주의 보호하심을 믿지 못하고 주의 명령 앞에 주저하고 있습니다. 신앙은 도전적인 삶 임에도 불구하고 우리는 너무도 쉽게 안일하고 또한 편안하게 형편에 따라 예수님을 믿는 자가 되고 말았습니다.

자복-회개

사랑의 주님! 환경과 형편 때문에 주일을 지키는 신앙이 흔들리고 있습니다. 공중에 나는 새도 먹이시고 들에 피는 백합화도 입히시는 하나님이심을 믿지 못하고 내 노력 내 재간으로 사는 줄 알고 하나님을 너무나 멀리 하고 있습니다. 우리는 시험과 유혹 때문에 신앙이 흔들릴 때가 많습니다. 우리의 신앙에 전진보다 후퇴가 더 많고 깊어지기보다 얕아지는 때가 많은 것을 고백합니다.

물욕의 시험과 정욕의 유혹이 우리의 신앙을 흔들어놓고 있사오니 처음 믿을 때의 결심을 도로 찾을 수 있게 힘을 주시고 기쁨을 주시고, 세상에서 받는 영광과 자랑 때문에 신앙이 흔들리지 않게 지켜 주옵소서.

돌봄의 간구

이제 우리는 아버지의 전신갑주를 입고 영적 전투에 나아가길 원합니다. 우리로 하여금 사탄의 세력을 능히 대적하고 제거해 주실 줄 믿고, 오늘도 어제나 오늘이나 영원히 동일하신 예수님의 이름의 권세 아래 정사와 권세와 사탄의 모든 세력과 모든 만물들이 무릎을 꿇고 굴복할 것을 믿고, 대적할 때 승리할 것을 믿습니다.

우리의 영혼을 넘보는 회의와 불신에 빗장을 지르기 위해 모든 것 위에 믿음의 방패를 취합니다. 사탄의 갖가지 공격으로부터 우리의 몸과 영혼을 보호하기 위해 아버지의 구원의 투구를 쓰며, 아버지의 말씀인 성령의 검을 취합니다. 오늘도 이 세상에 복음을 막고 있는 견고한 진들을 무너뜨리고 영적 전투에서 승리하는 믿음의 용사가 되게 하여 주옵소서. 사랑이 많으신 예수님의 이름으로 기도드립니다. 아멘.

9. 진리로 공의를 베풀어주시는 예수님

 상심한 자를 고치시며 저희 상처를 싸매시는도다 (시 147:3)
상한 갈대를 꺾지 아니하며 꺼져 가는 등불을 끄지 아니하고 진리로 공의를 베풀 것이며 (사 42:3)

자복-회개

하나님 아버지! 언제나 우리를 도와주시고 인도하여 주시니 그 은혜를 감사를 드립니다. 연약한 저희들을 세우시며, 우리가 약할 때 강함이 되어 주신 주님, 이 시간 간구하오니 지난날 저희들의 마음과 생각을 용서하여 주시옵소서. 모든 것을 잃어버리고 낙심하는 저희들에게 회의와 자괴뿐이오니 우리의 마음이 쉼을 얻고 자유를 얻게 하여 주시옵소서.

상처의 치유

이 시간 이 낙심한 성도들을 회복시켜 주옵소서. 주님의 빛으로 비추어 새 힘을 주시며, 하나님의 진리로 공의를 베풀어 주시옵소서. 노력한 모든 일에 기다림을 더욱 가지게 하시며, 하나님께서 역사하시는 그 손길을 기대하오니 상한 마음을 고쳐주시고 회복시켜 주옵소서.

능력의 고백

우리의 마음은 상한 갈대와 같기에 모진 풍파에 흔들리오니, 굳건히 서도록 도와주시고 성령으로 우리의 마음을 새롭게 하여 주시옵소서. 모든 것을 할 수 있는 믿음과 용기와 확신을 부어 주옵소서.

이제 주님 말씀으로 의지하여 새롭게 살기 위하여 도전하오니 다시금 일어설 수 있는 용기를 부어주시길 원합니다. 이 마음을 위로하여 주시고, 주님만 바라보게 하여 주옵소서. 더욱 강한 아버지의 자녀로 일꾼으로 세워지게 하옵소서. 성령님의 인도하심을 기대합니다. 예수님의 이름으로 기도합니다. 아멘

10. 낙심치 않기 위하여 기도하라

 너희가 피곤하여 낙심치 않기 위하여 죄인들의 이같이 자기에게 거역한 일을 참으신 자를 생각하라 (히 12:3)

인도를 바람

여기에 주님을 사랑하는 성도가 노력한 결과대로 되지 않아 낙심하고 있습니다. 의욕을 잃은 채 풀죽어 있는 모습이 너무나도 안쓰러워 보입니다. 이번에는 좋은 결과를 얻을 수 있을 거라고 생각하고 노력했지만 그 뜻대로 되지 않아 마음이 힘들고 괴로워하며 낙심하는 성도에게 은총을 부어 주옵소서.

성령께서 지금 이 시간 낙심되고 상한 성도에게 찾아오셔서 만져주시고 치유하셔서 다시 새 힘을 얻고 일어나서 전진해 나갈 수 있도록 하여 주옵소서!

돌봄의 간구

사랑의 하나님, 이 시간 낙심한 성도의 마음을 위로하여 주시기를 원합니다. 바라던 결과를 얻지 못했어도 최선을 다한 것으로 부끄러워하지 않는 자가 되게 하여 주시기를 원합니다. 다시 일어설 수 있는 힘을 주시고 다시 도전할 수 있는 용기를 주옵소서. 다시 힘과 용기를 주셔서 주님을 더욱 의지할 수 있는 믿음의 사람이 되게 하여 주시옵소서.

이 일을 통하여서 더욱 주님을 바라볼 수 있는 주의 자녀가 되게 하여 주옵소서. 그래서 낙심된 마음이 새롭게 변화되게 하여 주옵소서. 주님만이 우리의 소망이오니 수렁에서 건져내 주시옵소서. 낙심된 심령을 치유하여 주시어서 정결한 마음으로 새롭게 인도하여 주시옵소서. 이제 다시 힘을 얻고 주님께 나아와서 성령께서 주시는 믿음으로 살수 있게 하여 주시옵소서. 거룩하신 예수님의 이름으로 기도드립니다. 아멘.

11. 상처를 싸매시는 예수님

 상심한 자를 고치시며 저희 상처를 싸매시는 도다 (시 147:3)

인도를 바람

오늘도 살아 계셔서 나의 삶을 주관하시는 하나님께 감사와 영광을 돌려드립니다.

사랑의 하나님! 이 죄인 연약한 채로 살고 싶지 않습니다. 사람 만나는 것을 두려워하며 살고 싶지 않습니다. 해결할 수 있는 문제를 해결하지 않고 쌓아놓아, 더 크고 무거운 짐으로 만들어 가는 어리석은 자로 살고 싶지 않습니다. 도망치지 않게 힘을 주시옵소서. 두려워하는 여호수아를 강하고 담대하게 하신 하나님, 여호수아에게 말씀하신 것처럼 오늘 우리도 강하고 담대하게 하옵소서.

어려움의 고백

가로막고 있는 숱한 문제들이 있지만 하나님의 말씀 따라 피하지 않고 살게 해 주옵소서. 오직 하나님의 말씀으로 우리의 마음을 채워 주셔서, 도망치는 것으로 문제를 해결하려고 하지 않게 해 주시고 환란과 고난 가운데 있을지라도 낙심치 않게 하옵소서. 하나님이 주시는 지혜와 능력으로 문제를 해결하도록 힘을 주시옵소서.

은혜의 간구

청소년이라도 피곤하고 지치며, 건장한 청년이라도 넘어지고 자빠지지만, 오직 하나님을 바라보고 의지하는 자가 새 힘을 얻게 되는 것을 알게 해 주셔서, 하나님을 바라보며 독수리처럼 날개 치며 올라가게 해 주시고, 달려가도 지치지 않고 걸어가도 피곤하지 않는 자로 살게 해 주셔서 소망을 품고 살아가게 하여 주옵소서.

요나처럼 사명을 버리고 도망치지 않게 하시고 두려움에서 도망하다 함정에 빠지지 않도록 지켜주시며 속이는 소리에 놀라지 않도록 주께서 강한 손으로 붙잡아 주시옵소서. 능력이 많으신 예수님의 이름으로 기도합니다. 아멘.

12. 꾸지람을 받을 때에 낙심하지 말라

 또 아들들에게 권하는 것같이 너희에게 권면하신 말씀을 잊었도다 일렀으되 내 아들아 주의 징계하심을 경히 여기지 말며 그에게 꾸지람을 받을 때에 낙심하지 말라 (히 12:5)

어려움의 고백

사람을 사랑하시되 끝까지 사랑하심을 보여주신 주님, 낙심했던 베드로를 다시 찾아 가셔서 위로하여 주시고 내 양을 먹이라고 당부하시던 주님을 기억합니다. 엠마오로 가던 두 제자를 포기하지 않으시고 친히 부활하신 주님이 찾아가셔서 그들을 새롭게 하시고 다시 예루살렘으로 향하게 하시던 주님을 기억합니다.

인도를 바람

천국의 추수할 일꾼이 한 사람이라도 더 필요한 이때에 주님 여기에 친히 오셔서 머리 숙인 성도를 붙잡아 주시고 다시 일으키셔서 그리스도의 일꾼으로 써 주시옵소서. 탕자가 아버지 집으로 돌아오는 심령으로 주님 앞에 다시 왔사오니 주님의 사랑이 낙심한 성도에게 하늘의 위로가 되게 하여 주시옵소서.

돌봄의 간구

주님, 오늘 이 시간 성도의 마음을 붙드셔서 독수리가 날개 치며 오름 같게 하시고 다윗이 하나님의 영광을 위하여 골리앗과 대항함과 같이, 오늘 그 힘을 성도에게 허락하여 주옵소서. 주님 이제부터 하는 모든 사역 위에 이전 보다 더 형통케 하시고 승리하도록 인도하여 주옵소서.

기도의 힘과 능력을 더하시고 가족들이 형통케 하시며 건강을 갑절로 더하여 주시고 사역하는데 필요한 시간과 돈도 허락해 주시옵소서. 교회와 구역과 가정이 이 성도를 통하여 기쁨이 더욱 넘치게 하여 주옵소서. 예수님 이름으로 기도드립니다. 아멘.

13. 낙심 중에도 예수님을 의지하라

 내 심령이 그것을 기억하고 낙심이 되오나 중심에 회상한즉 오히려 소망이 있사옴은 여호와의 자비와 긍휼히 무궁하시므로 우리가 진멸되지 아니함이니이다 (애 3:20-22)

어려움의 고백

전능하시고 자비로우신 주 여호와 하나님 아버지! 감사와 찬양을 드립니다. 저희들은 나약하고 믿음이 부족하여 쉽게 주님의 사랑을 망각하기 쉽고 낙심합니다. 주님께서 지금까지 사랑하시고 돌보아 주신 하나님의 자녀가 어려운 시험과 낙심 가운데 처해 있습니다.

어려움의 고백

우리의 피난처가 되어 주시는 하나님!. 환난 날에 하나님을 부르고 부르짖으면 응답하시겠다고 약속하신 하나님. 지금 어려움으로 인하여 헤어나지 못하고 있사오니 능력의 팔로 도와주시길 원합니다.

시험과 환란의 고통에서 잘 견디어 정금 같이 거듭나 더욱 성숙한 모습으로 하나님을 찬양하게 하옵소서. 이 고통을 통하여 주님의 뜻을 알게 하시고 주를 믿는 믿음이 견고케 되어서 시험을 이긴 이후에 더욱 더 강건한 삶을 살 수 있게 하여 주옵소서.

치유의 역사

이 시간 성령께서 함께 하시어서 참 지혜를 주시고 하나님을 원망하거나 불신하지 않도록 도와주시옵소서. 이 시간 사랑하는 성도에게 기도의 응답이 되어서 하나님의 손길을 체험하게 하셔서 더욱더 감사하며 하나님께 영광 돌리는 좋은 계기가 되게 하옵소서. 저희 교우들에게도 함께 하시어 서로 돌아보아 사랑과 선행으로 서로 격려하며 위로하며 생활하게 하여 주시옵소서. 사랑 많으신 예수님 이름으로 기도드립니다. 아멘.

14. 낙심하지 않고 오직 예수님을 의지하라

 우리가 선을 행하되 낙심하지 말지니 피곤하지 아니하면 때가 이르매 거두리라(갈 6:9)

어려움의 고백

전능하신 하나님 아버지시여. 이 가정을 사랑하여 일찍이 주님을 영접하게 하시고 주님을 모시고 살게 하신 은혜를 생각할 때 무한 감사 드립니다. 오늘 귀한 시간을 허락하셔서 기도하오니 더 뜨거운 믿음으로 주님을 섬기는 신앙을 주시옵소서.

온전히 주님을 따르지 못하고 열심이 없어서 더 크신 사랑과 은혜를 받지 못하오니 베푸시는 은혜를 충만하게 받는 가정이 되게 하옵소서. 네가 죽도록 충성하면 생명의 면류관을 주시마고 하신 하나님의 말씀에 순종하게 하시고 성령으로 인도하여 주옵소서.

은혜의 간구

사랑이 많으신 하나님 아버지. 이 가정에 필요한 은혜를 주시어서 믿음의 조상 아브라함처럼 새롭게 주님의 주시는 은혜로 회복되어 신앙생활을 잘 하게 하옵소서. 주님 돌아 보시사 강건케 하여 주시길 원합니다. 다시 일어서게 하시며 주님을 앙망하는 자 되게 하여 주시옵소서. 예수님 이름으로 기도 드리옵나이다. 아멘.

15. 자포자기 상태에서 벗어나게 하옵소서

 하나님도 표적들과 기사들과 여러 가지 능력과 및 자기 뜻을 따라 성령의 나눠 주신 것으로써 저희와 함께 증거하셨느니라 (히 2:4)

돌봄의 고백

하나님 아버지, 삶의 숨결이 소진되어 버린 것 같은 고독 속에서 몸과 마음이 근심 걱정으로 가득 차서 살맛도 없고, 기력도 없습니다. 두려움도 가라앉힐 수가 없고, 팔다리도 마비된 것 같은 고통 속에 있습니다. 암울한 생각만이 머릿속을 헤집고 다니며, 그것들을 물리칠 힘마저 없사오니 이 시간 찾아오셔서 성령의 능력으로 인도하여 주옵소서.

돌봄의 은혜

지금 마음의 상처로 낙심하여 좌절 가운데 살고 있사오니 흔들리는 심령을 붙잡아 주시어서 비참함으로 요동치지 않게 하여 주옵소서. 친구들의 발길이 뚝 끊어진지 오래입니다. 주님께서는 제 영적 형제들마저 멀리 흩트려 버리셨습니다. 지금 저는 주님의 교회로부터 버림받은 상태에 있습니다. 동료 그리스도인들은 저를 어리석은 죄인이라 경멸합니다.

주님, 제 영혼을 드높여 주시고, 제 몸을 소생시켜 주십시오. 심한 자포자기 상태에서 벗어나게 하시옵소서. 소망을 주시고 낙심에서 일어 날 수 있는 능력을 부어 주시옵소서. 우리의 힘이 되신 예수 그리스도의 이름으로 기도드립니다. 아멘.

내적 평안을 누리게 하소서

- 용혜원 -

울창한 숲길을 산책하듯이
내 영혼을 새롭게 하사
내적 평안을 주시는 주님의 평안을
날마다 누리며 살게 하소서

나의 잘못과 실수로
주님이 더럽혀 지는 일이
일어나지 않게 하여 주시고
건전하고 긍정적인 사고로
주님께 나아가게 하소서

수많은 사람들 틈 속에서도
나를 기억하여 주시고 평안을 주시는
주님을 기억하며 주 안에서
살고 있음을 기뻐하게 하소서
주님이 주시는 내적 평안을 누리게 하소서

8장 우울증 환자들을 위한 돌봄기도

새 힘을 주시옵소서
낙망하지 않고 살수 있도록
마음을 주장해 주옵소서
참된 쉼과 능력을 주옵소서
영혼에 빛으로 채워 주시옵소서
강하고 담대하라
여호와를 앙망하는 자
슬픔이 변하여 춤이 되는 은혜
아버지의 손길로 싸매어 주시고
주님의 세미한 음성으로
마음을 새롭게 하시옵소서
치료받지 못할 질병은 없다
내 마음을 씻어 주시고
하나님의 모든 충만하신 것으로
위로와 새 희망을 주옵소서

돌봄 기도 원리

우울증은 감정적인 침체(depression) 상태가 지속되는 것으로 자발적으로는 침체 상태에서 회복되지 못하는 것을 말하기 때문에 환경적인 심적이 변화가 심하게 일어난다. 그러기 때문에 우울증이 심해지면 심지어 밤에 잠을 자지 못하거나 환청이나 환각 상태까지 나타나서 전문적인 의사의 치료를 받아야 한다. 만약 일시적으로 우울한 감정이 들어간 상황이라면 자발적으로 회복되는 것은 우울증이라고 하지 않는다.

우울증은 감정적인 침체 상태가 지속적이고 자발적으로 회복이 될 수 없는 상태를 말한다. 여기서 침체라고 하는 것은 감정이 완전히 붕괴되어 의욕 상실로 아무 것도 할 수 없는 상태를 말하기 때문에 이것은 염려나 근심보다 상태가 훨씬 더 심각한 것이다. 우리는 보통 어떤 좋지 않은 일을 눈앞에 두고 있거나 혹은 일어날 것으로 예상할 때 염려하고 근심한다. 그래서 우울증은 기질에 의한 우울증, 환경에 의한 우울증, 죄의 결과에 의한 우울증, 상처로 인한 우울증이 나타날 수가 있다.

대부분 우울증은 치료될 수 없다고 생각한다. 그렇지만 성경적으로는 하나님 앞에서 치료받지 못할 질병은 없다. 우울증은 한번의 기도나 한번의 상담으로 하루 아침에 치료될 수 있는 그런 성질의 것이 아니지만 만약 환청이나 환각의 증세가 보일 때는 입원을 시켜서 의학적인 치료를 받게 해야 한다. 그러면서 꾸준한 기도와 예배를 통하여 성령님의 치료하심을 경험해야 한다. 즉 하나님의 은혜 안에서 그 심령이 뜨거워 질 때 우울증 환자가 치료될 수 있기 때문에 우리는 우울증 환자를 위하여 성령님의 도우심이 있기를 위하여 간절히 기도해야 한다.

이때의 기도는 우울증의 원인이 무엇인가를 파악하고 집중적으로 기도하면서 마음이 상한 부분을 치유함으로 하나님이 주시는 평안으로 회복 될 수가 있다. 이때의 기도는 위로와 치유, 하나님의 인도하심과 돌보심을 통해서 하나님께서 언제나 함께 하신다고 믿을 때 회복되는 것이다. 이때 주의 할 점은 그 사람의 약점, 단점을 지적하지 말고 선한 목자의 인도하심을 따르는 양처럼 위로의 기도를 해야 한다.

1. 새 힘을 주시옵소서

 그는 하나님께 기도하므로 하나님이 은혜를 베푸사 그로 자기의 얼굴을 즐거이 보게 하시고 사람에게 그 의를 회복시키시느니라 (욥 33:26)

위로의 돌봄

"수고하고 무거운 짐 진 자들아 다 내게로 오라 내가 너를 쉬게 하리라" 말씀하신 주님 감사합니다. 이 시간 외롭고 힘들어 지쳐 있는 이곳에 임하여 주옵소서. 예수님의 이름으로 슬픈 생각에 젖어 들어서 고통스러운 생각과 부정적인 생각을 갖게 하는 어둠의 세력을 물러가게 하옵소서. 기쁘고 즐거운 마음을 주시어서 무엇인가를 하고자하는 의욕을 주옵소서. 평안한 마음을 주셔서 잠도 잘 자고 식욕도 좋아져서 삶의 의욕이 생겨나게 하옵소서.

마음을 상하게 했던 모든 상실된 근원들을 모두 회복시켜 주옵소서. 우리 주님만이 기쁨이요, 소망입니다. 마음의 중심이 되었던 것들에 대한 상실함이 주님으로 채워지게 하시고 하늘의 기쁨을 안고 주님이 주시는 참 평안으로 자유함을 얻게 하옵소서.

돌봄의 은혜

위로의 하나님! 지쳐 절망 가운데 있던 엘리야를 어루만지시며 먹을 것을 주시고 일어나게 하셨던 하나님을 기억합니다. 다니엘이 하나님의 환상을 보고 일어날 힘이 없었을 때 그를 어루만지시며 일으켜 세우셨던 주님을 기억합니다. 낙심과 패배 속에 위로와 용기와 힘을 주시고 가까이 하시는 하나님, 이 우울함에 지쳐있는 귀한 당신의 영혼을 일으켜 새 힘을 주시옵소서. 힘을 얻고 주님을 향해 새로운 길에 전진하는 삶을 살게 하여 주옵소서. 감사하며 예수님 이름으로 기도드립니다. 아멘.

2. 낙망하지 않고 살수 있도록

 그리하면 네 빛이 아침같이 비칠 것이며 네 치료가 급속할 것이며 네 의가 네
앞에 행하고 여호와의 영광이 네 뒤에 호위하리니 (사 58:8)

능력의 고백

아름다운 세상 가운데 우리를 지으시고 당신의 뜻을 이루시기를 원하
시는 하나님 아버지, 우리를 행복하고 축복된 존재로 만드셨지만, 저희
들 자신 안에 갇혀서 하늘 한번 보지 않고 살았지만, 이제 하늘이 얼마나
푸른지 느끼며 살고 싶습니다. 이제 주님을 온전히 믿고 더 이상 절망하
지 않고 외롭지 않게 살게 하여 주옵소서.

돌봄의 은혜

이제 우리 안에 거하셔서 평안을 주시고 절망케 하는 모든 문제들을
주님께서 친히 해결해 주시고. 책임져 주시옵소서. 껴안을 수조차 없는
삶의 연속일지라도 적당히 인정하며 그 속에 나라는 존재를 끼워 넣는
지혜도 배우게 해 주옵소서. 이제 사랑하는 성도의 모든 문제를 맡겼사
오니 자신의 삶을 즐길 수 있도록 마음과 환경을 주장하여 주옵소서. 좋
은 사람을 많이 만나도록 도와주시고.

서로 위로하며, 서로의 마음을 훈훈하게 해주는 아름다운 생활이 되게
해 주옵소서. 그래서 날마다 살아있음을 감사하며, 우리를 향한 당신의
뜻을 발견하며 살아가는 아름다운 삶을 살도록 축복해 주옵소서. 예수님
의 이름으로 기도드립니다. 아멘

3. 마음을 주장해 주옵소서

 내 이름을 경외하는 너희에게는 의로운 해가 떠올라서 치료하는 광선을 발하리니 너희가 나가서 외양간에서 나온 송아지같이 뛰리라 (말 4:2)

돌봄의 고백

우리에게 영원한 기쁨을 주시는 아버지 하나님! 여기 우울증으로 인해 고통 받고 있는 한 형제(자매)가 있습니다. 이 형제(자매)를 위로해 주시고 그 마음에 기쁨을 허락해 주시옵소서. 그 우울한 마음을 치료해 주시고, 하늘로부터 오는 영원하고 샘솟는 기쁨을 허락해 주시며, 온전히 주님으로 인해 기뻐할 수 있도록 도와 주시옵소서.

돌봄의 은혜

이 형제(자매)에게 좌절과 슬픔을 주었던 문제가 아직도 그 마음속에 있습니까? 그렇다면 주님, 친히 이 형제(자매)의 마음속에 찾아가 주셔서 이 모든 좌절과 슬픔의 문제들을 해결해 주시고, 다시는 문제들이 형제(자매)의 마음속에 있지 않도록 인도하여 주옵소서. 우물가의 여인에게 마르지 않는 생수를 주셨던 주님, 이 형제(자매)의 마음속에도 마르지 않는 기쁨의 생수를 주셔서 다시는 슬퍼하지 않고 항상 기뻐할 수 있는 자가 될 수 있도록 은혜를 베풀어 주시옵소서.

세상의 모든 사람이 날 이해하지 못하고 나를 버린다 할지라도 주님은 나와 항상 동행하시고, 위로하시며, 힘을 주심을 믿고 항상 기쁨으로 나아갈 수 있도록 도와주시옵소서. 더 이상 형제(자매)가 우울증으로 인해 고통 받지 않게 하시고, 주님이 형제(자매)의 마음을 주장해 주셔서 그 마음속에 늘 기쁨이 충만할 수 있도록 도와주시옵소서. 예수님의 이름으로 기도드립니다. 아멘.

4. 참된 쉼과 능력을 주옵소서

 여호와와 그 능력을 구할지어다 그 얼굴을 항상 구할지어다 (대상 16:11)

위로의 돌봄

하나님 아버지, 저들을 사랑하여 주시어 자신이 누군가에 의해 사랑을 받고 있다는 것을 느끼고 깨닫게 하여 주시기를 기도합니다. 하나님 아버지, 이 시간도 성령님의 도우심을 바라봅니다. 역사하여 주심을 바라봅니다. 이들의 심령을 어루만져 주시고 치료시켜 주시기를 기도합니다. 그리고 주위의 사람들로부터 관심의 대상이 되도록, 기도로 도울 수 있도록 사람들의 마음을 움직여 주시기를 원합니다.

평강의 축복

이 우울증 환자들이 자신감을 가지고 살 수 있도록 용기를 허락하여 주시기를 기도합니다. 엘리야도 자신만 홀로 있다고 생각되어질 때 우울하지 않았습니까? 그때 우리 하나님께서 그에게 참된 쉼을 허락하시고 힘을 공급하신 것처럼 이들에게도 참된 쉼을 허락하시고 주위의 환경 여건들을 조성하여 주시어 새로운 힘을 공급받도록 인도하여 주시기를 기도합니다. 또한 이들에게 자신의 존재 의식과 삶의 목적이 무엇인지를 성령께서 가르쳐 주시기를 기도합니다.

예수 그리스도는 우리의 주인이시며 또한 모든 사람들의 주인이 아니십니까? 우리 하나님께서 주 예수 그리스도를 통하여 은혜와 평강을 그들에게 부어주시기를 기도합니다. 그리고 자신 속에 있는 말하지 못할 그 어떤 것이 있다면 우리를 사랑하시는 하나님 아버지 앞에 나와 토설

할 수 있도록 도와주시기를 기도합니다. 시편 13편 다윗의 시처럼 주님 앞에 토설하며 주님의 변함없는 사랑과 구원을 기뻐하며 그 마음이 하나님을 노래하는 자들로 변화시켜 주시기를 기도합니다.

하나님 아버지! 육신의 생각으로 오는 우울함이 하나님 아버지를 생각함으로 오는 기쁨의 눈물, 하나님의 사랑을 느낌으로 오는 감사의 눈물이 되게 하여 주시기를 기도합니다. 언제나 우리를 변함없이 사랑하시는 주 예수 그리스도의 이름으로 기도합니다. 아멘

5. 영혼에 빛으로 채워 주시옵소서

 여호와는 나의 능력과 찬송이시요 또 나의 구원이 되셨도다. 의인의 장막에 기쁜 소리, 구원의 소리가 있음이여 여호와의 오른손이 권능을 베푸시며 여호와의 오른손이 높이 들렸으며 여호와의 오른손이 권능을 베푸시는 도다
(시 118:14-16)

인도함의 고백

저희들을 사랑하시고 늘 저희들에게 관심을 가지시는 하나님 아버지, 은혜를 생각 할 때마다 감사합니다. 악한 마귀 사탄은 저희들의 영육을 파괴하여 자기의 종으로 삼으려 하고 있습니다. 이런 가운데 저희들을 불러주셔서 은혜의 자리에 앉게 하심을 감사합니다.

인도함의 은혜

하나님, 우울증으로 고생하는 지체들을 불쌍히 여겨 주옵시고 마음과 생각을 붙들어 주시옵소서. 지체들이 하나님께서 나를 얼마나 사랑하시는가를 깊이 깨달을 수 있도록 성령님께서 어루만져 주시옵소서. 또한 가족들과 주위 사람들도 변함없는 사랑을 베풀어주게 하여 주시옵소서.

우리 지체들도 받은 사랑을 나눌 수 있도록 풍성한 사랑으로 함께 하여 주시옵소서. 어두움 가운데 처하여 정신적으로 끊임없는 고통당하는 형제, 자매들을 긍휼히 여겨 주시옵소서. 이 시간 주 예수님의 이름으로 명령하오니 사람의 마음을 혼미케하는 더러운 사탄아 떠나갈지어다. 주 예수님의 이름으로 명하노니 한 길로 왔다가 일곱 길로 떠나갈지어다.

이 시간 주님 찾아 오시사 빛으로 인도하여 주시옵소서. 영혼에 광명의 빛으로 채워 주시옵소서. 당신의 자녀를 기억하시사 온전한 영으로 회복시켜 주시옵소서. 우리를 회복시키시는 예수님의 이름으로 기도드립니다. 아멘.

6. 강하고 담대하라

 여호와와 그 능력을 구할지어다 그 얼굴을 항상 구할지어다 (시 105:4)

치유의 역사

인간을 너무나 사랑하시는 하나님 아버지, 독생자 예수님을 통해서 우리가 하나님께로 나아가게 됨을 감사합니다. 하나님께서 우리를 피로 값 주고 구원하셨기에 그 누구도 우리를 정죄할 수 없음을 믿습니다. 또한 하나님께서 우리를 너무나 사랑하셨기에 예수님의 채찍에 맞으심을 통하여 우리의 모든 약함을 치료하심을 믿습니다.

치유의 역사

하나님 아버지, 여기 당신의 사랑하는 자녀가 심한 정신적 질환을 당하고 있습니다. 약할 때 강함 되시는 하나님께서 당신의 사랑하는 자녀를 강건하게 하옵소서. 심령의 약함을 털어 버리고, 담대하게 나아가게 하여 주시옵소서. 심령의 강함을 허락하여 주시옵소서.

하나님 아버지가 전능하고 강하신 분이오니 자녀 된 우리도 강한 힘을 가지사 심한 정신적 환난에서 속히 벗어나 전심으로 하나님을 찬양하며 사랑하는 아름답고 귀한 자녀 되게 하옵소서. 나는 하나님의 자녀인 것을 당당하게 드러내며 살아가게 하여 주시옵소서. 나사렛 예수 그리스도의 이름으로 명하노니 하나님의 자녀에게 고통을 주는 악한 영의 세력들은 다 물러갈지어다. 성령님의 놀라운 치료의 역사가 이 시간 성도님의 모든 정신적 약함을 치료하여 주시옵소서.

"강하고 담대하라. 너는 내 것이라. 내가 너를 사랑함이라. 이제는 아무도 너를 정죄하지 못하리라." 하나님을 사랑하는 자녀로써 새로운 삶을 허락하여 주시옵기를 간절히 원하오며 예수님의 이름으로 기도합니다. 아멘.

7. 여호와를 앙망하는 자

 피곤한 자에게는 능력을 주시며 무능한 자에게는 힘을 더하시나니 소년이라도 피곤하며 곤비하며 장정이라도 넘어지며 자빠지되 오직 여호와를 앙망하는 자는 새 힘을 얻으리니 독수리의 날개 치며 올라감 같을 것이요 달음박질하여도 곤비치 아니하겠고 걸어가도 피곤치 아니하리로다 (사 40:29-31)

은혜의 간구

지금도 우리 곁에서 말 없이 우리의 필요를 듣고 계시는 하나님 아버지, 사랑하는 성도를 곁에서 지켜주시니 감사드립니다. 엘리야가 힘들고 어려워 울부짖다가 지쳐서 잠이 들었을 때 그에게 필요한 떡과 물 한 병을 준비해 주시고 그에게 마시게 하셨던 하나님, 사랑하는 성도에게도 필요한 은혜를 준비해 주시어서 힘들지 않도록 도와 주시옵소서.

치유의 역사

사랑의 하나님 아버지, 이 시간 이 자리에 계셔서 성도님을 위로해 주시고 그에게 희망과 용기를 주시옵소서. "오직 여호와를 앙망하는 자는 새 힘을 얻으리니 독수리의 날개 치며 올라감 같을 것이요 달음박질하여도 곤비치 아니하겠고 걸어가도 피곤치 아니하리로다"라고 말씀하신 하나님! 이 시간 사랑하는 성도가 하나님의 말씀을 붙들 때 힘을 주셔서 온전히 하나님을 의지하며 살아갈 수 있도록 용기를 주시고 소망을 주시기 원합니다.

오늘 하루도 하나님께서 사랑하는 성도님 옆에서 지켜주시며 소망을 주실 줄 믿습니다. 언제나 함께 하셔서 새로운 희망을 주시는 예수님의 이름으로 기도드립니다. 아멘.

8. 슬픔이 변하여 춤이 되는 은혜

 하나님의 나라는 말에 있지 아니하고 오직 능력에 있음이라 (고전 4:20)

돌봄의 은혜

사랑의 주님! 우리를 자비의 눈으로 바라보시며, 우리를 지키시고 돌보심을 감사합니다. 우리는 주님의 사랑을 다 헤아리지 못하지만 언제나 사랑하시는 줄 믿습니다.

이 시간 사랑하는 주님의 자녀가 상처받아 아파하고 있습니다. 세상은 풍요롭다고 하나 마음의 상처로 아무것도 할 수 없습니다. 그러나 사랑의 주님이 돌봐 주실 것을 믿습니다. 신음하고 있는 성도에게 주님께서 생명이 되어 주실 줄 믿습니다. 가난한 심령에 일어 설 수 있는 주님 은혜로 채워 주시옵소서. 죄로 가득 차고 고통스러운 영혼이 여기 있으니 주님 사랑으로 일깨워 주시고 새롭게 하여 주옵소서.

위로의 축복

오늘도 마귀의 궤계를 능히 대적하기 위해 아버지의 전신갑주를 입고 정사와 권세와 어두움의 세상 주관자들과 악한 영들을 대적하기 위해 전신갑주를 취합니다. 오늘도 이 세상에 복음을 막고 있는 견고한 진들을 무너뜨리고 영적 전투에서 승리하게 하옵소서.

사랑의 주님! 성령께서 찾아오셔서 마음에 하늘의 평화를 맛보게 하시고, 구원의 찬송을 감사히 부를 수 있는 회복을 주시어서 모든 질병에서 자유하게 하시고, 하늘의 소망으로 감사하게 하옵소서. 이제 구원의 하나님께 나아와 찬양하며 도우심을 구하며, 겸손으로 무릎 꿇고 구하오니 하나님의 위로와 평화가 마음에 넘치게 하옵소서. 주의 전에서 이와 같은 기쁨이 이뤄짐으로 눈물이 변하여 기쁨이 되며, 슬픔이 변하여 춤이 되는 은혜가 임하길 소원합니다. 우리를 치료하여 회복되게 하시는 예수님의 이름으로 기도합니다. 아멘.

9. 아버지의 손길로 싸매어 주시고

 내 영혼아 네가 어찌하여 낙망하며 어찌하여 내 속에서 불안하여 하는고 너는 하나님을 바라라 나는 내 얼굴을 도우시는 내 하나님을 오히려 찬송하리로다 (시 42:11)

회중을 위한 중보

사랑의 하나님, 주님의 그 끝없는 사랑에 감사를 드립니다. 하나님, 이 마음은 한없이 깊은 어둠 가운데 있습니다. 너무나도 외롭고 고통스럽습니다. 모든 잘못이 나로 인한 것이며, 내가 받는 고난과 가족과 가정의 힘든 문제가 다 나로 인한 죄의 결과인 것 같아 쓰리고 아픕니다.

내 안의 잘못된 모습에 화가 납니다. 나를 계속해서 그렇게 이끌어가며 이해해 주지 못하는 모든 이를 향해 분노합니다. 이런 내 모습으로 인해 더욱 세상을 향해 나아가기가 두렵고 떨립니다. 주님의 손길을 기대하지만 내 모습의 부끄러움으로 인해 아뢰지 못하고 힘들어합니다.

때때로 이 생명을 거두시기를 기도하며, 스스로 죽음을 생각하기도 합니다. 하오나 주님, 연약한 심령을 붙잡아 주시고 사람의 선함과 세상의 좋은 것에서 눈을 돌리게 하옵소서. 나 자신을 바라보며, 내 안의 잘못된 자아상을 아름답게 회복할 수 있게 하옵소서.

치유의 역사

하나님의 아름다운 것으로 채워지기 바랍니다. 하나님의 좋은 것을 보며, 듣고, 말하게 하여 주옵소서. 그 안에서 주님의 얼굴을 보게 하시고 주님의 손길을 기대합니다. 이 어둠의 시간을 지날 때에 나와 함께 하심을 깨닫게 하여 주시어서 마음 안의 가득한 상실감을 하나님의 은혜로 채워지게 하여 주옵소서.

엘리야를 회복시키신 것 같이 회복시켜 주옵소서. 주님의 말씀의 세미한 음성을 듣게 하여 주옵소서. 주님 앞에 모든 것을 내려놓기 원합니다. 상한 마음에 새 소망과 새 힘을 불어넣어 주시어서 스스로 만든 왜곡된 자아상의 울타리를 넘어서게 하여 주옵소서.

닫힌 마음의 문을 열고 나오게 하셔서 그 자리에 주님의 성령의 기름을 부어 주옵소서. 아버지의 손길로 싸매어 주시고 치유하여 주옵소서. 그 사랑과 성령님의 인도하심을 기대합니다. 그 역사를 기다립니다. 예수님의 이름으로 기도합니다. 아멘.

10. 주님의 세미한 음성으로

내 영혼아 네가 어찌하여 낙망하며 어찌하여 내 속에서 불안하여 하는고 너는 하나님을 바라라 나는 내 얼굴을 도우시는 내 하나님을 오히려 찬송하리로다 (시 42:11)

성령의 도우심

빛 되신 주님, 너무나 외로워서 견딜 수 없는 마음을 가지고 쓸쓸히 지내는 사랑하는 자녀의 마음에 찾아와 주시기를 원합니다. 마음의 상실감을 느끼며 소망 없이 살아가는 이에게 소망을 품을 수 있도록 하옵소서. 무가치한 생각이나 부적절한 죄책감, 죽음이나 자살하고자 하는 충동적인 마음을 다스려 주시고 이 영혼을 지켜 주시기를 원합니다.

하나님께서 엘리야를 위로하고 회복하여 주신 것처럼 이 영혼을 위로하고 회복시켜 주시옵소서. 참으로 주님의 세미한 음성이 생명으로 이 영혼 마음 가운데 들려지기를 원합니다. 성령께서 주님의 음성을 들을 수 있도록 우울한 마음을 새롭게 하여 주시옵소서.

오직 성령의 능력으로

참을 수 없는 분노의 마음을 다스려 주시고 주님 앞에서 모든 감정을 쏟아 놓고 울 수 있도록 성령께서 그 감정을 도와 주시기를 원합니다. 어두운 밤을 지나는 이 영혼에게 생명의 빛이신 주님께서 생명의 길로 인도하여 주옵소서.

주님, 자신이 만들어 놓은 틀 안에 갇혀서 아파하고 울고 있는 이 영혼에게 성령께서 새 소망과 새 힘을 불어넣어 주옵소서. 사람을 창조하실 때에 생기를 불어 넣어주었듯이, 마른 뼈에 생기가 들어가듯이 이 영혼에게 성령의 새 바람과 생기를 불어넣어 주옵소서. 우울한 마음을 다 성령의 새 바람으로 불어서 날아가게 하시고 소망의 마음과 기쁨의 마음이 가득 차게 하여 주시기를 원합니다.

지금 이 시간 우울한 마음을 주는 모든 악한 생각과 마음이 예수 그리스도의 이름으로 떠나가게 하시고 예수 그리스도의 이름의 능력이 역사하여 주옵소서. 예수의 이름이 소망이요. 예수의 이름이 기쁨입니다. 주님 이 영혼을 불쌍히 여겨 주옵소서. 새로운 마음을 주옵소서. 주님의 돌보시는 손길 가운데 치료되게 하옵소서. 예수님의 이름으로 기도드립니다. 아멘.

11. 마음을 새롭게 하시옵소서

 그리스도께서 약하심으로 십자가에 못 박히셨으나 오직 하나님의 능력으로 살으셨으니 우리도 저의 안에서 약하나 너희를 향하여 하나님의 능력으로 저와 함께 살리라 (고후 13:4)

은혜의 간구

사랑의 하나님 감사합니다. 항상 주님은 우리 곁에서 지켜 주시고 우리의 소망이 되어 주심을 감사합니다. 열 두 해를 혈루병으로 고생하며 누구에게도 말 못한 아픔이 있었지만, 그 여인을 긍휼히 여기시고 고쳐 주셔서 그의 모든 삶이 회복되게 하신 주님, 여기 사랑하는 성도가 우울증으로 인하여 모든 삶의 의욕을 잃고 힘들어하고 있사오니 주님이 빛을 비추시자 마음을 새롭게 하시옵소서.

상처의 치유

마음의 모든 근심을 물리쳐 주시고 무거운 짐을 덜어 주시며 하나님으로 말미암아 기쁨이 넘치게 하여 주옵소서. 기쁨의 근원이 되신 주님, 이 성도의 마음에 성령으로 충만히 임하여 주셔서 우울증이 떠나고 소망과 기쁨으로 충만케 하여 주옵소서. 가족들을 기억하시고 모든 가족들도 예수님의 사랑으로 채워주셔서 믿음으로 이 성도를 위하여 기도하며 도와서 예수님의 사랑으로 구원을 받게 하여 주시옵소서.

기뻐하며 춤추며 하나님을 찬양하라고 하신 말씀과 같이 성도의 마음에 기쁨을 주시고 하나님을 찬양하게 하여 주옵소서. 세상의 모든 생명에는 하나님의 계획과 목적이 있을 줄 믿습니다. 하나님, 사랑하는 성도를 향하신 하나님의 계획과 뜻이 있을 줄 믿습니다. 그 뜻을 이루시옵소서. 예수님의 이름으로 기도드립니다. 아멘.

12. 치료받지 못할 질병은 없다

 우리가 아직 죄인 되었을 때에 그리스도께서 우리를 위하여 죽으심으로 하나님께서 우리에게 대한 자기의 사랑을 확증하셨느니라 (롬 5:8)

위로의 돌봄

사랑과 은혜가 풍성하신 하나님 아버지 감사합니다. 어리석음으로 어둠 속에서 헤매는 저희들을 버려두지 아니하시고, 소망의 빛을 보여 주시고 새 생명을 주심을 감사드립니다. 하나님 아버지, 주님의 그 은혜에 감사하여 주께서 기뻐하시는 삶을 살기를 원하지만 나태한 일상 속에서 안주하며 형제와 이웃을 사랑하지 못한 저희들을 불쌍히 여겨 주옵소서. 이 시간 우울증으로 고통 받고 있는 이 성도에게 찾아오시어 능력의 손으로 붙잡아 주시고 깨끗이 낫게 하시고, 하늘의 소망을 보여 주옵소서.

돌봄의 은혜

하나님 앞에서 치료받지 못할 질병은 없음을 믿습니다. 지금 사랑하는 성도에게 마음속의 우울로 인한 분노의 문제를 스스로가 책임지고 해결하기가 쉽지 않습니다. 우리는 못한다 하더라도 예수님께서 십자가의 고통으로 이미 다 해결해 주셨다는 믿음을 가지고 회복되게 하여 주시옵소서. 우리 대신 십자가를 지시고 우리의 모든 죄악과 질병과 죽음까지도 대속하셔서 승리케 하신 예수님, 사랑하는 성도가 지금은 우울로 인해서 울고 싶은 충동을 많이 느끼고 있습니다. 이제 모든 것을 예수님께 맡기고 울고 싶을 때 마음 놓고 울 수 있는 용기를 허락하여 주시옵소서. 상처받은 성도의 마음을 위로하시고 치료하셔서 새 힘을 주옵소서. 예수 그리스도의 이름으로 깨끗케 될 줄로 믿습니다. 희망과 소망을 상실한 성도에게 주님 안에서 참 비전을 갖게 하여 주시옵소서.

오직 성령의 능력으로

건강한 육체와 영혼으로 하나님께 영광 돌리게 하시고 가족과 이웃, 주님의 교회를 위해 일 할 수 있는 새 힘을 허락하여 주시옵소서. 이 질병으로 인하여 가족들이 서로의 사랑의 관계가 회복되게 하시고 더욱더 관심과 위로가 있기를 원합니다. 예전보다는 더 아껴주며, 돌보아주며, 이해하게 하시고 모든 관계가 원활하게 되기를 원합니다.

하나님께서 연약하고 부족한 부분을 채워주시고 강하고 담대한 모습으로 거듭나게 하시어 어떠한 환경에서도 우울의 어둠 속에 거하지 않으며 진취적인 사고와 긍지와 자부심을 가지고 우울에서 자유를 얻게 하여 주시옵소서. 하나님 아버지의 절대 주권만을 의지합니다. 고쳐 주시옵소서. 사랑이 많으신 예수님의 이름으로 기도드립니다. 아멘.

13. 내 마음을 씻어 주시고

 내 영혼아 여호와를 송축하며 그 모든 은택을 잊지 말지어다. 그가 네 모든 죄악을 사하시며 네 모든 병을 고치시며 네 생명을 파멸에서 속량하시고 인자와 긍휼로 관을 씌우시며 좋은 것으로 네 소원을 만족케 하사, 네 청춘을 독수리 같이 새롭게 하시는 도다(시 103:2~5)

은혜의 간구

하나님 아버지! 흑암이 깊은 곳에서도 나를 건지시고 생명의 길로 인도하시는 하나님, 사랑하는 성도가 육신의 연약함으로 인하여 고통 가운데 있습니다. 예수 그리스도의 보혈의 피로 정결케 하여 주시옵소서. 치유의 역사가 이 시간에 일어나게 하시어서 속히 주님 전에서 하나님께 찬양과 영광을 돌리게 하옵소서.

위로의 돌봄

사랑의 하나님. 저희 가운데 낙심과 불안이 한꺼번에 몰려옵니다. 절망과 불안의 골짜기를 헤매다가 고통의 봉우리에서 주님을 부릅니다. 올바르고 후덕하게 살아온 줄 알았으나 주님께 등 돌리고 철부지 어린 아이처럼 뛰어 살았습니다. 이제는 알 수 없는 불안과 질병의 바다에서 허우적거리고 있습니다. 철부지 같은 이 몸은 아무 것도 할 수 없습니다. 이 절망의 시간에 오직 주님만 부릅니다.

예수님은 나의 인생에서 가장 귀한 구원의 소망이시오니 사랑하는 성도가 참회의 눈물을 흘릴 때 그 마음을 씻어 주시고, 예수님의 따뜻한 미소로 불안을 걷어 주옵소서. 주님의 품에 안겨 평안의 쉼터에서 새 힘을 얻게 하시고 주님의 빛으로 회복되어서 주의 제단에 올라가 찬송을 부르며 하나님께로 나아가게 하옵소서. 우리의 힘이 되신 예수님의 이름으로 간절히 기도드립니다. 아멘

14. 하나님의 모든 충만하신 것으로

그 영광의 풍성을 따라 그의 성령으로 말미암아 너희 속사람을 능력으로 강건하게 하옵시며 믿음으로 말미암아 그리스도께서 너희 마음에 계시게 하옵시고 너희가 사랑 가운데서 뿌리가 박히고 터가 굳어져서 능히 모든 성도와 함께 지식에 넘치는 그리스도의 사랑을 알아 그 넓이와 길이와 높이와 깊이가 어떠함을 깨달아 하나님의 모든 충만하신 것으로 너희에게 충만하게 하시기를 구하노라 (엡 3:16-19)

돌봄의 은혜

하나님 아버지 감사 드립니다. 오늘 하루도 하나님의 은혜 가운데 살게 해주시니 감사합니다. 늘 주님의 은혜를 바라며 살아가는 저희들 되게 하여 주시옵소서. 여기 정신적으로 고통당하는 형제자매가 있습니다. 주님 찾아 오시사 빛으로 인도하여 주시옵소서. 영혼에 빛으로 채워주시옵소서.

당신의 자녀를 기억하시사 온전한 영으로 함께 하여 주시옵소서. 소망 중에 바라며 즐거워하는 자가 되게 하여 주시옵소서. 건강을 회복하여 하나님을 찬양하고 영광 돌리는 귀한 지체가 되게 하여 주시옵소서.

돌봄의 간구

이 시간 예수님의 이름으로 명하노니 우울로 인해서 낙심한 마음이 떠나가게 하시고, 성령의 능력으로 연약한 마음이 새 힘을 얻고 강건하게 하여 주시옵소서. 하나님은 모든 만물을 다스리시는 전능하신 분이오니 연약한 성도를 강한 성령의 손길로 붙잡아 주시어서 모든 의심과 걱정을 다 몰아내고 강건하게 하여 주시옵소서.

주님만이 이 모든 것을 새롭게 할 수가 잇사오니 성령의 능력으로 치유하여서 건강하게 하셔서 일상적인 사람으로 돌아가서 하나님께 영광을 돌리게 하옵소서. 능력이 많으신 예수님의 이름으로 기도드립니다. 아멘

15. 위로와 새 희망을 주옵소서

 내가 또 들으니 하늘 위에와 땅 위에와 땅 아래와 바다 위에와 또 그 가운데 모든 만물이 가로되 보좌에 앉으신 이와 어린양에게 찬송과 존귀와 영광과 능력을 세세토록 돌릴지어다 하니 (계 5:13)

인도함의 고백

하나님 앞에서 치료받지 못할 지병은 없다고 하신 하나님! 여기 사랑하는 성도가 우울로 인하여 낙심과 좌절 속에서 살아가고 있습니다. 이 시간 찾아오셔서 정결케 하시고 말씀으로 연약한 부분을 치유하여 주시옵소서. 예수님께서 십자가에 고통으로 이미 우리의 모든 죄악과 질병과 죽음까지도 승리케 하신 것처럼 사랑하는 성도도 십자가의 보혈로 깨끗케 될 줄로 믿습니다.

인도함의 고백

그래서 사랑하는 성도가 건강한 육체와 영혼으로 하나님께 영광 돌리게 하시고 가족과 이웃, 주님의 교회를 위해 일 할 수 있는 새 힘을 허락하여 주시옵소서. 이 질병으로 인하여 가족들이 사랑의 관계가 회복되게 하시고 더욱더 관심과 위로가 있기를 원합니다.

예전보다는 더 아껴주며, 돌보아주며, 이해하게 하시고 모든 관계가 원활하게 되기를 원합니다. 하나님께서 연약하고 부족한 부분을 채워주시고, 강하고 담대한 모습으로 거듭나게 하시어 어떠한 환경에서도 침륜에 거하지 않으며 진취적인 사고와 긍지와 자부심을 가지고 빛 된 삶을 살게 하옵소서. 사랑이 많으신 예수님의 이름으로 기도드립니다. 아멘

행복이 가득한 삶을 만들어가게 하소서

- 용혜원 -

세상에는 두 종류의 사람이 있습니다.
행복한 사람과 불행한 삶입니다.
행복과 불행은 마음에서 시작하오니
주여, 내 마음을 주장하사
행복이 가득한 삶을 만들어가게 하소서

먼저 주어진 삶에 감사하게 하시고
먼저 주어진 일을 기뻐하게 하소서
모든 일을 기쁨으로 행하므로
함께 기뻐할 수 있게 하소서

땀 흘려 애쓰고 가꾸고 노력한 소득으로
나눔의 삶을 살아가게 하소서
남이 나를 행복하게 해주기를 원하기보다
내가 먼저 저들에게 사랑으로 다가가게 하소서

9장 새신자들을 위한
돌봄 기도

굳건한 믿음을 주옵소서
복 주시는 하나님
하나님을 섬겨라
장성한 분량에 이르도록
진리의 길을 알게 하여 주시옵소서
하나님께서 동행
하나님의 능력을 주옵소서
하나님을 온전히 믿고 섬겨라
내 속에 정한 마음을 주옵소서
끝까지 십자가를 붙들어라
귀한 성도의 삶을 보살펴 주옵소서
믿는 자마다 복 주시는 예수님
삶이 빛나는 삶이 되도록
그리스도의 사랑
성령 충만하게 역사

돌봄의 기도 원리

　교회에서 문제점으로 드러난 것 중에 하나가 새신자를 어떻게 정착시킬 것인가 하는 것이다. 이때 교회는 새신자들을 영적으로 잘 돌봐야 한다. 교회 안에 새 신자들이 들어왔을 때 영적으로 성장하는 모습을 보여주면서 기존의 성도들이 그들을 환영해 주며 또한 세워 주려는 아름다운 모습들이 있어야 한다. 그때 새신자들이 교회에 빨리 정직할 수가 있다. 그리고 정착을 통하여 교제와 더불어 하나님의 일에 헌신하도록 기도해 주어야 한다. 이때 하는 기도가 새신자들을 위한 기도이다.

　새신자들을 위한 기도는 우선 그들이 이해하기 쉬운 스토리 텔링체의 기도가 되어야 한다. 동시에 하나님께서 새신자인 나를 사랑하고 있고, 온 교회가 축복하고 있다는 것을 알게 해야 한다. 그러면서 복음과 함께 전달되는 사랑의 메시지가 있어야 한다. 이때의 기도는 온 가족을 위한 사랑의 돌봄과 축복을 통해서 십자가의 사랑으로 서로 사귐을 가지게 된 형제와의 연합을 통해서 예수 그리스도의 구속의 원리를 통해서 복 있는 사람이 되도록 강구 할 때야 비로소 젖 뗀 아이의 평온함(시 131:2)이 되기 때문이다. 이러한 기도가 마냥 쉬운 것은 아니다.

　이때 돌봄 자들은 새신자들을 위해서 주님의 사랑과 축복 그리고 그 결심이 흔들리지 않고 예수 그리스도를 온전히 믿도록 기도해 주면서 사랑과 격려의 기도가 필요하다. 여기서 주의 할 점은 성급한 가족 구원, 개인의 문제 청산, 허물과 죄, 가족의 혼동이 되는 문제들은 피하고 오직 하나님의 사랑에 매여서 건강한 그리스도인이 되도록 기도해야 한다.

　그러면서 하나님의 교회의 일원으로서 앞으로 하나님께 찾아온 새신자에게 주님께서 맞아주시고, 참된 생명과 복락을 누리며, 하늘 소망을 누리게 하며 세상 가운데에서도 주께서 동행하시고 도와 주심으로 새 생명으로 거듭나서 살기로 결단한 새신자에게 주님의 보호하심과 도와주심으로 그 믿음의 분량이 자라나도록 기도해 주어야 한다. 이때 주의 할 점은 지나친 욕심의 기도는 금물이다. 오직 마음에 끌림과 사랑의 회복의 기도를 해야 한다.

1. 굳건한 믿음을 주옵소서

 나의 하나님이 그 인자하심으로 나를 영접하시며 내 원수의 보응 받는 것을 나로 목도케 하시리이다 (시 59:10)

찬양의 인도

알파와 오메가요 처음과 나중이신 하나님 아버지! 이 세상 만물을 창조하시고 그 가운데에 저희 인생을 지으실 때 하나님의 형상을 닮은 피조물 되게 하심을 감사 드립니다. 또한 이 시간까지 우리의 생명을 보존하시고 연장해 주심을 인하여 감사를 드립니다.

자복−회개

하나님의 크신 사랑을 받은 저희들이 마땅히 하나님을 영화롭게 하고 하나님의 뜻대로 살아야 할 터인데 연약한 육신을 따라 세상을 향하고 육정을 따라 살았던 것을 용서해 주옵소서.

긍휼히 풍성하신 하나님! 이 형제(자매)님의 지난 세월을 아시며, 어려움 가운데, 혹은 평안의 줄로 이끌어 오셨음을 압니다. 지난날의 예수님의 사랑을 알지 못하고 허물과 죄악 속에서 방황하기도 했던 형제(자매)님을 십자가의 사랑으로 불러 주신 은혜를 감사드립니다.

돌봄의 간구

오늘 이 시간 주님의 부르시는 음성을 듣고 주께 나와 머리를 숙인 형제, 자매가 있사오니 긍휼히 풍성하신 하나님께서 지난날의 허물을 덮으시며 십자가의 사랑으로 충만케 하옵소서. 이제는 형제(자매)님이 옛 사람을 벗게 하시어 그리스도로 말미암아 새사람으로 태어나게 하옵소서.

예수 그리스도께서 우리의 죄악을 대신하여 피 흘려 죽으신 사실 앞에서 감사와 찬송을 드리는 생애가 되게 하옵소서. 세상 끝 날까지 우리와 동행하여 주시겠다고 약속해 주신 주님, 사랑하는 성도의 손을 꽉 붙드셨사오니 그 영원하신 팔에서 평화를 누리게 하시고 기쁨이 넘치는 삶이 되게 하옵소서.

이제 주님 앞에서 새로운 출발을 시작하였사오니 어떤 유혹이나 환난을 만날지라도 생명의 줄 되시는 주님을 굳게 의지하고 믿음으로 승리하게 하옵소서. 우리를 구원해 주신 예수 그리스도의 이름으로 기도드립니다. 아멘.

2. 복 주시는 하나님

 너희를 영접하는 자는 나를 영접하는 것이요 나를 영접하는 자는 나 보내신 이를 영접하는 것이니라 (마 10:40)

인도함의 은혜

하나님 우리 아버지! 끊임없이 우리를 사랑하시고 생명주시기를 간구하시는 주님의 은혜를 감사 드립니다. 지금 하나님의 부르심을 받고 성도님께서 아버지 앞에 왔사오니 기쁘게 맞아주시고 평안을 부어 주옵소서. 이제 믿음으로 살아갈 때에 성령 하나님께서 도우시사 어려움 없이 잘 이겨 나가도록 도와 주옵소서. 하나님께서는 믿는 자들에게 상 주시는 분이심을 체험적으로 알게 해 주옵소서. 또한 하나님과 인격적인 만남을 통하여 하나님을 사랑하게 하옵시고. 주님과 연합할 수 있도록 도와 주옵소서.

구원의 중보

주일을 목숨처럼 지키고, 하나님 말씀에 순종할 마음도 주셔서 날마다 믿음의 진보를 이룰 수 있도록 도와주옵소서. 교우들과 서로 사귀어 주님 안에서 함께 기쁨을 누리게 하옵소서. 이 시간 사랑하는 성도가 하나님. 아버지를 찾아 왔사오니 주님께서 맞아주시고, 참된 생명과 복락을 누리며, 하늘 소망을 누리게 하여 주옵소서.

세상 가운데에서도 주께서 동행하시고 도와주심으로 모든 사람이 그 복 받는 것을 보고, 하나님 살아 계심과 당신을 찾는 사람에게 복 주시는 하나님이심을 알고 영광 돌리게 하여 주시옵소서. 이제 새 생명으로 거듭나서 살기로 결단한 주님의 백성을 주님께서 보호하시고, 도와 주옵소서. 예수님의 거룩하신 이름으로 기도드립니다. 아멘

3. 하나님을 섬겨라

 누구든지 내 이름으로 이런 어린아이 하나를 영접하면 곧 나를 영접함이요 누구든지 나를 영접하면 나를 영접함이 아니요 나를 보내신 이를 영접함이니라 (막 9:37)

인도함의 은혜

사랑의 하나님! 너무나도 복되고 즐거운 날, 우리에게 잃어버린 주님의 귀한 한 생명을 보내주심을 참으로 감사드립니다. 만세 전에 이 형제(자매)님을 선택하여 주시고, 오늘 형제(자매)님을 보내주셨는데, 오늘이 형제(자매)님의 일생에 가장 복된 날이 되게 하옵시고, 앞으로 남은 일생, 주님의 자녀로서 주님만 찬양하고 주님께만 영광 돌리는 삶을 살 수 있도록 하여 주시옵소서.

이 형제(자매)님이 주님을 만나고 주님을 알아가면 갈수록 더욱 주님으로 인해 감사할 일들이 많아지게 하옵시고, 들어와도 복을 받고 나가도 복을 받는 복의 근원자가 되게 하여 주시옵소서.

구원의 중보

또한 형제(자매)의 마음속에 찾아가 주셔서 그 마음을 다스려 주시고 주의 거룩한 백성으로 살아갈 수 있도록 이 형제(자매)를 악의 길에서 보호하시고, 의의 길로 인도하여 주시옵소서. 기쁠 때에도 슬플 때에도 함께 하시고, 어떤 어려움과 고통 가운데 있더라도 형제(자매)를 지나치지 마시고 지켜 주시옵소서. 혹시 이 형제(자매)에게 육체의 질병이 있다면 이 시간, 주님의 치유의 손으로 깨끗이 낫게 해 주시옵소서.

이제부터는 형제(자매)가 주님의 자녀들과 더불어 사랑하고 섬기게 하옵시며, 삶 속에서 더욱 주님의 사랑과 은혜를 풍성히 누리게 하여 주시옵기를 간절히 바라오며, 예수님의 이름으로 기도드립니다. 아멘.

4. 장성한 분량에 이르도록

 영접하는 자 곧 그 이름을 믿는 자들에게는 하나님의 자녀가 되는 권세를 주셨으니 (요 1:12)

감사의 고백

한 영혼을 천하보다 귀하게 여기시며 한 마리의 잃은 양을 찾도록 찾아다니시는 아버지 하나님의 은혜를 감사 드립니다. 여기 하나님의 백성이 새롭게 탄생하였습니다.

이제 이 새로운 영혼들이 우리 하나님의 품에서 떠나지 아니하고 성장함으로 인하여 우리 하나님께 기쁨이 되는 삶을 살도록 인도하여 주시기를 기도합니다. 그들이 이제는 세상 때를 벗고 하나님 나라의 백성으로 살아가기에 부족함이 없도록 그리스도의 의의 옷으로 입혀 주시기를 기도합니다.

돌봄의 은혜

아직은 영적으로 어리기에 무엇이 무엇인지를 분간하기 어렵습니다. 그렇지만 주님께서 이들을 보살펴주셔서 죄악의 길을 걷지 아니하도록 도와주시고 죄의 유혹으로부터 그들을 지켜 주시기를 기도합니다.

하나님 아버지, 이들이 교회 생활에 있어서 육신의 눈으로 보이는 것에 미혹 받거나 미혹 당하지 않게 하여주시고 귀로 듣는 것으로 인하여 동조하지 아니하고 실족하여 넘어지지 않도록 하여주시고 그것으로 범죄지 않도록 인도하여 주시기를 기도합니다. 우리를 그리스도의 장성한 분량에 이르도록 성장시켜 주실 예수님의 이름으로 기도합니다. 아멘.

5. 진리의 길을 알게 하여 주시옵소서

 내가 진실로 진실로 너희에게 이르노니 나의 보낸 자를 영접하는 자는 나를 영접하는 것이요 나를 영접하는 자는 나를 보내신 이를 영접하는 것이니라 (요 13:20)

인도함의 고백

사랑의 하나님 감사합니다. 죽어 가는 영혼들을 위해 자신의 목숨을 주신 아버지 하나님의 크신 은혜에 감사를 드립니다. 아버지 하나님! 오늘 특별히 새로 나온 지체들이 있습니다. 한 영혼을 천하보다 사랑하신 주님, 그들의 마음에 주님을 영접하고 주님 나라와 영광을 위해 살 수 있는 믿음을 허락하옵소서.

구원의 중보

이 땅에는 아무런 소망도 기쁨도 없음을 알게 하시고 오직 주님만이 참 기쁨임을 알게 하옵소서. 악한 영들은 우리의 영혼을 짓밟고 넘어지게 합니다. 성령님 이 시간에 우리 영혼에 찾아 오셔서 바른 진리의 길을 알게 하여 주시옵소서.

세상에서 넘어지고 쓰러지다가 온 지체들 많이 있습니다. 하나님, 오늘 만나 주시고 영원한 평강이 되시며 참 만족되신 주님을 만나 하늘 나라의 기쁨에 동참할 수 있는 은혜를 허락하여 주시옵소서. 다시는 세상의 향락과 기쁨을 좇지 않고 주님 주시는 기쁨을 좇을 수 있게 하옵소서. 잃은 양 한 마리를 사랑하시고 찾으시는 우리 구주 예수님의 이름으로 기도 드리옵나이다 아멘.

6. 하나님께서 동행

 그 날에 네가 말하기를 여호와여 주께서 전에는 내게 노하셨사오나 이제는 그 노가 쉬었고 또 나를 안위하시오니 내가 주께 감사하겠나이다 할 것이니라 보라 하나님은 나의 구원이시라 내가 의뢰하고 두려움이 없으리니 주 여호와는 나의 힘이시며 나의 노래시며 나의 구원이심이라 그러므로 너희가 기쁨으로 구원의 우물들에서 물을 길으리로다(사 12:1-3).

인도와 보호하심

사랑의 아버지 하나님, 감사합니다. 오늘 이렇게 사랑하는 성도를 하나님의 자녀로 삼아주시고 예수 그리스도의 몸된 교회로 보내주심을 감사합니다. 어떠한 마음 가지고 나왔든지 하나님께서 사랑하시고, 인도하여 주시어서 하나님의 백성이 되게 하여 주옵소서.

이제 하나님 안에서 새로운 삶을 살기를 결단하고 하나님 아버지를 나의 하나님으로 모시고 믿음 생활을 시작하고자 합니다. 은혜를 허락하여 주시옵소서. 믿음이 성장하도록 은혜를 베풀어주시고 앞길을 친히 인도하여 주시옵소서.

살아계신 하나님을 만남으로 내가 만난 하나님을 전하며 증거하는 하나님의 증인으로서의 삶을 살아가는데 부족함 없도록 성령님께서 역사하여 주시옵소서.

인도함의 고백

이 시간 예수님을 마음에 영접하는 사랑하는 성도와 함께 하심을 믿사오니 온전히 성령님을 의지하게 하시고 그 간절한 기도마다 응답하여 주시옵소서. 또한 하나님의 말씀을 듣고 읽을 때마다 성령님께서 성도님의 마음과 눈과 귀를 밝혀 열어 주셔서 하나님의 사랑과 은혜를 깨닫게 하여 주시옵소서. 그리하여 그리스도의 사랑으로 날마다 변화 받아 범사에 선한 열매를 맺고 가족들에게도 주님을 증거 하는 성도가 되게 하여 주시옵소서. 특별히 하나님의 말씀을 사랑하는 사람이 되게 하여 주시기를 원합니다.

하나님을 아는 지식이 없어 세상 사람들은 멸망의 길로 가고 있습니다. 신령한 지혜와 총명을 주셔서 하나님의 뜻을 깨닫게 하시고 하나님을 아는 지식이 나날이 자라가게 하여 주시옵소서. 멸망당하는 자 되지 않도록 은혜를 베풀어 주시옵소서. 예수님의 이름으로 기도합니다. 아멘.

7. 하나님의 능력을 주옵소서

 그런즉 내가 하나님의 단에 나아가 나의 극락의 하나님께 이르리이다 하나님이여 나의 하나님이여 내가 수금으로 주를 찬양하리 이다 (시 43:4)

은혜의 간구

언제나 한 영혼을 소중히 여기시는 하나님, 오늘도 우리 형제, 자매를 이 예배당으로 우리 공동체 안으로 불러주심을 감사합니다. 어떻게 보면 어색할 수 있는 이 공동체에서 세상에서 맛보지 못한 그 기쁨을, 행복을 맛볼 수 있게 해 주시옵소서. 이 공동체 안에서 하나님으로 인해 감격하는 예배를 우리 형제, 자매들도 맛볼 수 있게 해주고 이곳에 속해 있는 여러 지체들과 하나가 되게 하시고 서로 도우며 사랑으로 하나가 되는 아름다운 공동체가 되도록 간섭하시기 원합니다.

구원의 중보

지금 이곳에 모인 우리 모두가 한 몸이요 한 지체이오니 서로의 아픔을 내 아픔으로 여기며 서로의 기쁨을 내 기쁨으로 여기며 아름다운 공동체가 되도록 축복하여주시기를 원합니다. 성령님 도와 주옵소서. 기름 부어주옵소서. 성령님 지금 이 순간 처음 나온 형제, 자매를 하나님의 자녀 삼으셨으니 이제는 하나님의 축복을 이 형제, 자매들에게도 부어주셔서 참 기쁨으로 아름다운 예배 생활에 참여할 수 있게 하여 주십시오. 감사하오며 사랑이 많으신 예수님의 이름으로 기도드립니다. 아멘.

8. 하나님을 온전히 믿고 섬겨라

 여호와 우리 하나님이여 우리를 구원하사 열방 중에서 모으시고 우리로 주의 성호를 감사하며 주의 영예를 찬양하게 하소서 여호와 이스라엘의 하나님을 영원부터 영원까지 찬양할지어다 모든 백성들아 아멘 할지어다 할렐루야 (시 106:47-48)

인도와 보호하심

전능하신 하나님 아버지! 영접하는 자 곧 그 이름을 믿는 자들에게는 하나님의 자녀가 되는 권세를 주심을 감사드립니다. 예수 그리스도를 영접함으로 내 안에 예수 그리스도께서 성령으로 함께 하시고, 우리가 하나님의 자녀가 되었음을 믿습니다.

예수 그리스도를 영접한 자에게는 보혜사 곧 아버지께서 예수 그리스도의 이름으로 보내실 "성령 그가 너희에게 모든 것을 가르치시고 너희에게 말한 모든 것을 생각나게 하시리"라는 말씀대로, 성령께서 모든 사건과 만남과 환경과 현장 속에서 역사하여 주시어서 하나님의 인도함을 받고 살아가는 성도가 되게 하여 주옵소서.

능력의 고백

이 시간 주의 이름으로 기도하오니 복음을 혼미케 하는 모든 불신앙과 사탄의 세력이 예수 그리스도의 이름으로 묶임 받고 떠나가게 하옵시며, 내 가문과 가정에 흐르는 모든 불신의 세력과 저주의 통로들이, 이 시간 예수 그리스도의 이름으로 완전히 끊어지고 보혈의 능력으로 정결케 하여 주옵소서. 예수님의 이름으로 기도합니다. 아멘,

9. 내 속에 정한 마음을 주옵소서

내 길을 굳이 정하사 주의 율례를 지키게 하소서 (시 119:5)
사람이 만일 온 천하를 얻고도 제 목숨을 잃으면 무엇이 유익하리요 사람이 무엇을 주고 제 목숨을 바꾸겠느냐(마 16:26)

인도함의 고백

전능하신 하나님 아버지, 영접하는 자 곧 그 이름을 믿는 자들에게는 하나님의 자녀가 되는 권세를 주셨음을 감사 드립니다. 예수 그리스도를 영접함으로 내안에 예수 그리스도께서 성령으로 함께 하시고 내가 하나님의 자녀가 되었음을 감사드립니다.

예수 그리스도께서 나와 함께 하심으로 하나님을 떠났던 내 인생의 모든 근본문제와 영적 문제가 해결되었음을 믿습니다. 예수 그리스도께서 십자가에서 고난 받으시고 또한 죽음을 이기고 부활하심으로써 나의 과거, 현재, 미래의 모든 죄와 저주와 사망의 문제가 완전히 해결되었음을 믿습니다. 죄에서 해방되어 영원한 생명으로 옮겨져 천국을 소망하게 되었음을 감사드립니다.

구원의 중보

이제 새롭게 신앙생활을 시작하였사오니 하나님께서 도우셔서 어떤 난관이 찾아와도 지혜와 용기로 이겨낼 수 있게 하옵소서. 구원받은 백성으로서 하나님과 동행함으로 천국을 맛보게 하옵소서. 하나님의 말씀 가운데 힘을 얻어 세상을 이기게 하셔서 강한 믿음을 갖게 하시고 악한 세력에 넘어지지 않게 붙들어 주옵소서. 예수님의 이름으로 기도합니다. 아멘.

10. 끝까지 십자가를 붙들어라

 여호와는 은혜로우시며 의로우시며 우리 하나님은 자비하시도다 여호와께서는 어리석은 자를 보존하시나니 내가 낮게 될 때에 나를 구원하셨도다 내 영혼아 네 평안함에 돌아갈지어다 여호와께서 너를 후대하심이로다 주께서 내 영혼을 사망에서, 내 눈을 눈물에서, 내 발을 넘어짐에서 건지셨나이다
(시 116:5-8)

인도함의 고백

사랑의 주님, 천하보다 귀한 새로운 영혼을 교회에 보내어 주심을 감사 드립니다. 사람이 마음으로 정할지라도 그 발걸음을 인도하시는 분은 오직 하나님이시오니.

오늘 나온 성도를 믿음으로 거듭나게 하옵소서. 아직 믿음이 연약하여 잘 모르는 부분들도 많고 다른 사람의 모습 때문에 마음이 상한 부분들도 있습니다. 하나님께서 끝까지 붙들어 주시고 힘주시어서 믿음으로 인도하여 주옵소서.

사죄의 고백

지난날의 허물과 죄악 속에서 방황하기도 했던 주의 사랑하는 영혼을 더욱 사랑하여 주시고 옛 사람을 벗어버리게 하시고 그리스도로 말미암아 새사람을 입게 하옵소서. 예수 그리스도께서 우리의 죄악을 대신하여 피 흘려 죽어 주신 사실 앞에서 감사와 찬송을 드리는 생애가 되게 하옵소서. 이제 주님 앞에서 새로운 출발을 시작하였으니, 어떤 유혹이나 환난을 만날지라도 생명의 줄 되시는 주님을 굳게 붙잡고 의지하고 믿음으로 승리하게 하시기를 원합니다.

이 영혼의 가정이 더욱 평화롭고 사랑이 넘치는 가정이 되게 하시고 가족들 모두 건강하게 하시고 하나님의 권속으로 예수 그리스도 안에서 복된 삶을 누릴 수 있도록 축복하여 주옵소서. 이 영혼의 생명을 잘 감당하며 양육할 수 있도록 저희 교회에도 성령과 은혜와 사랑이 충만하게 하여 주옵소서. 예수님의 이름으로 기도드립니다. 아멘.

11. 귀한 성도의 삶을 보살펴 주옵소서

그러므로 이제부터 너희가 외인도 아니요 손도 아니요 오직 성도들과 동일한 시민이요 하나님의 권속이라 (엡 2:19)

돌봄의 간구

하나님 아버지, 너무나도 감사를 드립니다. 영원 전부터 살아 계셔서 구원받은 백성들을 세상 가운데서 구별하여 선택하여 주시고 아무 공로 없는 우리들을 천국의 자녀들로 삼아주시니 감사합니다. 사랑하는 주의 자녀가 오랜 시간 하나님을 모르고 불신자의 삶을 살아왔으나 이제는 주님을 하나님 아버지로 모시며 주의 뜻대로 살게 하여 주시니 너무나도 감사를 드립니다. 오직 우리 주 예수 그리스도 안에서만이 우리가 참 기쁨과 평안을 누리며, 그 구원의 감격을 날마다 누리는 하나님의 귀한 자녀로 늘 인도하여 주시옵소서.

인도와 보호하심

하나님의 은혜를 경험하는 가운데서 특별히 이제는 인생의 궁극적 기준과 계획이 변화되게 하시고, 그리스도의 몸 된 교회의 공동체 안에서 성도간의 사랑을 느끼게 하시고, 서로를 섬기며 아껴주는 귀한 삶이 되게 하여 주옵소서.

언제나 우리를 향하신 하나님의 따스한 사랑의 손길과 미소를 날마다 체험하는 귀한 성도가 되게 하여주시고 더 나아가 아버지의 뜻을 이루어 드리며 복음의 삶을 살아드리는 소중하고 귀한 성도의 삶을 살아갈 수 있도록 주님께서 지켜주시옵소서. 우리 주 예수님의 이름으로 기도드립니다. 아멘.

12. 믿는 자마다 복 주시는 예수님

 또 여호와를 기뻐하라 저가 네 마음의 소원을 이루어 주시리로다 너의 길을 여호와께 맡기라 저를 의지하면 저가 이루시고 네 의를 빛같이 나타내시며 네 공의를 정오의 빛같이 하시리로다 여호와 앞에 잠잠하고 참아 기다리라 (시 37:4-7)

다짐의 고백

만백성 가운데서 택한 자를 부르시고 영원한 생명을 주시는 하나님 아버지, 오늘 이 가정을 주님 앞에 부르셔서 구원을 허락하시니 무한 감사함을 드립니다. 새로 믿기로 작정하고 주님 앞에 두 손 들고 나온 사랑하는 성도에게 성령의 은사를 크게 부어 주시옵소서. 그리하여 그 영혼이 새롭게 거듭나게 하시고 하나님의 진리를 깊이 깨달아 알게 하옵소서.

돌봄의 은혜

옛 사람 옛 생활을 벗어버리고 이제부터 사는 생애는 주님만을 사랑하고 영광 돌리게 하옵소서. 하나님께서 기뻐하시는 복된 생활을 하게 하여 주시옵소서. 이제 바라기는 모든 식구가 한 사람도 빠짐없이 주님을 영접하고 구원받고 새 사람이 되기까지 인도하여 주시옵소서.

그리하여 이 가정이 하나님의 복을 충만히 받아 생활이 부해지며 새롭게 시작하는 가정이 되게 하여 주시옵소서. 건강과 지혜로도 지켜 주시옵소서. 주님을 믿는 자마다 복 주시는 예수님 이름으로 기도드립니다. 아멘.

13. 삶이 빛나는 삶이 되도록

 여호와여 주의 말씀대로 주의 인자하심과 주의 구원을 내게 임하게 하소서 그리하시면 내가 나를 훼방하는 자에게 대답할 말이 있사오니 내가 주의 말씀을 의뢰함이니 이다 진리의 말씀이 내 입에서 조금도 떠나지 말게 하소서 내가 주의 규례를 바랐음이니 이다(시 119:41-43)

사랑의 고백

우리의 생사화복을 주관하시는 하나님 아버지, 이 시간 하나님의 부르심에 따라 주님 앞에 나와 순종하는 마음으로 머리를 숙입니다. 지금까지 성도를 지켜주시고 복음을 듣게 하시고 깨닫게 하셔서 믿게 하심을 감사합니다.

이제까지 하나님을 알지 못하고 내 뜻대로 살았던 것을 용서하여 주시고 이제는 회개하는 마음으로 주님의 뜻을 따르기로 작정하오니 흔들리지 않도록 잡아주시고 예수 그리스도의 십자가의 사랑으로 충만케 하여 주시옵소서.

돌봄의 은혜

이제는 십자가의 사랑을 증거 하는 삶을 살게 하시고 세상의 빛과 소금이 되는 삶을 살게 하여 주시옵소서. 또한 이 성도를 보고 많은 사람들이 하나님의 살아 계심을 보게 하시고 하나님께 돌아오는 역사가 일어나게 하옵소서.

주위의 친구들이 하나님께 돌아오게 하시고 사랑하는 가족이 하나님의 사랑을 알게 하여 주옵소서. 사마리아 여인이 예수님을 알고 많은 사람에게 와보라 내가 그리스도를 만났다고 고백하고, 그들을 인도함 같이 이 성도의 삶이 빛나는 삶이 되도록 역사 하시옵소서. 이제 주님과 함께 시작하는 삶이 새롭게 하시고 어떤 유혹과 환란에서도 주님을 의지하며 믿음으로 승리하게 하옵소서. 예수님의 이름으로 기도드립니다. 아멘.

14. 그리스도의 사랑

 하나님이 세상을 이처럼 사랑하사 독생자를 주셨으니 이는 저를 믿는 자마다 멸망치 않고 영생을 얻게 하심이니라(요 3:16)

감사의 고백

만백성 가운데서 택한 자를 부르시고 영원한 생명을 주시는 하나님 아버지! 오늘 이 가정을 주님 앞에 부르셔서 구원을 허락하신 은혜에 감사를 드립니다. 예수를 주로 고백하니 주님의 백성 삼으시고 천국의 소망을 가지고 날마다 주님의 인도하심이 이 가정에 있게 하옵소서.

교회가 이들의 가정을 믿음으로 양육하고, 지도하고 돌보게 하옵소서. 이제는 옛 생활을 벗어버리고 새롭게 거듭나게 하시어 주님만을 사랑하고 영광 돌리는 축복된 생활을 하게 하옵소서.

구원의 중보

하나님 아버지시여, 바라옵기는 모든 식구가 한 사람도 빠짐없이 주님을 영접하여 구원받고 새 사람이 되기까지 인도하시고 역사하여 주시옵소서. 그리하여 이 가정이 하나님의 축복을 받아 생활이 부해지며 새롭게 시작하는 가정이 되게 하옵소서.

주님의 사랑이 이 가정을 통하여 친척들과 이웃에도 예수 그리스도의 사랑을 전하게 하옵소서. 건강도 지혜도 더하여 주옵소서. 거룩하신 예수님의 이름으로 기도드립니다. 아멘.

15. 성령 충만하게 역사

 자기의 육체를 위하여 심는 자는 육체로부터 썩어진 것을 거두고 성령을 위하여 심는 자는 성령으로부터 영생을 거두리라 (갈 6:8)

은혜의 간구

우리를 만세 전부터 택하시고 하나님의 섭리대로 몸된 교회에 한 공동체로 엮어 주셨사오니 진심으로 감사를 드립니다. 이제 이 가정이 예수님을 믿으며 살아가기로 결단하였사오니 모든 가족에게 기쁨이 넘치게 하시고 그들의 모든 삶에 복을 허락하여 주시옵소서.

인도와 보호하심

이 가정이 세상의 모든 악습들을 끊어 버리고 새 삶을 살 수 있도록 성령 하나님께서 역사하여 주시옵소서. 이 가정이 주님의 구원의 역사를 알고 진리를 배우고 그 확신 가운데 살아가게 하옵소서. 이 가정이 날마다 말씀을 묵상하며 기도하는 경건한 가정이 되게 하시고 이전 보다 더욱 더 사랑하고 화목한 가정이 되게 하옵소서.

이제 새롭게 빚어 주시어 하나님을 위한 가정이 되게 하시고 진정한 삶의 의미와 목적이 어디에 있는지 깨닫게 하시고 하나님의 영광과 복음을 위한 도구로 사용하여 주시옵소서. 예수 그리스도의 이름으로 기도합니다. 아멘.

나의 기도가 주님의 뜻에 합당하게 하소서

- 용혜원 -

나의 기도가 늘 요구만 하는 기도에서 떠나
감사와 도고의 기도를 시작하게 하사
나의 기도가 주님의 뜻에 합당하게 하소서

늘 서투른 형식에 따라 조각난 시간에 따라
의식적으로 형식적으로 하려는 기도가 아니라
진심으로, 전심으로 기도를 드리게 하사
나의 기도가 주님의 뜻에 합당하게 하소서

나의 기도가
주님이 원하시는 기도가 되어
주님의 뜻에 합당하게 하소서

10장 슬픔에 처한 분들을 위한
돌봄기도

슬픔이 변하여 찬송되게 하소서
위로의 축복을 주옵소서
하나님만 바라보게 하옵소서
은총을 베풀어주옵소서
행함으로 고난을 받고 참고이기면
존재한 하나님의 은혜를 체험하게 하옵소서
상한 마음을 치유하여 주옵소서
치유의 축복을 주옵소서
힘과 용기를 허락하여 주옵소서
항상 기뻐하면서 살게 하옵소서

돌봄의 기도 원리

슬픔에 대한 경험은 보편적이며 일생 동안 모든 사람이 느끼는 일반적인 것이다. 그러나 일반적인 상황이 내 것이 될 때는 매우 심각하다. 그래서 슬픔이 찾아오는 경로를 보면 육체적으로, 감정적으로, 인식적으로, 사회적으로, 정신적으로 어떠한 상실에 의해 슬픔이 올 수가 있다. 예를 들면 이혼, 직장에서의 은퇴, 수술, 애완 동물이나 식물의 죽음, 자녀가 대학으로 떠나거나 목사님이 다른 교회로 이동, 다정한 이웃의 이사, 집이나 값어치 있는 물건을 잃어버림, 경연대회나 운동 경기에서의 패배, 건강의 상실, 그리고 신뢰와 열망을 잃었을 때 슬픔이 올 수 있다.

대부분의 사람들이 슬픔을 만나면 충격과 반동, 집착과 신체적 정서적 증상이 나타나고 적대 감정과 죄의식, 우울증과 침거 이후에 새로운 관계를 맺는 과정을 기억하면서 슬픔을 떠나보내기 위해서 인정과 함께 단계별 돌봄이 필요하다. 예수님께서 나사로가 죽었을 때 슬픔을 경험하고 마음이 아파서 울었던 것처럼 상한 감정을 위한 돌봄의 기도가 필요하다. 이때 돌봄 자들은 "음침한 골짜기를 다닐지라도"(시 23:4) 하나님께서 함께 하시고 위로하신다는 말씀을 믿고 슬픔을 당하고 있는 사람들에게 우리가 해줄 수 있는 것은 돌봄의 기도뿐이다. 기도는 낙심한 자들에게 위로와 격려가 있는 기도를 해야 한다.

이때 슬픔을 경험한 사람들은 대부분 상실감에 빠져 있다는 사실을 기억하면서 자존감을 세워주는 기도를 통해서 "우는 자들로 함께 울라"(롬 12:15)는 말씀처럼 슬픔이 변하여 위로가 되게 하고 참 소망은 오직 하나님께만 있다는 사실을 알고 이 기회를 통해서 하나님의 사랑을 발견하는 소원의 기도가 되어야 한다. 그러면서 이 슬픔으로 인해서 사랑하는 성도가 더욱더 주님께 가까이 갈 수 있는 기회가 되도록 기도하고 마음에 평안을 위해서 하는 기도가 진정한 돌봄의 기도가 되는 것이다.

1. 슬픔이 변하여 찬송되게 하소서

 주께서 나의 슬픔을 변하여 춤이 되게 하시며 나의 베옷을 벗기고 기쁨으로 띠 띠우셨나이다(시 30:11)

은혜의 간구

사랑의 하나님! 인생이 힘들고 지칠 때마다 지금까지 함께 하여 주셨던 주님께 감사를 드립니다. 이 시간 슬픔을 당한 성도의 마음을 어루만져 주옵소서. 세상엔 소망도 없고 기쁨도 없고, 주님만이 우리의 소망이요 기쁨이오니 오직 하나님 한 분만으로 기뻐할 수 있도록 인도하여 주옵소서.

돌봄의 간구

자신이 만난 일로 세상의 힘듦으로 우리가 슬퍼하며 아파하지 않게 하시고 영원한 하나님 나라의 소망으로 늘 기뻐하는 삶이 되게 해 주옵소서. 우리의 좁은 마음을 버리고 어떤 환경이나 형편에서도 주안에서 기뻐할 수 있게 하옵소서. 범사에 감사하며, 날마다 찬송하며, 이웃으로 더불어 기뻐하며 살게 해 주시고 마음의 평안으로 충만하게 해 주옵소서. 살아 계신 예수님 이름으로 기도드립니다. 아멘.

2. 위로의 축복을 주옵소서

 내 생명은 슬픔으로 보내며 나의 해는 탄식으로 보냄이여 내 기력이 나의 죄악으로 약하며 나의 뼈가 쇠하도소이다 (시 31:10)

인도와 보호하심

환난과 어려움이 있는 이 세상에 날마다 우리를 도우시며 인도하시는 하나님 아버지를 찬양합니다. 지금까지 저희들을 붙잡으시고, 인도하여 주신 것을 감사 드립니다. 이 시간 특별히 간구 하옵는 것은 슬픔으로 인하여 낙망한 성도에게 은혜를 부어 주옵소서. 사랑하는 가정이 만난 슬픔 때문에 낙심하지 않게 하시고 이 일을 통해서 하나님을 만나기를 소원합니다.

돌봄의 은혜

이 땅에 슬픔을 기쁨으로 바꾸어 주실 분은 하나님 밖에 없음을 고백합니다. 주님께서는 감당할 만한 시험만을 허락하신다고 말씀 하셨사오니 이 시간 사랑하는 성도에게 피할 길을 허락하여 주시옵소서. 이 슬픔으로 인해서 사랑하는 성도가 더욱더 주님께 가까이 갈 수 있는 기회가 되게 하옵소서. 평안을 주시는 예수님의 이름으로 기도드립니다. 아멘.

3. 하나님만 바라보게 하옵소서

여호와께 구속된 자들이 돌아와서 노래하며 시온으로 들어와서 그 머리 위에 영영한 기쁨을 쓰고 즐거움과 기쁨을 얻으리니 슬픔과 탄식이 달아나리이다 (사 51:11)

돌봄의 은혜

사랑과 은혜가 많으신 아버지 하나님! 이 시간 너무 슬퍼서 어려움 가운데 있는 형제(자매)가 있습니다. 주님, 이 시간 찾아 오시어서 위로하여 주시고 그 눈물을 거두어 주시옵소서. 형제(자매)의 마음에 찾아가 주셔서, 그 마음 속에 있는 슬픔의 원인들을 제거해 주시어서 다시는 이 문제들로 인하여 슬퍼하지 않도록 은혜를 베풀어주시옵소서.

돌봄의 간구

주님도 이 땅에 계실 때 눈물을 흘리시며 슬퍼하기에 우리의 슬픔과 고통을 미리 체휼하셨사오니 이 형제(자매)의 슬픔을 멈추게 해 주시고, 그에게 주님의 영원한 기쁨을 주시옵소서.

참으로 사랑하는 이 형제(자매)가 온전히 주를 바라보고, 하루 속히 슬픔을 극복하며, 하나님께 감사할 수 있는 형제(자매)가 되도록 슬픔이 변하여 기쁨의 노래가 되게 하여 주시옵소서. 거룩하신 예수님의 이름으로 기도드립니다. 아멘.

4. 은총을 베풀어주옵소서

 그는 실로 우리의 질고를 지고 우리의 슬픔을 당하였거늘 우리는 생각하기를 그는 징벌을 받아서 하나님에게 맞으며 고난을 당한다 하였노라 (사 53:4)

인도와 보호하심

하나님 아버지! 여기 낙심 가운데 있는 성도를 붙들어 주시어서 슬픔으로 인하여 깊은 시름에 빠지지 않도록 도와주시기를 기도합니다. 성령께서 이들을 친히 어루만져 주시어서 마음에 평강을 허락하여 주시기를 기도합니다. 슬픔을 당한 나오미를 돌아보사 그의 자부를 통하여 위로받게 하시고 기쁨을 주신 하나님께서 이 가정에 은총을 베풀어 주시어서 은혜와 평강이 넘치기를 원합니다.

돌봄의 간구

나인성의 과부의 슬픔을 보시고 위로하시고 치유해 주신 것처럼 오늘 이 가정이 당한 슬픔도 위로해 주시기를 기도합니다. 형들로부터 배신을 당해 애굽으로 팔려간 요셉을 위로하시고 그에게 기쁨을 선물로 주시어 모진 수난 속에서도 꿋꿋하게 참아냄으로 애굽의 국무총리가 되게 하여 주신 하나님 아버지, 오늘 이 가정도 슬픔을 당한 성도들에게도 꿋꿋하게 참아낼 수 있는 힘을 공급하여 주시기를 기도합니다.

우리가 세상에 살면서 많은 어려움과 상처들이 있습니다. 이로 인해 우리 안에 기쁨이 없고 만족이 없음을 고백합니다. 사랑하는 하나님! 이제 우리를 불쌍히 여기시사 슬픔 가운데서 건져 주시고 하늘의 위로와 평강으로 채워 주시옵소서. 우리의 슬픔을 위로하시는 예수님의 이름으로 기도드립니다. 아멘

5. 행함으로 고난을 받고 참고이기면

애매히 고난을 받아도 하나님을 생각함으로 슬픔을 참으면 이는 아름다우나 죄가 있어 매를 맞고 참으면 무슨 칭찬이 있으리요 오직 선을 행함으로 고난을 받고 참으면 이는 하나님 앞에 아름다우니라(벧전 2:19-20)

자복-회개

환난 날에 피난처가 되시며 새 힘과 능력을 주시는 여호와 하나님!

사랑하는 주의 백성이 슬픔을 당하여 괴로워하고 있습니다. 희망은 사라지고 꿈도 깨어지고 공허한 마음만이 남아 있습니다.

인도와 보호하심

사랑의 주님! 절망 중에 부르짖사오니 귀를 기울려 주시고, 주님의 사랑으로 위로 받고 치유 받게 하여 주시옵소서. 주님이 우리를 어루만져 주시는 분이심을 믿습니다. 그 사랑의 주님께 모든 짐 내려놓고 간구 하오니 이제 주님의 평안을 누릴 수 있게 하옵소서.

"수고하고 무거운 짐 진 자들아 다 내게로 오라 내가 너희를 쉬게 하리라" 말씀하신 주님! 우리의 짐(슬픔)을 주님께 맡기고 간구하오니 슬픔을 위로해 주시고 긍정적인 마음으로 이제 복된 삶을 살게 하옵소서. 이제 슬픔이 변하여 기쁨이 되게 하시고, 괴로움이 변하여 위로가 되게 하시고, 주님의 따뜻하고 넓은 품에 안기어 주님과 함께 웃는 시간이 되게 하여 주옵소서. 예수님의 이름으로 기도합니다. 아멘.

6. 존재한 하나님의 은혜를 체험하게 하옵소서

주께서 나의 슬픔을 변하여 춤이 되게 하시며 나의 베옷을 벗기고 기쁨으로 띠
띠우셨나이다 (시 30:11)
여호와께 구속된 자들이 돌아와서 노래하며 시온으로 들어와서 그 머리 위에
영영한 기쁨을 쓰고 즐거움과 기쁨을 얻으리니 슬픔과 탄식이 달아나리이다
(사 51:11)

위로의 돌봄

우리의 생사화복을 주장하시는 하나님 아버지, 찬양과 영광과 존귀를
드립니다. 지금까지 저희들을 인도하여 주신 은혜에 감사를 드립니다.
우리가 이 땅에 살아가는 동안 많은 삶 속에서 주님의 임재를 체험하게
하여 주시오니 감사를 드립니다.

하나님 아버지, 우리의 슬픔을 제하여 주시고, 위로하여 주시옵소서.
가눌 길 없는 마음을 붙들어 주시고, 흐르는 눈물을 닦아 주셔서 우리를
위기에서 건져 주시옵소서. 이 슬픔의 수렁에서 구해 주셔서 하나님의
빛을 보고 소망의 그 나라를 바라보며 살게 하여 주옵소서. 이 슬픔의 원
인이 된 아픔을 치유하시고 세상을 통해 다시금 아픔이 슬픔이 되지 않
기 원합니다.

돌봄의 간구

하나님 아버지, 이 슬픔이 변하여 희락이 그대로 고통 대신 화관을 씌
어 주시옵소서. 내 마음에 가득한 슬픔의 상처가 치유되길 원합니다. 예
수님의 손으로 어루만져 주셔서 깨끗이 낫게 하여 주옵소서.

이 슬픔의 아픔을 통하여 새로운 삶을 살게 하시고 빠른 회복을 통하
여 하나님의 손에 쓰임 받길 원합니다. 아픔으로 다른 이의 마음을 알게
하시고 그들을 위로할 수 있는 새 힘을 주시옵소서. 이제 아픔을 딛고 일
어나 더욱 성숙한 모습으로 자라나가는 믿음이 되도록 인도하여 주옵소
서. 예수님의 이름으로 기도합니다. 아멘.

7. 상한 마음을 치유하여 주옵소서

주께서 나의 슬픔을 변하여 춤이 되게 하시며 나의 베옷을 벗기고 기쁨으로 띠 띠우셨나이다 (시 30:11)

돌봄의 은혜

위로의 하나님, 사랑하는 사람과 이별하고 슬퍼하는 사랑하는 하나님의 자녀를 기억하여 주옵소서. 늘 곁에 있을 거라고 생각하고 있었는데 이렇게 예기치 않게 사랑하는 사람과 이별을 하고 나니 더욱 가슴이 아픕니다. 눈물을 흘리며 가슴 아파하는 사랑하는 성도에게 하나님의 위로가 필요합니다. 주님의 손길로 슬픔을 당한 영혼의 마음을 만져주시고 성령님의 위로의 음성을 듣고 슬픔 속에서도 주님을 바라볼 수 있는 믿음을 주옵소서.

상처의 치유

이 시간 하나님께서 함께 하여 주시므로 슬픔을 이겨 낼 수 있도록 도와주시기를 원합니다. 눈을 들어 주를 바라보게 하옵소서. 무엇보다 나만 슬픔을 경험하고 아파하는 것이 아니라 모든 사람이 인생을 살면서 슬픔을 경험하고 아파한다는 사실을 기억하게 하시기를 원합니다.

나 보다 더 큰 슬픔 속에서도 주님의 은혜로 이겨내고 세상을 향하여 당당히 일어서서 삶을 살아가는 많은 사람들과 같이 이 영혼에게도 주의 은혜와 믿음을 충만하게 주시어 슬픔을 이겨내게 하옵소서. 세상을 향하여서 다시 소망과 기쁨의 삶으로 살아갈 수 있도록 모든 슬픔을 거두어 주시고 오직 주의 기쁨과 위로의 말씀으로 가득 차게 하여 주옵소서. 예수님의 이름으로 기도드립니다. 아멘.

8. 치유의 축복을 주옵소서

 무릇 시온에서 슬퍼하는 자에게 화관을 주어 그 재를 대신하며 희락의 기름으로 그 슬픔을 대신하며 찬송의 옷으로 그 근심을 대신하시고 그들로 의의 나무 곧 여호와의 심으신 바 그 영광을 나타낼 자라 일컬음을 얻게 하려 하심이니라 (사 61:3)

인도와 보호하심

사랑의 하나님 감사와 영광을 돌립니다. 나사로가 죽었을 때에 친히 찾아가셔서 눈물을 흘리시며 위로하시고, 죽은 나사로를 살려 주셔서 슬픔이 가득했던 그 집이 기쁨이 넘치는 집으로 바꾸어 주시던 주님을 기억합니다. 이 시간 슬픔의 자리에 주님이 오셔서 위로하시고 모든 상황을 회복시켜 주시옵소서.

구원의 중보

인류의 위로자 되시고 평화의 왕이신 주님, 지금 여기에 임하여 주사 슬픔을 당한 성도에게 평화를 허락하여 주옵소서. 애통하는 자는 복이 있나니 저희가 위로를 받을 것이라고 말씀하신 주님, 애통한 가슴을 끌어안고 주님께 나아 왔습니다.

우리의 애통히 하나님 안에서 오히려 복이 되게 하시고, 하나님의 사랑이 어떠한 가를 깨닫는 귀한 계기가 되게 하여 주옵소서. 이제는 기쁨으로 일어 날수 있도록 회복하여 주옵소서. 사랑이 많으신 예수님 이름으로 기도드립니다. 아멘.

9. 힘과 용기를 허락하여 주옵소서

 예수께서 눈물을 흘리시더라(요 11:35)

인도함의 고백

사랑의 하나님 아버지! 이 가정을 만세 전부터 예정하시고 택하시어 하나님의 자녀 삼아 주심에 진심으로 감사 드립니다. 예수님께서 이 땅에 오시어 죄인들을 위로하시고, 병든 자를 고치시고, 슬픔에 처해 있는 자에게 주님의 따뜻한 사랑의 손길을 내리어 주시옵소서. 나사로의 가정을 위로하신 주님! 절망 중에 있사오니 긍휼을 베푸셔서 겸손하게 주님의 음성을 듣게 하시고 다시 일어서는 힘과 용기를 허락하여 주시옵소서.

위로의 돌봄

사랑하는 주님의 자녀가 슬픔 가운데 있을 때 홀로 있게 마옵시고 참 소망되신 주님이 늘 함께 하여 주셔서 속히 슬픔에서 회복되게 하시옵소서. 그리고 이 시간 사랑하는 성도에게 찾아오셔서 그 마음을 위로하여 주시고 우리의 아픈 모습들을 잘 다스릴 수 있도록 인도하여 주옵소서.

성령이여 도와주시옵소서, 사랑하는 성도가 이 어려움을 이겨내고 밝고 힘 있게 귀한 삶을 살수 있도록 용기를 주시옵소서. 날마다 평강과 위로를 주시는 예수님의 이름으로 기도드립니다. 아멘.

10. 항상 기뻐하면서 살게 하옵소서

 나의 간절한 기대와 소망을 따라 아무 일에든지 부끄럽지 아니하고 오직 전과 같이 이제도 온전히 담대하여 살든지 죽든지 내 몸에서 그리스도가 존귀히 되게 하려 하나니 (빌 1:20)

은혜의 간구

우리에게 기쁜 날을 주신 하나님께 감사드립니다. 사계절을 창조하시고 우리에게 신선한 공기와 맑은 하늘을 허락하신 하나님의 은혜에 감사를 드립니다.

우리의 지체 중에 슬픔 가운데 있는 자가 있습니다. 주님 함께 하시사 위로와 평강으로 인도하여 주시옵소서. 어두운 마음이 사라지게 하시고 기쁜 마음이 자리 잡게 하시옵소서. "항상 기뻐하라 쉬지 말고 기도하라 범사에 감사하라" 하신 주님의 명령을 따라 늘 기뻐하며 감사하는 자가 되게 하여 주시옵소서.

위로의 돌봄

낙망 중 소망을 발견케 하시고 슬픔 중 기뻐하게 하시옵소서. "비록 무화과나무가 무성치 못하며 포도나무에 열매가 없으며 감람나무에 소출이 없으며 밭에 식물이 없으며 우리에 양이 없으며 외양간에 소가 없을지라도 나는 여호와를 인하여 즐거워하며 나의 구원의 하나님을 인하여 기뻐하리로다"고 고백한 하박국 선지자처럼 주님으로 즐거워하며 기뻐하는 자 되게 하여 주시옵소서. 예수님 이름으로 기도합니다. 아멘.

십자가 묵상

- 용혜원 -

사랑의 주님, 오늘 하루 저의 삶을 돌아봅니다
가정과 일터, 인간관계와 여러 가지 일들을

십자가의 사랑으로 살게 하소서
십자가를 생각하며 죄와 허물을 회개합니다
저의 부족함이 이웃에게 상처를 주거나
하나님의 일에 방해가 되지 않게 하소서

십자가의 헌신과 희생을 닮아
십자가의 능력과 희망으로 살게 하소서

피 흘리시며 죽기까지 우리를 섬기셨던
주님을 본받게 하소서
하나님 나라의 도구로 써 주소서

모든 어려움과 걱정을 십자가 앞에 내려놓습니다
오늘도 성령님의 음성에 민감하게 하소서
십자가의 사랑으로 살게 하소서

11장 병원에 입원한 분들을 위한 돌봄기도

나는 너를 치료하는 여호와
치료의 광선을 주옵소서
너를 치료하여 네 상처를 낫게 하리라
입원 환자들을 위한 기도
근심하지 말고 간구하라
어려움의 고백
몸과 마음을 새롭게 하여 주옵소서
능력의 손길을 붙잡아라
믿음과 소망으로 이겨내게 하소서
맡길 때 회복해 주시는 예수님

돌봄의 기도 원리

인간의 육체는 하나의 놀라운 유기체이다. 인간의 육체는 무수한 세포들과, 여러 가지 화학 물질들, 수백 개의 근육들, 수 백킬로미터의 혈관, 그리고 여러 가지 다양한 기관들로 구성되어 있다. 따라서 인간 육체는 성장할 수 있고, 스스로 치료할 수 있으며, 병과 싸울 수도 있고, 기온의 변화에 대해 적응할 수 있으며, 환경적 자극에도 반응을 나타낼 수 있고, 여러 가지 신체적 남용을 견디어 낼 수도 있다. 그러나 육체는 이 세상에서 영원히 지속하지는 않는다. 때때로 육체는 회복하지 못할 만큼 손상되기 때문에 육체를 보살피지 않는다면 그것은 마침내 완전히 못쓰게 되어버릴 것이다.

질병은 우리로 하여금 활동을 못하게 하고, 우리를 침체시키고, 생활을 더욱 어렵게 하며, 종종 어떤 의미도 목적도 없는 것처럼 보인다. 병이 계속되면, 우리는 어려운 질문들을 하게 된다. "왜 나에게?" 혹은 "왜 지금 이런 일이 일어났나?" 그 순간에는 분노, 낙담, 외로움, 고통, 혼란의 감정들을 동반하게 된다. 이때 병원에 입원한 환우를 위해서 기도 할 때는 먼저 위로하고 격려하면서 하나님께서 함께 하심을 통해서 성령의 역사가 나타날 것을 기도해야 한다.

특별히 병원에 입원하여 육체적인 고통과 함께 심적인 고통을 받고 있는 환자에게 심방자들은 환우를 위해서 위로와 평안을 주고 또한 그들에게 심적 안정을 통하여 주님을 바라 볼 수 있는 문을 열어 주어야 한다. 그러면서 병으로 인하여 마음이 쇠하지 않도록 하는 돌봄의 기도를 해야 한다. 병원에 입원하는 순간 타인의 돌봄을 받기 때문에 깊은 상실감과 슬픔에 잠기게 된다.

그래서 아주 작은 문제에도 민감하게 됨으로 병원에서의 돌봄 기도는 아주 적은 부분까지 배려하면서 희망과 용기, 사랑의 격려, 치유 역사가 나타나도록 해야 한다. 그러면서 하나님께서 함께 하신다는 사실을 알고 모든 질병을 치유하시는 분은 하나님의 역사가 나타나도록 기도해야 한다. 이때 주의 할 점은 재정적인 면과, 개인적인 사생활, 신앙상태 등을 진단하지 말고 하나님께서 오늘도 치유를 통해서 돌보시는 하나님의 역사가 나타나도록 간구해야 한다.

1. 나는 너를 치료하는 여호와

가라사대 너희가 너희 하나님 나 여호와의 말을 청종하고 나의 보기에 의를 행하며 내 계명에 귀를 기울이며 내 모든 규례를 지키면 내가 애굽 사람에게 내린 모든 질병의 하나도 너희에게 내리지 아니하리니 나는 너희를 치료하는 여호와임이니라 (출 15:26)

어려움의 고백

은밀한 중에 살피시는 자비로우신 하나님! 그동안 건강을 주셔서 살게 하셨음을 감사합니다. 그러나 건강한 몸 주셨을 때 감사하지 못했고, 주를 위해 온전히 헌신하지 못했던 것을 용서해 주옵소서. 건강을 잘 돌보지 못하고 함부로 했던 것도 용서해 주옵소서.

돌봄의 간구

이 시간 오셔서 예수님의 이름으로 명하여 연약하고 병든 부분을 주님의 손으로 어루만져 주시고 치료의 빛을 비춰 주시어 깨끗이 나음을 입게 해 주옵소서. 주께서 치료하심을 보게 해 주옵소서. 비록 육신은 사망의 음침한 골짜기로 다니는 것 같을지라도 조금도 두려워하지 않게 해 주시고, 주의 막대기와 그 크신 지팡이로 병상에 있는 영혼을 지켜 주옵소서. 그 어떤 어둠도, 사탄도 틈타지 못하도록 지켜주셔서 주님만 의지하게 하옵소서.

헌신의 고백

부족한 저에게 건강주시면 더욱 주를 위해서 헌신하겠사오니 남은 생애가 주님 앞에 복이 되게 해 주옵소서. 이 질병을 통하여 말씀하시는 주님의 음성도 들을 수 있게 해 주옵소서. 주님의 원하시는 뜻대로 살게 하옵소서. 병실에 머무는 동안 전도할 수 있는 은혜도 주셔서 영적인 기쁨도 넘치게 해 주옵소서. 모든 질병에 의원이 되시는 예수님의 이름으로 기도합니다. 아멘

2. 치료의 광선을 주옵소서

 내 이름을 경외하는 너희에게는 의로운 해가 떠올라서 치료하는 광선을 발하리니 너희가 나가서 외양간에서 나온 송아지같이 뛰리라 (말 4:2)

자복-회개

우리의 치료자이신 주님을 찬양합니다. 주님께서는 우리를 지으셨기에 우리의 체질에 대하여 잘 아시는 분이오니 모든 질병을 고쳐 주시옵소서.

치유의 고백

이 악한 질병을 고쳐 주시옵소서. 의사 선생님에게 지혜를 주셔서 치료받을 때에 몸에서 약이 잘 흡수 되도록 도와 주시고, 다른 변수들이 나타나지 않도록 모든 치료의 과정을 붙잡아 주옵소서.

모든 질병의 회복의 능력은 주님께 있사오니 이 시간 찾아오시어서 치료하여 주옵소서. 이 병실에 함께 있는 모든 환우들에게도 동일한 축복과 회복을 주셔서 모든 분들이 건강해 지도록 도와주시고, 빠른 차도가 있도록 축복하여 주옵소서. 거룩하신 우리 주 예수님의 이름으로 기도드립니다. 아멘.

3. 너를 치료하여 네 상처를 낫게 하리라

 나 여호와가 말하노라 그들이 쫓겨난 자라하며 찾는 자가 없는 시온이라 한즉 내가 너를 치료하여 네 상처를 낫게 하리라 (렘 30:17)

인도함의 은혜

우리를 치료하시는 여호와 라파의 하나님! 우리의 상처를 치료해 주시고 회복시켜 주심을 믿고 감사를 드립니다. 여기 원치 않는 질병으로 인해 고통 받고 있는 주님의 자녀가 있사오니 치료하여 주시고 회복시켜 주시옵소서. 사랑하는 형제(자매)님, 질병으로 인하여 병원에 입원하게 되었는데, 더욱 주님을 의지하고 감사할 수 있도록 인도하여 주시옵소서.

돌봄의 은혜

또한 이번 기회를 통해서 육체의 질병만 치유되는 것이 아니라 심령의 병까지 치유되는 귀한 시간이 되게 도와 주시옵소서. 이 형제(자매)가 질병으로 인해 원망하지 않게 하시고, 오히려 질병을 통해 겸손하게 하시고, 연단하여 더욱더 귀하게 쓰임 받게 하옵소서.

질병의 치유

사랑하는 성도가 병원에 입원해 있는 동안 말씀과 기도생활에 더욱 힘쓸 수 있도록 도와주시고, 퇴원할 때는 더욱 큰 믿음을 가지고 나갈 수 있도록 인도하여 주옵소서. 형제(자매)의 가족에게도 은혜를 베풀어주시어서 이번 기회를 통해서 온 가정이 큰 믿음을 갖게 하옵소서.

또한 입원에 따른 경제적 부담을 능히 감당할 수 있도록 도와주시옵소서. 하루속히 이 질병으로부터 완치될 수 있도록 은혜를 베풀어주시옵소서. 거룩하신 예수님의 이름으로 기도드립니다. 아멘.

4. 입원 환자들을 위한 기도.

그리하면 네 빛이 아침같이 비칠 것이며 네 치료가 급속할 것이며 네 의가 네 앞에 행하고 여호와의 영광이 네 뒤에 호위하리니 (사 58:8)

인도함의 은혜

우리가 건강하기를 원하시는 하나님 아버지! 오늘까지 사랑하는 주의 자녀를 돌보아 주신 것을 감사 드립니다. 그러나 뜻하지 않은 질병으로 오늘 이렇게 병원에 입원하여 있는 주의 성도를 기억하여 주시고 모든 질병을 깨끗하게 치료하여 주시기를 원합니다. 이 시간 성령님께서 이곳에 역사하셔서 치료의 능력으로 아픈 곳이 깨끗하게 하여 주옵소서.

돌봄의 간구

먼저 환자에게 믿음을 주시고 가족들이 환자를 잘 돌볼 수 있는 마음을 주시기를 원합니다. 예수님께서도 이 땅에 오셔서 병든 자들을 돌아보시고 그들을 치유하여 주시고 불구된 자들을 온전하게 하신 사랑의 능력이 이들에게도 나타나게 하옵소서.

그리고 이러한 고난의 시간을 통하여 하나님 아버지를 더 가까이 할 수 있는 영적인 유익이 있도록 도와주시옵소서. 우리를 치유하여 주시는 예수님의 이름으로 기도드립니다. 아멘

5. 근심하지 말고 간구하라

 너희는 마음에 근심하지 말라 하나님을 믿으니 또 나를 믿으라 (요 14:1)

은혜의 간구

사랑이 많으시고 거룩하신 하나님 아버지! 예수 그리스도께서 우리 대신 채찍에 맞으시고 십자가에 고난 받으심으로 평화를 누리게 되었음을 감사 드립니다. 여기 병들어서 치유를 받기 원하는 성도에게 치료의 은혜를 베풀어주시기를 원합니다. 하나님의 백성으로써 교회를 위하여 복음을 위하여 헌신해 온 성도에게 성령의 치료하시는 은혜를 베풀어 주시기를 간절히 원합니다.

돌봄의 간구

이제 우리가 한마음으로 합심하여 성도의 병 낫기를 위하여 간구하오니 능력으로 역사하여 주시어서 육신의 질병이 고침 받게 하여 주옵소서. 행여나 낙심치 않게 하시고 육신의 약함을 통해서 우리의 심령을 강하게 하시어서 힘을 다해 기도하고 부지런히 말씀을 읽고 묵상하여 하나님의 놀라우신 치료의 은혜를 경험하는 순간들이 되게 하여 주시옵소서.

치유의 역사

이 시간 모든 인간의 질병들을 치료하시는 전능하신 하나님이심을 믿고 간구하오니 성령님께서 치료의 광선을 발하여 속히 낫게 하여 주시옵소서. 간호하는 가족들에게도 힘과 소망과 기쁨을 주셔서 약해지지 않게 하시고 믿음을 가지고 간구함으로 하나님의 은혜를 체험하게 하여 주시옵소서. 영육 간에 강건함을 얻을 수 있는 가족들이 다 되게 하여 주시옵소서. 예수님의 이름으로 기도합니다. 아멘.

6. 어려움의 고백

 내가 돌이켜 해 아래서 행하는 모든 학대를 보았도다 오호라 학대받는 자가 눈물을 흘리되 저희에게 위로자가 없도다 저희를 학대하는 자의 손에는 권세가 있으나 저희에게는 위로자가 없도다 (전 4:1)

돌봄의 갈구

우리의 치료자 되신 하나님께 감사를 드립니다. 질병으로 인하여 어려움을 당한 성도를 치료하여 주시옵소서. 병든 자와 귀신들린 자를 치료하셨던 주님, 오늘 이 시간에도 주님의 이름으로 치료되게 하여 주시옵소서. 깨끗이 나음을 입어 영광 돌리는 자 되게 하여 주시옵소서.

"그가 찔림은 우리의 허물을 인함이요 그가 상함은 우리의 죄악을 인함이라 그가 징계를 받음으로 우리가 평화를 누리고 그가 채찍에 맞음으로 우리가 나음을 입었도다" 하신 주님, 오늘 이 시간에 치료의 역사가 나타나게 하여 주시옵소서.

치료를 통한 구원

살아 계신 하나님 아버지!

이 땅에 사는 동안 주의 일을 하다가 병이 들어 병석에 누워있는 주의 자녀를 기억하여 주옵소서. 지금 몸이 아파서 몹시 괴로워하고 있습니다. 이 시간 주님의 사랑의 손길이 필요하오니 치료의 광선을 발하사 병든 곳을 어루만져 주시고 모든 병의 근원을 깨끗하게 치료하여 주시기를 기도드립니다.

주님은 능치 못할 일이 없사오니 주의 자녀를 불쌍히 여겨주시고, 이곳에 임하셔서 육신의 질병으로 고통당하고 있는 환자들을 안으시사 그 맘과 영혼을 위로하여 주시고 이 병이 속히 회복되도록 인도하여 주시옵소서. 우리를 사랑하신 예수님의 이름으로 기도드립니다. 아멘.

7. 몸과 마음을 새롭게 하여 주옵소서

 주의 구원의 즐거움을 내게 회복시키시고 자원하는 심령을 주사 나를 붙드소서 (시 51:12)

은혜의 갈구

연약한 자에게 긍휼을 베푸시고 더 사랑하시고 더 가까이 하시는 주님께 감사와 영광을 돌립니다. 질병을 치료받기 위하여 병원에 입원한 성도를 기억하시고 긍휼을 베푸시옵소서. 이 기간이 회복의 기간이 되게 하시고 삶이 바빠서 주님을 깊이 생각하지 못했지만 다시 한 번 주님의 은혜를 깊이 생각하는 시간이 되게 하여 주시옵소서.

주님, 밤에 잠을 잘 때에 잘 자게 하여 주시고, 의사와 간호사들이 치료할 때 날마다 회복되게 하시고 쓰는 처방과 약이 좋은 효과를 보아서 속히 회복될 수 있도록 도와주시옵소서.

돌봄의 간구

주님, 돌보지 못하는 가족들과 직장을 보호하여 주셔서 행여 병원에 있는 동안에도 조금도 어려운 일이 생기지 않도록 보호하여 주시옵소서. 치료비도 어려움 없이 채워 주시고 보험처리 과정도 순탄하게 이루도록 인도하여 주시옵소서.

주님, 건강을 회복하여 주시면 좀 더 하나님께서 기뻐하시는 일을 찾아 하겠습니다. 또한 하나님이 주시는 건강이 얼마나 소중한 가를 알아 건강을 지키고 몸을 귀하게 여기고 돌보며 살겠습니다. 이 시간 저희의 몸과 마음을 새롭게 하여 주시옵소서. 예수님의 이름으로 기도드립니다. 아멘.

8. 능력의 손길을 붙잡아라

 저희 마음의 완악함을 근심하사 노하심으로 저희를 둘러보시고 그 사람에게 이르시되 네 손을 내밀라 하시니 그가 내밀매 그 손이 회복되었더라 (막 3:5)

상처의 치유

사랑과 은혜가 풍성하신 하나님 아버지 감사합니다. 오늘 이 시간 함께 모여 치유와 건강을 위해 기도하게 하신 은혜를 감사 드립니다. 이렇게 병상에 누워 있는 주님의 자녀를 위해 간절히 기도드립니다. 성도님의 원치 않는 질병으로 고통 중에 있사오니 예수 그리스도의 보혈로 씻으시고 성령님의 역사로 깨끗이 낫게 하여 주옵소서.

치유의 고백 역사

이 병상을 통하여 자신의 몸에 있는 작은 병균 하나를 정복할 수 없음을 깨달아 알게 하시고 건강했을 때 너무 교만하여 주님을 잊지나 않았는지요? 이 아픔의 과정을 통하여 주님의 뜻을 다시 깨닫게 하시고 회개의 병상이 되게 하시옵소서. 그리하여 건강한 육체와 영혼으로 하나님께 영광 돌리게 하시고 가족과 이웃과 교회를 위하여 봉사하게 하옵소서.

돌봄의 간구

이 시간 나사렛 예수님의 이름으로 명하노니 질병과 고통은 몸에서 떠나가게 하시고 예수님의 이름으로 치료하여 주옵소서. 이 질병으로 인하여 가족들이 믿음이 굳건해 지게 하시고 성숙한 신앙이 되게 하옵소서. 지금까지 간호하며 눈물로 기도해온 가족들의 수고를 기억하시고 그들의 수고가 헛되지 않게 하시며 그들의 심령을 위로하시고 필요한 물질도 풍성하게 채워주옵소서. 하나님께서 놀라우신 치유의 역사를 이루어 주실 것을 믿습니다. 예수님의 이름으로 기도하옵나이다. 아멘.

9. 믿음과 소망으로 이겨내게 하소서

 내 영혼아 네가 어찌하여 낙망하며 어찌하여 내 속에서 불안해하는가 너는 하나님께 소망을 두라 나는 그가 나타나 도우심으로 말미암아 내 하나님을 여전히 찬송하리로다(시편 42:11)

찬양의 인도

우리를 지키시는 하나님! 하나님은 피난처요 요새시며 어려울 때마다 도움이 되시오니 주님의 자녀들을 불쌍히 여겨 주옵소서. 병상에서 아픔을 당하는 모든 이의 몸과 마음을 고쳐 주옵소서.

스스로의 모습을 돌아보며 하나님 앞에서 바르게 살지 못한 죄를 깨달아 알게 하옵소서. 영혼 깊은 곳에서부터 참회의 눈물이 솟아나 겸손히 무릎 꿇고 속죄의 은총을 기다리게 하옵소서. 참 생명의 주인을 찾는 이들이 은총을 입어 병상에서 사랑의 하나님을 만나는 축복을 누리게 하옵소서.

치유의 역사

이 시간 사랑하는 성도에게 불안과 긴장을 풀어 주는 믿음을 주시고 어떠한 절망이 닥쳐와도 인내와 믿음으로 이겨내게 하옵소서. 고통의 병상에서 믿음의 자녀로 성장케 하시고 고난 뒤에 있는 영광의 주님을 바라보게 하시며 부활의 새 아침을 보게 하옵소서. 이곳에서 생명을 살려내는 구원의 은총으로 늘 충만하게 하소서. 거룩하신 예수님의 이름으로 기도드립니다. 아멘.

10. 맡길 때 회복해 주시는 예수님

 무리를 둘러보시고 그 사람에게 이르시되 네 손을 내밀라 하시니 저가 그리하매 그 손이 회복된지라 (눅 6:10)

회복의 기도

거룩하시고 은혜로우신 하나님 아버지 감사합니다. 지금까지 인도하신 은혜에 감사를 드립니다. 우리 사랑하는 지체가 아픈 가운데 있습니다. 주님이 함께 하시사 위로하시며 치료하여 주시옵소서.

고난 가운데 주님 바라보게 하시며 하늘나라의 평강으로 채워 주시옵소서. 모든 과정도 함께 하시사 어려움 없게 하시고 풍성한 은혜로 채워 주시옵소서. 퇴원하는 날까지 주님이 지켜 주시고 모든 염려 근심 없게 하시며 건강한 모습으로 퇴원 할 수 있도록 인도하여 주시옵소서.

돌봄의 간구

전능하시고 영원하신 하나님 아버지! 주님의 뜻이라면 하루속히 건강을 회복하도록 은총을 주시옵소서. 지금 우리를 치료하여 주셔서 일상으로 돌아가게 해 주시옵소서. 속히 회복시켜주시고 건강을 되찾게 하옵소서. 자리를 들고 일어나게 하나님께 영광을 돌려드리게 하옵소서. 38년된 중풍병자를 일으키신 것처럼, 열 두해 동안 혈류 병을 앓은 여인을 믿음으로 낫게 하신 그 능력으로 회복시켜 주시옵소서.

이 상처를 싸매어 감싸주시고 치료의 광선을 비추어 주옵소서. 다시금 하나님께 찬양하며 뛰게 하옵소서. 달리고 달려도 지치지 않는 힘으로 하나님 앞에 새롭게 일어서게 하옵소서. 주님의 은혜와 사랑을 간구합니다. 모든 병을 치유하시는 예수님의 이름으로 기도합니다. 아멘.

나는 소망합니다

- 헨리 나우웬 -

나는 소망합니다.
내가 누구를 대하든 그 사람에게 꼭 필요한 존재가 되기를
나는 소망합니다.
내 마음에 드는 사람들에 대한사랑 때문에
마음에 들지 않는 사람들에 대한 사랑이 줄어들지 않기를
나는 소망합니다.
상대가 나에게 베푸는 사랑이 내가 그에게 베푸는 사랑의
기준이 되지 않기를
나는 소망합니다.
언제나 남들에게 용서를 구하며 살기를
그러나 그들의 삶에는 나에게 용서를 구할 일이 없기를

12장 말기암 환자들을 위한
돌봄 기도

히스기야의 기도
말기 암 환자들을 위한 돌봄 기도.
하나님의 아들을 믿는 믿음 안에서
안식으로 충만케 하옵소서
치료하는 광선
네 상처를 낫게 하소서
내가 구원을 얻으리이다
병든 자를 구원하소서
그를 고쳐 주시리라
낮아짐의 기도를 들으소서

돌봄 기도의 원리

말기 암환자들은 그 심령이 지푸라기라도 의지하고 싶은 사람들이다. 이 땅에서 모든 것을 조금씩 잃어 가는 상실감 속에 있기 때문에 이때의 돌봄 기도는 여간 조심스럽지 않기 때문에 3가지로 기도해야 한다.

첫째는 위로와 소망을 위해서 기도해야 한다. 히스기야 왕도 살지 못한다고 했지만 하나님의 은혜로 다시 회복되어서 그 몸이 건강해지는 역사를 만들어 냈기 때문이다. 살고 죽는 것은 우리의 영역이 아니라 모두 하나님께 속한 영역이다. 그럼으로 돌봄자들은 하나님께 간절히 기도하여 병에서 치유하심이 나타나도록 기도해야 한다.

둘째는 구원의 확신의 기도이다. 어쩌면 이 기도 후에 하나님께서 생명을 불러 가실 줄도 모르기 때문에 천국의 소망을 위해서 기도해야 한다. 그러기 위해서는 말기 암 환자의 신앙고백과 그분이 가진 믿음의 고백을 가지고 그 나라와 그 의를 이룰 수 있도록 기도해야 한다.

셋째는 돌봄의 기도이다. 하나님께서 돌보시면 살든지 죽든지 모든 것이 존귀케 되기 때문에 말기 암환자들에게 하늘의 소망을 두고 끝까지 주님을 따르는 사람이 되도록 기도해야 한다. 이러한 기도를 통해서 이 땅의 모든 것들을 정리하고 천국에 참 소망을 가지도록 돌봄 기도를 해야 한다. 이때 주의 할 점은 그분들이 가진 이야기를 마음 것 들어 주면서 사죄의 확신과 구원의 확신, 부활의 확신을 심어 주는 기도를 통해서 최고의 성숙의 삶의 완성이 되도록 기도해 주어야 한다. 그러면서 살아 있는 동안 예수님이 가장 좋은 친구이시며 언제나 옆에서 기도를 들으시는 하나님 한 분뿐임을 알고 고통으로부터 위로와 따뜻한 사랑의 기도를 놓치지 말아야 한다.

1. 히스기야의 기도

 그 때에 히스기야가 병들어 죽게 되매 아모스의 아들 선지자 이사야가 저에게 나아와서 이르되 여호와의 말씀이 너는 집을 처치하라 네가 죽고 살지 못하리라 하셨나이다 히스기야가 낯을 벽으로 향하고 여호와께 기도하여 가로되 여호와여 구하오니 내가 진실과 전심으로 주 앞에 행하며 주의 보시기에 선하게 행한 것을 기억하옵소서 하고 심히 통곡하더라 (왕하 20:1-3)

돌봄의 간구

인간의 생사화복을 주관하시는 주님! 우리의 육신은 날로 쇠하나 우리의 영은 날로 새로워지게 하시니 감사합니다. 풀은 마르고 꽃은 떨어지고 육신의 장막 집은 낡아지나 존귀하신 주님의 은혜의 법칙을 깨닫게 하시니 감사합니다.

주님께는 능치 못함이 없사오니 이 시간 능하신 손으로 어루만지사 깨끗이 치료하여 주옵소서. 연약한 믿음을 붙들어 주시고 육체에 강건한 새 힘을 공급하여 주옵소서. 육신의 장막 집보다 하늘의 영원한 집을 사모하게 하옵소서. 믿음으로 영원을 동경하도록 영의 눈을 뜨게 하여 주시옵소서. 나를 따르려거든 자기 십자가를 지고 따르라고 말씀하셨사오니 끝까지 찬송을 잃어버리지 않고 주님만 따르게 하옵소서.

치유의 역사

예수님을 이 땅에 보내셔서 구원의 은총을 주시고 죄 사함의 은혜 주심을 감사합니다. 주님! 이 땅에서의 삶은 고난과 괴로움의 시간이었으나 주님이 계신 영원한 천국에 이를 때 인간의 모든 고통은 사라지고 주님께서 베푸신 축제에 들어가게 하옵소서. 병으로 씨름하는 하루하루가 능력 있는 주님의 손을 통해서 감격과 희망의 삶이 되게 해 주옵소서. 우리의 소망이신 예수님 이름으로 기도합니다. 아멘.

2. 말기 암 환자들을 위한 돌봄 기도

 이스라엘이여 너는 행복자로다 여호와의 구원을 너같이 얻은 백성이 누구뇨 그는 너를 돕는 방패시요 너의 영광의 칼이시로다 네 대적이 네게 복종하리니 네가 그들의 높은 곳을 밟으리로다 (신 33:29)

자복-회개

우리의 기도를 언제나 들으시는 하나님 아버지, 우리에게 질병을 통하여 당신의 뜻을 알게 하시니 감사를 드립니다. 사람의 죽고 사는 것은 주님에게 있사오니 이 병을 통하여 주님과 더욱 가까워지는 기회가 있게 해 주시옵소서. 이제까지 살아온 길을 뒤돌아보며, 참된 회개의 기도를 드립니다. 참된 감사를 잊고 살아왔사오니 주님 용서하여 주옵소서. 주님의 말씀을 알고 있었습니다만, 그 뜻대로 순종하지 못하였던 과거도 용서하여 주옵소서.

치유의 고백

하나님, 다시 한 번 주님을 위하여 살 수 있는 기회를 주시기를 바랍니다. 우리의 기도와 눈물을 보시옵소서. 말기 암으로 너무 고통스러워하고 있사오니 하나님께서 치료해 주시고 고쳐 주시옵소서. 깊은 수렁 속에서 구원의 손을 기다리나이다. 모두가 포기하여도 주님이 포기하지 않으시면, 우리는 소망이 있습니다. 모두가 안 된다고 하여도 주님이 된다고 하시면, 고침을 받을 수가 있사오니 이 더러운 질병을 주님께서 물리쳐 주시옵소서.

다짐의 고백

만약 하나님께서 성도의 사명이 끝나고 데려 가기로 작정하셨다면 주님께서 사망을 이기셨듯이 우리도 이기게 하여 주옵시고, 언제나 동행하여 주옵소서. 주의 오른손과 막대기가 언제나 성도님을 안위해 주옵시고, 함께 하여 주옵소서. 거룩하신 예수님의 이름으로 기도드립니다. 아멘.

3. 하나님의 아들을 믿는 믿음 안에서

 내가 그리스도와 함께 십자가에 못 박혔나니 그런즉 이제는 내가 산 것이 아니요 오직 내 안에 그리스도께서 사신 것이라 이제 내가 육체 가운데 사는 것은 나를 사랑하사 나를 위하여 자기 몸을 버리신 하나님의 아들을 믿는 믿음 안에서 사는 것이라 (갈 2:20)

돌봄의 간구

항상 우리와 함께 동행해 주시고, 기적과 같은 손길로 우리들을 위험에서 건져내시며 인도하시는 아버지 하나님! 육체의 질병으로 인하여 고통 받고 있는 성도를 위해 기도드립니다.

치유의 역사

사랑하는 OOO집사님이 지금 말기 암으로 하루하루 고통의 시간들을 보내고 있습니다. 그 치료의 손으로 어루만져 주시사 하루속히 낫게 하시고 다시 한번 주를 위해서, 복음을 위해서, 충성할 수 있는 은혜를 베풀어주시옵소서.

우리의 생명의 끈을 주장하시는 아버지 하나님!

성도님이 병에서 회복되게 하시고 이 일로 인하여 주위의 많은 사람들에게 다시 한번 주의 살아 역사하심을 증거하는 귀한 기회가 되게 하여 주시옵소서. 히스기야가 기도할 때에 그 생명을 연장해 주신 하나님! 이 성도에게도 히스기야에게 주셨던 생명의 복을 허락해 주시사, 남은 일생, 주를 위해 충성 봉사할 수 있도록 은혜를 베풀어주시옵소서.

환자의 가족들에게도 힘을 주시며, 하나님께서 반드시 낫게 해주실 것이라는 믿음을 허락해 주시옵소서. 예수님의 이름으로 기도드립니다. 아멘.

4. 안식으로 충만케 하옵소서

 그리하면 네 빛이 아침같이 비칠 것이며 네 치료가 급속할 것이며 네 의가 네 앞에 행하고 여호와의 영광이 네 뒤에 호위하리니 네가 부를 때에는 나 여호와가 응답하겠고 네가 부르짖을 때에는 말하기를 내가 여기 있다 (사 58:8-9)

은혜의 구원

여호와 라파의 하나님 아버지, 오늘 이 시간에 암으로 고생하는 지체를 위해 기도드립니다. 일찍이 저희들을 주님의 자녀로 택해 주시고 구원의 은혜를 베푸신 은혜 감사 드립니다.

돌봄의 간구

우리 하나님 손 내밀어 잡아 주시고 치료하여 주시옵소서. 우리 주님의 옷깃만 만져도 치료하신 것처럼 치료의 역사가 나타나게 하여 주시옵소서. 주님이 친히 십자가에 달리시사 육체의 고통을 경험하시고 인간의 연약함을 몸소 체험하신 주님, 당신이 당하신 고난으로 우리가 나음을 입었사오니 이 시간에 주님의 능력으로 치료하여 주시옵소서.

우리는 연약하여 아무것도 할 수 없는 인간이오니 긍휼의 손길을 베푸사 고쳐 주시옵소서. 성령님이 함께 하시사 마음에 소망을 주시고 하늘나라 안식으로 충만케 하옵소서. 질병에서 건져주시는 우리 구주 예수님의 이름으로 기도드립니다. 아멘

5. 치료하는 광선

 내 이름을 경외하는 너희에게는 의로운 해가 떠올라서 치료하는 광선을 발하리니 너희가 나가서 외양간에서 나온 송아지같이 뛰리라 (말 4:2)

돌봄의 간구

만병의 치료자 되시는 하나님 아버지! 허물과 죄로 죽은 우리를 예수 그리스도 안에서 속죄하사 구원 얻게 하심을 감사 드립니다. 주님께서 지금까지 우리에게 생명주시고 건강을 주시고 믿음 주셔서 우리의 삶 가운데 주님의 은혜와 복을 주셨음을 감사드립니다.

상한 갈대도 꺾지 아니하시는 자비로우신 주님! 사랑하는 성도님이 원치 않는 질병으로 고통당하고 있습니다. 우리 인간의 힘으로는 이제 가망이 없지만 주님이 함께해 주시면 치유될 줄로 믿사오니, 피 묻은 손으로 안수하여 주셔서 치유되게 하시고 회복되게 하여 주옵소서.

구원의 중보

또한 질병 가운데 하나님의 뜻을 분별하여 믿음 안에서 넉넉하게 어려움을 극복하게 하시고, 우리가 환란과 시험을 당하고 질병의 고통을 당할지라도 오히려 주님을 의지하게 하셔서 천국의 소망이 더욱 확실하게 하옵소서!

"두려워 말라 내가 너와 함께 함이니라 놀라지 말라 나는 너의 하나님이 됨이니라?고 주님이 말씀하셨사오니 사랑하는 성도에게 질병을 감당할 만한 힘과 믿음을 주시고 주님만이 우리의 능력임을 알게 하옵소서.

권능의 주님. 믿는 사람에겐 능치 못함이 없다고 하였사오니 주님의 이름을 경외하는 사랑하는 성도에게 이 시간 치료의 광선을 발하여 암 뿌리가 소멸되게 하시고, "나는 너희를 치료하는 여호와라" 하셨사오니 치료하여 주시옵소서. 오늘 이 시간 모든 병마는 물러가고, 건강이 회복되게 하여 주셔서, 약한 자에게는 강함을 주시고, 슬픔을 당하는 자에게는 위로를 통하여, 질병으로 인한 고통의 신음 소리가 찬송의 소리로 바뀔 수 있도록 은혜를 베풀어주옵소서.

사랑하는 성도가 이 고난을 통과한 후에 정금 같이 나오게 하시고 병환을 간호하는 가족들에게도 위로하여 주시옵소서. 연약한 자를 강하게 하시는 예수님의 이름으로 기도합니다. 아멘

6. 네 상처를 낫게 하소서

 나 여호와가 말하노라 그들이 쫓겨난 자라하며 찾는 자가 없는 시온이라 한즉 내가 너를 치료하여 네 상처를 낫게 하리라 (렘 30:17)

은혜의 간구

믿음을 가진 자들의 영원한 소망이 되시는 하나님 아버지, 이 시간 성도가 질병 가운데서도 주님을 의지합니다. 많은 시간 병마와 싸우면서 육신도 마음도 많이 지쳐 있사오니 이 시간 찾아오시어서 영혼을 불쌍히 여겨주옵소서.

육신을 통한 이 질병 가운데서 끝까지 소망되신 주님을 붙들고 믿음으로 달려갈 수 있도록 위로하여 주옵소서. 이 시간 사랑하는 자녀를 도와주시고 평안을 허락하여 주시기를 간절히 원합니다.

어느 누가 사랑하는 성도의 고통을 이해하고 함께 느끼며 위로해 줄 수 있겠습니까? 오직 주님만이 어느 순간에도 떠나지 마시고 함께 하시므로 힘이 되어주시옵소서. 소망과 부활되시고 생명 되신 주님만을 의지하므로 육신은 고통을 받고 너무 아프지만 이 육신의 장막을 뛰어넘는 주님의 평강이 사랑하는 영혼에게 차고 넘치도록 부어주시옵소서.

치유의 역사

이 땅에서는 병고에 아픔을 느끼지만 천국을 소망하며 아픈 가운데서도 물러서지 않는 믿음으로 살아갈 수 있도록 은혜를 주옵소서. 주님께서 이 영혼의 마음에 사랑의 음성과 성령의 위로하심을 들려주옵소서. 사랑하는 가족들에게도 위로하시고 힘주시기를 원합니다. 사랑하는 이를 돌보면서 안타까움과 눈물로 기도하는 소원을 들어 주시옵소서. 사랑이 많으신 예수님의 이름으로 기도드립니다. 아멘.

7. 내가 구원을 얻으리이다

 여호와여 주는 나의 찬송이시오니 나를 고치소서 그리하시면 내가 낫겠나이다 나를 구원하소서 그리하시면 내가 구원을 얻으리 이다 (렘 17:14)

어려움의 고백

하나님의 사랑과 은혜를 감사하며 찬양 드립니다. 사랑하는 성도를 붙드셔서 새 힘과 소망을 주시기 원합니다. 하나님, 사랑하는 집사님 말기암이라는 진단을 받고 치료 중에 있습니다.

치유의 역사

주님 사랑하는 성도를 불쌍히 여기시고 오늘 이 시간 긍휼을 베푸시옵소서. 예수 이름으로 명하노니 암세포는 사랑하는 성도의 몸에서 소멸될지어다. 모든 고통은 사라지고 기쁨은 회복될지어다. 마음속의 미움과 원망은 사라지고 용서와 사랑이 넘치게 하여 주시옵소서. 성도의 몸에서 엔도르핀이 형성되어서 암세포를 소멸케 하여 주시옵소서.

치료하는 약을 통해 회복되게 하시고 마음에 평안을 주시옵소서. 사탄의 음성을 막아주시고 오직 성령의 음성만 들리게 하여 주시옵소서. 담대하라 내가 세상을 이기었노라고 말씀하신 것처럼 담대하게 하옵소서. 인간이 포기할 때, 이제 하나님께서 일하실 차례니 하나님 여기에서 역사 하옵소서. 이 성도를 고쳐 주시옵소서. 주님은 능히 하실 수 있음을 믿습니다. 거룩하신 예수님의 이름으로 기도드립니다. 아멘.

8. 병든 자를 구원하소서

 믿음의 기도는 병든 자를 구원하리니 주께서 저를 일으키시리라 혹시 죄를 범하였을찌라도 사하심을 얻으리라(약 5:14)

돌봄의 고백

전능하신 하나님 아버지. 이 가정에 주님께서 사랑하시는 자녀가 질병으로 신음하고 있음을 간구하오니 들어 응답해 주시옵소서. 사랑하는 자녀를 주님께서 불쌍히 여겨 질병의 고통 중에도 평강을 주시어서 이 병마와 싸워 이기게 하옵소서.

돌봄의 은혜

사람의 생명을 지으시고 다스리시는 하나님께서 이 자녀를 치료하여 주옵소서. 회복되게 하여 주시옵소서. 주님께서는 죽은 나사로를 살리시고, 병든 자도 치료하시고, 절망 가운데 있는 자도 구원하셨사오니 깨끗하게 고쳐주시옵소서 .

치유의 고백

이 시간 사랑하는 성도의 암을 깨끗케 하여 주시옵소서. 성령님께서 치료의 광선을 발하셔서 온전케 하여 주시옵소서. 예수 그리스도의 이름으로 명하노니 더러운 암에서 치료함을 받을지어다.

예수 그리스도의 피로 깨끗하게 하여 주시옵소서. 하나님의 치료하심을 믿고 간구하오니 이 병으로 인하여 낙심하지 않고 깨끗이 회복되어 주님의 뜻을 이루게 하옵소서. 오직 하나님만 의지하오니 능력의 주님이 기쁨과 평강으로 인도하여 주시사 모든 질병에서 깨끗케 하여 주시옵소서. 모든 질병을 치유하시는 예수님의 이름으로 기도드립니다. 아멘

9. 그를 고쳐 주시리라

 여호와께서 애굽을 치실 것이라도 치시고는 고치실 것인 고로 그들이 여호와께로 돌아올 것이라 여호와께서 그 간구함을 들으시고 그를 고쳐 주시리라 (사 19:22)

돌봄의 은혜

아버지 하나님 감사합니다. 지금까지 하나님의 은혜 가운데 거하게 하심을 감사 드립니다. 우리 사랑하는 성도가 고통 가운데 있습니다. 주님 함께 하시사 당신의 품안에 거하게 하여 주시옵소서. 아기가 어머니의 품안에서 행복한 것과 같이 우리 사랑하는 성도가 주님의 품안에서 평강과 따뜻함을 갖게 하옵소서.

돌봄의 간구

"내가 채찍에 맞음으로 우리가 나음을 입었도다" 하신 이사야 53장 5절의 말씀처럼 치료하여 주시사 건강케 하여 주시옵소서. 이 시간 천군 천사로 함께 하시사 보호하시며 지켜 주시옵소서.

모든 것을 창조하시고 모든 생명을 거두어 가시는 하나님, 오늘도 하나님을 가까이하게 하심을 감사합니다. 사람이 치료할 수 없는 것 하나님께서 성령을 통하여 치료해주시옵소서. 강한 손으로 붙잡아 주시어서 성령의 역사가 나타나서 질병이 깨끗이 나을 수 있도록 축복하여 주옵소서. 예수님의 이름으로 기도드립니다. 아멘

10. 낮아짐의 기도를 들으소서

 때에 내가 아하와 강가에서 금식을 선포하고 우리 하나님 앞에서 스스로 겸비하여 우리와 우리 어린것과 모든 소유를 위하여 평탄한 길을 그에게 간구하였으니 (스 8:21)

상처의 치유

하나님 아버지, 암으로 고통 하는 이들을 치료하여 주옵소서. 치료가 불가능한 이들이 겪는 처절한 불안을 아시는 하나님, 암으로 인해 하나님께서 우리 인체에게 주신 하나님의 질서를 파괴하고 있습니다.

몸의 균형을 깨고, 고통을 일으키며, 건강한 생명력을 망가뜨리고 있습니다. 주님, 하나님의 창조질서를 회복하기 위해서라도 은혜를 배푸사 사망의 결박을 풀어주시고, 고통의 시간을 통해 하나님의 은혜를 체험하게 하여주시옵소서. 새로운 삶의 기회를 주신 하나님 앞에서 진실하고 바른 삶을 살아 이 시대를 변혁시키는 주역으로 삼아 주옵소서.

돌봄의 은혜

주님께서 우리 건강을 지키시고, 질병에 대한 저항력을 키워주시며, 흐트러진 세포조직을 바로잡아 주셔서 건강한 삶을 살아가며 하나님의 뜻을 이루어 가는 주님의 백성들이 되게 하소서. 하나님께서 주신 건강으로 나의 쾌락만 추구하는 것이 아니라 하나님의 의를 구하며, 이 시대 속에 이루시길 원하시는 하나님의 선한 뜻을 이루어 가게 하옵소서. 거룩하신 예수님의 이름으로 기도합니다. 아멘.

하루를 시작하며

- 용혜원 -

아침에 눈을 떠 하루를 시작하며
조용히 기도를 드릴 때
마음속에 소망이 가득하게 하소서
기대감과 설렘 속에 삶을 시작하면
힘과 용기가 생겨납니다

하루를 시작하며
제일 먼저 나의 입에서
감사라는 말이 나오게 하소서
하루를 보내고 잠이 들 때에도
제일 먼저 나의 입에서
감사라는 말이 나오게 하소서

13장 이혼한 분들을 위한 돌봄기도

하늘의 평안으로 채워주소서
어려운 상황을 잘 극복하도록
합력하여 선을 이루게 하옵소서
평안의 복을 주옵소서
주 안에서 기쁨을 얻어라
성령의 능력으로 위로하옵소서
회복과 평안의 복된
소망과 진리로 인도하옵소서
상처받은 영혼을 치유하여 주옵소서
어려움 없도록 도와 주시옵소서
이혼하는 이들을 위한 기도

돌봄 기도의 원리

이혼은 결코 장려되거나 당연한 것으로 용인되어서는 안 된다는 것이 성경의 가르침이다. 그러나 인간의 완악함으로 이혼이 계속 늘어나고 있는 현실에서, 교회는 이혼자를 위한 돌봄의 필요성이 늘어나고 있다.

이혼이 많아지는 현실 속에서 그나마 하나님의 자비와 용서를 빌면서 새로운 삶을 살 수 있도록 인도하심을 위한 돌봄 기도는 이혼자에 대한 목회적 돌봄의 대안으로 소중하기 때문이다.

우리 사회는 이혼으로 인해서 어려움을 당하는 사람들이 너무나도 많다. 그렇지만 이혼을 하면 사회에서 따돌림을 당하고 은연 중에 무시하는 경향이 없지 않다. 이러한 이유 때문에 이혼으로 인한 죄책감과 경제적인 어려움으로 인해서 고통을 많이 받고 있다. 이때 교회는 이혼자들의 아픔과 슬픔을 치유해 주시고, 그들의 잘못을 용서해 주시고, 새로운 삶을 살아갈 기회를 줄 수 있는 기도가 필요하다.

이러한 돌봄 기도를 해 줄 때 이혼을 한 부부가 함께 목사 앞에 올 수도 있고, 개별적으로 올 수도 있다. 또는 이혼 후에 돌봄을 줄 때에는 이혼 당사자뿐만 아니라, 자녀가 있을 경우에는 자녀들을 위해, 양가의 부모와 가족이 있을 경우에는 그들을 위해, 하나님의 자비와 용서와 위로와 격려를 주는 기도를 해야 한다. 이러한 기도를 통해서 이혼의 슬픔과 아픔을 이완시키고 자신들의 잘못을 고백함으로서 새롭게 주어지는 삶을 성실하게 시작할 수 있기 때문이다. 이러한 기도는 한국적인 상황에서는 아직 익숙하지 않지만 돌봄 기도를 할 때 그들이 다시 건강한 자아상을 회복하고 바른 삶을 가지고 이 땅에 복되게 살수 있기 때문이다. 이때 기도는 상한 마음의 치유와 위로의 돌봄이다

1. 하늘의 평안으로 채워주소서

 내가 평안히 눕고 자기도 하리니 나를 안전히 거하게 하시는 이는 오직 여호와 시니이다 (시 4:8)

인도와 보호하심

사랑의 하나님 아버지! 우리에게 따뜻하고 아름다운 가정을 주셨던 주님께서 감사를 드립니다. 그러나 주님 앞에서 한 서약을 지키지 못했음을 용서해 주옵소서. 서로 사랑으로 하나 되지 못하고 이해하고 용서하고 참지 못했음도 용서해 주시옵소서. 주님께서 십자가에서 우리를 위해 죽으신 것처럼 사랑하며 인내하지 못했음도 용서해 주시옵소서.

위로의 돌봄

우리의 심령을 감찰하시는 주님, 불행해진 가정을 돌보시고 그 가운데에 성령의 위로와 은혜를 더하여 주옵소서. 답답한 중에 있는 자들을 주님의 품에 안기게 하시고 자신을 스스로 돌보며 더욱더 하나님 앞에서 바로 서서 새로운 삶을 살게 하옵소서. 하나님이 동행하여 주시고 말씀으로 그의 앞길을 인도하여 주옵소서. 모든 어렵고 험한 길에서도 주님을 온전히 따르게 해 주옵소서.

위로의 축복

주님만이 나의 소망이요 의지가 되심을 믿습니다. 마음 속 깊이 자리잡고 있는 상처를 성령의 위로하심으로 싸매어 주시고 더 큰 은혜 주심을 따라 스스로의 죄를 회개할 때 사죄의 큰 기쁨과, 상대방의 허물을 용서하며 주님을 바라보게 하옵소서. 마음에 혹시라도 미움이나 원망이 남아 있다면 이 시간 청결한 마음을 갖게 하시어서 하나님을 뵐 수 있는 은혜를 내려주옵소서. 모든 계획을 주님께 맡기고 낙망치도 말고 불안해하지도 않는 하늘의 평안으로 채워 새로운 삶이 이어지게 하옵소서. 주 예수님의 이름으로 기도드립니다. 아멘.

2. 어려운 상황을 잘 극복하도록

 예루살렘을 위하여 평안을 구하라 예루살렘을 사랑하는 자는 형통하리로다
(시 122:6)

은혜의 간구

전능하신 하나님! 주님께서 우리 자매님의 마음을 잘 아시지요. 많이 아파 왔고, 여전히 그 슬픔이 남아 있습니다. 이 시간 주님의 따스한 손으로 어루만지시고 이제 새로운 삶을 살아갈 수 있도록 섭리하여 주시옵소서.

위로의 은혜

연약한 자를 더욱 사랑하시는 하나님, 주님께서 우리 자매님을 더욱 사랑해 주옵시고, 위로해 주시옵소서. 그동안 받은 고통과 서러움을 주님께서 백배로 갚아 주시고, 자매님 편에서 도와주시옵소서. 또한 이혼 후에도 많은 문제들이 남아 있습니다. 자녀들에 대한 문제와 경제적 어려움, 다른 사람의 곱지 않은 시선들, 주님께서 친히 신랑이 되어 주시어서 모두 해결해 주시옵소서.

주님 안에서 아이들을 잘 양육하기를 원합니다. 그들 마음속에 상처가 남아 있지 않도록 도와주시고, 경제적 어려움이 없도록 인도하여 주시옵소서. 은혜로우신 주님, 이제 더욱 주님을 의지하겠사오니. 함께해 주시고, 주님만 모시고 사는 가정을 이루게 해 주시옵소서. 오늘도 우리 안에 새로운 삶을 창조하시는 예수님의 이름으로 간절히 기도드립니다. 아멘.

3. 합력하여 선을 이루게 하옵소서

 여호와여 일어나사 주의 권능의 궤와 함께 평안한 곳으로 들어가소서
(시 132:8)

은혜의 간구

지금도 살아계셔서 우리의 생사화복을 주장하시는 아버지 하나님! 이 자리에 함께 하시고 우리의 기도에 응답해 주시기를 원합니다. 여기 사랑하는 주의 자녀가, 너무나 어려운 문제로 인하여 힘들어하고 있습니다. 그의 마음을 위로해 주시고, 평안함을 허락해 주시옵소서.

형제(자매)가 일찍이 가정을 이루었지만 여러 가지 이유로 인하여 헤어짐의 아픔을 겪게 되었습니다. 우리 주님이 이 시간 형제(자매)에게 다시 한번 새 힘을 회복하여 주셔서 담대히 살아갈 수 있도록 은혜를 베풀어주시옵소서.

위로의 돌봄

또한 헤어진 사람에 대한 원망과 집착을 하루빨리 정리할 수 있도록 도와주시고, 이 일을 통해서 앞으로 하나님의 뜻이 무엇인지 분별하고, 나아갈 수 있도록 도와주시옵소서. 비록 지금은 아픔으로 인해 힘들고 고통스럽지만, 이일로 인해서 더욱 성숙될 수 있도록 도와주시옵소서.

시간이 갈수록 합력하여 선을 이루시는 주님의 손길을 느끼게 하옵시고, 앞으로 이 형제(자매)에게 더 좋은 가정을 허락해 주시어서 새로운 출발을 할 수 있도록 은혜를 베풀어 주시옵소서. 함께 하여 주실 줄 믿사오며, 예수님의 이름으로 기도드립니다. 아멘.

3. 평안의 복을 주옵소서

 만일 평안을 받을 사람이 거기 있으면 너희 빈 평안이 그에게 머물 것이요 그렇지 않으면 너희에게로 돌아오리라 (눅 10:6)

위로의 돌봄

우리의 심령을 날마다 새롭게 하시고 온전하게 하시기를 원하시는 사랑 많으신 하나님 아버지! 저들의 상한 마음을 감싸주시고 치유하여 주시고 회복시켜 주시기를 기도합니다. 저들을 위로하여 주셔서 그들의 앞길을 선히 인도하여 주시기를 원합니다.

은혜의 간구

하나님께서 허락하시면 이전보다는 새롭게 서로가 서로를 용서하며 이해하며 남을 배려하는 작은 마음도 주시고, 이혼 이후에도 서로 경제적인 어려움으로 마음이 가중되지 아니하도록 날마다 일용할 양식을 공급하여 주시기를 기도합니다.

사랑하는 하나님 아버지,

할 수만 있다면 서로의 마음을 돌이키게 하시고 서로가 용서하는 사랑의 마음을 허락하시어 다시 출발할 수 있도록 인도하여 주시기를 원합니다. 우리가 주안에서 하나가 되기를 원하시는 예수님의 이름으로 기도합니다. 아멘

4. 주안에서 기쁨을 얻어라

 오 형제여! 나로 주 안에서 너를 인하여 기쁨을 얻게 하고 내 마음이 그리스도 안에서 평안하게 하라 (몬 1:20)

인도를 바람

사랑의 주님! 하나님께서 우리를 지극히 사랑하시며 날마다 세밀한 은혜 내려주심을 감사 드립니다. 주님께서 우리가 어떻게 살아야 할지 말씀해 주시고 서로 사랑하라고 하셨는데, 서로 사랑하지 못하고 원치 않은 헤어짐을 긍휼히 여겨 주시옵소서.

오늘날 경제적으로 부요가 있고, 시간적 여유가 있음에도 불구하고 서로를 용납하지 못하고 많은 가정이 무너지고 있습니다. 하나님이 짝지어 주신 것 사람이 나누지 못한다고 말씀을 주셨는데, 우리는 이 말씀을 제대로 지키지 못했습니다.

어려움의 고백

주님이 원하시는 아름다운 가정을 이루어 나가려고 그토록 애쓰며 참고 기도하며 노력했던 성도님이 원치 않은 이혼으로 인하여 슬퍼하며 괴로워하고 있습니다. 우리의 작은 잘못을 나무라지 마시고, 사랑의 주님께 나아가 간구하오니 이제 슬픔의 자리에서 일어나 참된 안식이 있는 곳을 찾아 일어서게 하옵소서.

이제 하나님께서 창조하신 이 땅의 가정들이 회복되고 성숙되기를 원합니다. 모든 가정들이 사랑의 띠로 하나가 되어 서로 사랑하고 인내하며 서로 돕게 하시고, 주님의 사랑으로 이겨내게 하옵소서. 이 가정을 통하여 성도님의 신앙이 철저하고 전인격적인 신앙으로 날마다 성장하게 하시고, 사랑의 가정을 이루고 서로 온전히 돌보며 사랑이 넘치게 하옵소서. 예수님 이름으로 기도합니다. 아멘

5. 성령의 능력으로 위로하옵소서

 그는 하나님께 기도하므로 하나님이 은혜를 베푸사 그로 자기의 얼굴을 즐거이 보게 하시고 사람에게 그 의를 회복시키시느니라 (욥 33:26)

위로의 은혜

사랑과 평화의 주님, 서로가 사랑하고 주님 안에서 함께 하기를 원했지만 예기치 않는 일들로 인하여서 불가피하게 아픔을 겪는 사랑하는 가정이 있습니다. 주님께서 이 시간 위로하여 주시고 붙들어 주옵소서. 이 험한 세상 가운데서 겪어야 할 어려운 일들이 많을 것인데 이제 혼자이기에 더욱 힘이 들 것입니다. 이전보다 더 열심히 세상을 향하여서 강하고 담대하게 하옵소서. 성령께서 고달픈 인생의 길에서 어느 곳에 가든지 함께 하시고 도와 주시옵소서.

사랑하는 가정이 주님의 은혜 안에서 세상을 헤쳐 나가고 믿음에 더욱 굳세게 서서 참된 행복의 삶을 다시 회복할 수 있도록 인도하여 주옵소서. 혹이나 마음속에 상처와 분노와 슬픔이 자리 잡고 발목을 붙잡고 있다면 성령의 치유하심으로 상처를 싸매어 주시고 마음에 평안을 주시고 용서할 수 있는 마음도 허락하여 주시옵소서.

인도와 보호하심

무엇보다 헤어진 부모를 통하여서 아파할 자녀를 위로하시고 주님께서 잘못된 길로 가지 않도록 붙잡아주시고 이 일을 이해하며 성숙함으로 나아갈 수 있도록 믿음을 주옵소서. 그리고 주님을 나의 동반자로 삼고 새롭게 시작하는 마음으로 이 세상에서 이전 보다 더욱 행복한 삶을 살 수 있다는 소망을 가지고 담대히 주어진 환경과 상황을 뛰어넘을 수 있도록 용기를 주옵소서. 주께서 함께 하시고 힘이 되어주실 줄 믿으며 사랑이 많으신 예수님의 이름으로 기도드립니다. 아멘.

6. 회복과 평안의 복된

 평안을 너희에게 끼치노니 곧 나의 평안을 너희에게 주노라 내가 너희에게 주는 것은 세상이 주는 것 같지 아니하니라 너희는 마음에 근심도 말고 두려워하지도 말라(요 14:27)

은혜의 간구

사랑과 은혜의 하나님! 인생이 어찌 주님 앞에 설 수가 있겠습니까! 거룩하시고 어두움이 조금도 없으신 하나님 아버지 앞에서 우리 모두 죄인임을 고백합니다. 배우자와 헤어지는 슬픔을 당한 주의 사랑하는 자녀를 아버지께서 위로하여 주시고, 하나님의 따스한 사랑을 느낄 수 있도록 함께 하여 주옵소서.

마음속에 고통과 근심, 슬픔의 감정들이 주의 사랑하는 자녀를 덮어버리지 않도록 성령께서 함께 하시어서, 그 영혼의 내면을 치유하여 주시기를 원합니다. 슬픔과 낙심의 마음들이 영혼을 지배치 못하도록 거룩하신 성령께서 날마다 만져주시고 함께 하여 주셔서 평안을 되찾게 하여 주옵소서.

위로의 돌봄

하나님 아버지. 지금의 감당할 수 없을 것 같은 큰 어려움을 잘 이겨낼 수 있도록 역사하여 주셔서 슬픔과 고통의 기간은 짧게 끝나게 하시고 다시 회복과 평안의 복된 삶이 찾아오게 하여 주시길 원합니다.

특별히 기도 하옵기는 부모의 문제로 인하여 자녀들이 상처를 받지 않도록 위로하시고 그 상처를 싸매어 주시고 하나님의 자녀로서 형통의 삶을 살아갈 수 있도록 인도해 주시길 간절히 소망합니다. 예수님의 이름으로 기도드립니다. 아멘.

7. 소망과 진리로 인도하옵소서.

 여호와여 주의 긍휼을 내게 그치지 마시고 주의 인자와 진리로 나를 항상 보호하소서 (시 40:11)

위로의 은혜

언제나 우리를 긍휼히 여기시고 보호하시는 하나님 아버지, 사랑하는 성도가 이제 이혼을 하게 되었습니다. 마음이 참으로 무겁고 아픈 이때에 하나님을 찾고 하나님을 의지하게 하시니 감사합니다.

하나님 아버지, 사랑하는 성도가 이제는 홀로 삶을 살아야 할 텐데 혼자가 아니라 이제는 하나님과 더욱 가까워져서 주님과 동행하는 삶을 살 수 있도록 도와주시옵소서. 움츠려진 마음을 더욱 강하고 담대하게 하시고 이제부터 하나님의 인도를 받아 이제까지 받은 마음의 상처를 보상받게 하시고 직장이나 사업에 조금도 지장이 없도록 하여 주시옵소서.

은혜의 간구

힘들고 어려울 때 동료들을 보내주시고 또한 이혼한 상대에 대해서 원망이나 미움이 일어나지 않도록 마음을 지켜주시옵소서. 때때로 잘못한 것이 생각날 때마다 하나님 앞에 용서를 고백하게 하시고 마음의 평강으로 채움 받게 하여 주시옵소서.

하갈을 지켜주시고 그로 큰 민족을 이루게 하신 주님, 오늘 여기 머리 숙인 성도에게 오셔서 하나님의 위로를 허락하여 주시옵소서. 모든 두려운 마음을 제하여 주시고 낙심하지 아니하고 하늘의 평안과 함께 새로운 삶으로 인도 받는 성도가 되게 하여 주시옵소서. 예수님의 이름으로 기도드립니다. 아멘.

8. 상처받은 영혼을 치유하여 주옵소서

 나의 힘이시여 내가 주께 찬송하오리니 하나님은 나의 산성이시며 나를 긍휼히 여기시는 하나님이심이니이다 (시 59:17)

위로의 은혜

영 육 간의 모든 것을 다스려 주시는 하나님 아버지! 지금 이 성도의 가정이 이혼의 고통스러운 상처를 겪으면서 실패했다는 감정에 사로잡혀 있습니다. 특별히 자녀를 바라볼 때마다 실패한 결혼 생활로 지우기가 어려운 충격에 빠졌사오니 주님의 충만하신 사랑과 은혜로 심리적 고통을 어루만져 주시옵소서. 이 가정의 길고도 고통스러운 슬픔의 여정에 함께 하시어서 오직 예수님을 신뢰하게 하여 주시옵소서.

인도함의 고백

현실적으로 닥쳐올 경제적인 문제를 해결해 주시고, 자녀의 문제도 하나님께서 돌보아 주시어서 교육의 문제가 없도록 감찰하여 주시옵소서.

이혼으로 인한 원망과 적대감이 밀려올 때 방패막이로 막아주시고 강하고 담대함으로 삶의 의욕과 자부심과 자긍심을 잃지 않도록 그의 마음을 감싸주시옵소서. 이혼으로 인한 열등감이나. 우울감, 공포와 불안감으로부터 지켜 주시고 앞날의 설계를 지혜롭게 펼쳐 나갈 수 있기를 원합니다.

위로의 돌봄

무엇보다 자녀들이 이혼으로 인하여 삶의 의욕을 상실하지 않도록 그 빈자리를 성령 하나님께서 함께 하셔서 곁길로 가지 않고 바른 길로 갈 수 있도록 인도하여 주옵소서. 이 시간 상처받은 영혼을 치유하여 주시고 어떠한 주위의 시선이 있다하더라도 굳건히 견디게 하시고 주님의 사랑으로 안정을 찾고 희망찬 삶을 살게 하옵소서. 사랑이 많으신 예수님의 이름으로 기도드립니다. 아멘.

9. 어려움 없도록 도와 주시옵소서

 내게로 돌이키사 나를 긍휼히 여기소서 주의 종에게 힘을 주시고 주의 여종의 아들을 구원하소서 (시 86:16)

어려움의 고백

하나님 감사합니다. 저희들을 지금까지 돌보아 주시고 지켜 주신 은혜 감사 드립니다. 만물은 주님의 위대하심을 기뻐하고 구속받은 영혼은 주님의 구원을 기뻐하고 있습니다. 주님 서로 간에 결별한 가정이 있습니다. 우리가 깊은 것은 알 수 없으나 주님 함께 하시사 선하신 가운데 인도하여 주시옵소서.

위로의 은혜

원망과 미움이 없게 하시고 반목과 불신이 나타나지 않게 하여 주시옵소서. 주님의 사랑에 젖게 하여 주시고 앞으로의 일들을 선한 길로 인도하여 주시옵소서. 어린 자녀들을 기억 하시사 상처받지 않게 하시고 주님의 은혜 가운데 잘 자랄 수 있도록 축복하여 주시옵소서. 또한 물질적 어려움이 없도록 주님께서 함께하여 주시사 온전히 주님만 섬기고 나갈 수 있도록 축복하여 주시옵소서. 예수님 이름으로 기도드립니다. 아멘.

10. 이혼하는 이들을 위한 기도[1]

〈다음의 기도문은 이혼을 진행하고 있는 이들을 위해 만들어진 미국 연합 감리교회의 기도이다〉

이혼하는 이들을 위한 기도

무궁한 사랑과 끝없는 이해로 우리를 돌보시는 하나님. 우리를 치료하는 주님의 성령을 OOO씨에게 부어 주십시오. 이 형제(자매)가 자신의 결혼생활의 실패를 반성하면서, 새로운 출발을 하고자 합니다. 이 형제(자매)가 입은 상처와 당하고 있는 슬픔을 치료해 주십시오. 쓰라린 과거를 다 등 뒤로 던져 버릴 수 있는 능력을 허락해 주십시오.

이 형제(자매)가 절망 가운데서 방황하면서 아무짝에도 쓸모가 없는 인간이 되어 버렸다고 하는 자괴감에서 벗어나지 못하고 있습니다. 새 희망과 새 확신을 가질 수 있도록 격려하여 주십시오. 그리하여 주님의 은혜로 내일이 어제보다 더 낫게 하여 주십시오. 이 형제(자매)가 자신의 내면을 들여다보고 있습니다. 결혼생활을 파멸로 이끈 자신의 결점과 다른 사람들에게 상처를 준 자신의 결점을, 하나하나 발견하고 있습니다. 지난날의 잘못을 용서하여 주십시오. 새로운 삶을 살아갈 수 있도록 능력을 주십시오.

이 형제(자매)에게 주신 자녀를 보살펴 주십시오. 우리가 그 자녀들의 상처를 치유할 수 있도록 도와주시기 바랍니다. 이 형제(자매)의 부모들과 친구들이 입었을 상처를 위하여 기도합니다.

그들의 상처를 어루만져 주시고 낫게 하여 주십시오. 새로운 현실을 받아들일 수 있게 하여 주십시오. 이 모든 말씀을 우리를 과거의 속박에서 해방시켜 주시고 만물을 새롭게 하시는 우리의 구세주 예수 그리스도의 이름으로 기도합니다. 아멘.

---

1) "Ministry With Persons Going Through Divorce," The United Methodist Book of Worship (Nashville: The United Methodist publishing House, 1992).

자녀가 없는 이혼 부부를 위한 기도[2]

〈다음의 기도문은 이혼을 진행하고 있는 이들을 위해 만들어진 미국 연합 감리교회의 기도이다〉

자비와 은혜가 풍성하신 하나님, 변함없는 사랑으로 OOO씨를 동행하여 주십시오. 주님께서는 늘 주님의 소멸해 가는 백성을 회복시켜 주시고 새롭게 창조해 주셨습니다. 주님께서 주시는 기쁨으로 우리의 슬픔을 극복하게 하셨으며, 주님께서 베푸시는 사랑으로 우리의 미움을 극복하게 하셨습니다. 주님께서 공급해 주시는 생명으로 사망의 위협을 받는 우리의 파괴된 삶을 회복시켜 주셨습니다.

주님의 죽으심과 부활을 통하여 우리가 새 희망을 가지게 하여 주십시오. 우리 주 예수 그리스도의 이름으로 기도합니다. 아멘.

자녀를 가진 이혼 부부를 위한 기도[3]

사랑이 풍성하신 우리 주 예수 그리스도의 아버지, 지금 이혼하려고 하는 이 두 사람을 도와주시어서 부모로서의 도리에 대한 이해를 늘 지닐 수 있도록 하여 주십시오. 비록 이 두 사람이 부부의 관계를 서로 풀어서 남남이 되기는 하지만 이미 이 두 사람을 통하여 생명을 얻은 자녀에게는 여전히 부모로서의 책임이 있음을 잊지 않게 하여 주십시오.

풍성하신 주님의 자비로 이 두 사람을 인도하시어서 이 두 사람의 자녀가 부모들과의 개별적인 만남을 통하여 가족의 소중함과 함께 나누는 기쁨을 여전히 체험할 수 있게 하여 주십시오. 우리 주 예수 그리스도의 이름으로 기도합니다. 아멘.

---

2) Prayers during the time of separation or divorce," in OCCASIONAL SERVICES: A Companion to LUTHERAN BOOK OF WORSHIP (Minneapolis: Augsburg Publishing House, 1982).

3) Ibid

이혼 부부가 남긴 자녀를 위한 기도[4]

은혜가 풍성하신 하나님, ○○○(아이들 이름)에게 자비를 베풀어주십시오. 이 아이들이 자라는 동안에 그들 자신들에 대해, 그들의 가족에 대해, 그리고 자신들이 살고 있는 이 세계에 대해, 지식과 지혜가 함께 자라서 부모들의 이혼으로 인한 어떠한 분노도, 어떠한 번민도, 어떠한 원망도, 어떠한 무서움도 다 이길 수 있게 하여 주시고, 이 아이들을 주님께서 원하시는 사람으로 키워 주십시오. 우리 주 예수 그리스도의 이름으로 기도합니다. 아멘.

이혼 부부가 속한 양가 가족을 위한 기도[5]

선하신 주님, 우리가 헤어지는 이 부부의 양가 가족을 위하여 빌 때에 우리의 기도를 들어 주십시오. 양가의 가족이 주님의 은혜를 힘입어 매사에 풍부한 이해심과 건전한 판단력을 가지고 이 두 사람을 격려할 수 있게 하여 주십시오.

우리에게 남아 있는 분노와 슬픔의 찌꺼기를 말갛게 씻어 주십시오. 이런 어려운 일을 통하여 우리가 용서와 화해를 더 많이 체험하게 하여 주십시오. 다른 사람들이 하는 말속에서 진리를 깨달을 수 있도록 우리의 귀를 열어 주십시오. 다른 사람들이 살아가는 삶을 통하여 우리가 당면하는 현실을 똑바로 볼 수 있도록 우리의 눈을 열어 주십시오.

가족들이 서로 이해하고 격려하여 새 삶을 살아갈 때에 슬픔 많은 이 세상에서라도 하나님 나라의 기쁨을 미리 체험할 수 있게 하여 주십시오. 우리 주 예수 그리스도의 이름으로 기도합니다. 아멘.

---

4) Ibid
5) Ibid

어려운 때에

사랑과 기쁨
그리고 화평을 가지고 오소서.
시간 시간에 빛이 되어 주소서.
하나님 아버지시여!

연초부터 연말까지
웃을 때나 눈물 흘릴 때나
일할 때나 안식할 때나
눕거나 일어나는 생활 전폭에
평탄을 허락하여 주소서.

간수하심과 지켜 주심이
지금부터 영원까지 지속되게 하시고
우리는 주님의
사랑 받는 사람이 되게 하시며
결혼의 기쁨이
하늘의 부르심을 받는 날까지 영원하게 하소서.

우리의 삶의 계획과
구상을 붙드셔서
순간순간이 황금의 때, 행복의 시간이 되게 하소서.

사랑하고 희망하며 기도하는 모든 것이
진실케 되며
아름다운 꿈으로
꽃피게 하소서.
예수 그리스도의 이름으로 기도합니다. 아멘.

14장 무기력한 분들을 위한 돌봄기도

마음과 생각을 다스려 주옵소서
여호와를 앙망하는 자의 힘
공급하는 힘으로
구원의 하나님
성령의 능력으로 소망이 넘치게 하옵소서
은혜로 채워 주시옵소서
능력의 근원이신 예수님
성령의 능력으로 소망이 넘치게 하옵소서
내 심령을 소생케 하옵소서
생명의 능력

돌봄의 기도 원리

무기력이라는 용어가 의기소침이라는 말에 포함되어 있다 그래서 의기소침은 개인적으로 큰 실망을 겪은 정상적인 사람이 일시적인 상태에서 정신병자의 깊은 자멸적인 의기소침으로까지의 상황을 말한다. 즉 이러한 의기소침의 증상들은 "일의 추진이나 결정내리는 것을 어렵게 하는 슬픔, 무관심, 불면증을 동반하는 피로와 에너지의 상실, 염세주의와 절망, 두려움, 자기비판과 죄의식, 수치심, 쓸모없다는 느낌, 무력감 등을 수반하는 부정적인 일상적인 활동에 대한 흥미의 상실이라고 볼 수가 있다. 또는 자발성의 상실, 집중에 있어서의 어려움, 즐거운 사건이나 활동들을 즐길 수 없는 의욕의 상실 등을 포함한다.

대부분의 의기소침은 네 가지로 나타난다. 첫 번째.불행과 무력감을 주며 두 번째. 공격적인 행동과 분노의 폭발, 도박, 음주, 폭력, 파괴나 성교 등을 비롯한 충동적인 행동을 하게하며 세 번째. 움츠림에 빠지게 되며 네 번째. 자살을 시도하게 만든다. 그래서 의기소침해지기 쉬운 사람들에게는 자신감을 갖고 일어 설 수 있도록 기도해 주어야 한다. 이때 능력 주시는 자 안에서 무엇이든지 할 수 있다는 확신을 심어 주는 기도가 무기력에 빠져 있는 자들에 대한 돌봄의 기도를 해야 한다.

이때의 돌봄 기도는 격려와 소망, 사랑의 회복, 용기와 다시 도전하는 삶이 되도록 기도를 해야 한다. 주의 할 점은 이제 나만을 위하여 살지 않고 하나님과 이웃을 위하여 살아갈수 있도록 기도해야 하고 동시에 사탄이 주는 안일함이나 나태함으로 다시 넘어지게 않도록 기도하면서 우리의 마음과 생각을 다스리시는 성령의 역사가 있도록 간구해야 한다. 오직 성령님만이 사람의 마음을 간섭하시며 우리의 마음과 생각을 지키시고 붙잡아 주시기 때문이다.

1. 마음과 생각을 다스려 주옵소서

 내 영혼아 네가 어찌하여 낙망하며 어찌하여 내 속에서 불안하여 하는고 너는 하나님을 바라라 그 얼굴의 도우심을 인하여 내가 오히려 찬송하리로다 (시 42:5)

은혜의 간구

심은 대로 거두게 하시는 하나님 아버지! 저희들의 생명을 보호하시고 선한 길로 이끌어 주심을 감사 드립니다. 이 세상사는 동안에 주를 만나게 하시고 주의 자녀 삼아 주셨사오니 감사합니다. 주님의 자녀로서 하나님이 기뻐하시는 아름다운 삶을 살기 원합니다. 주님을 의지하지 않고 내 맘과 내 뜻대로 살았던 것을 용서해 주시옵소서.

구원의 중보

지금은 자다가 깰 때요 추수할 때라고 말씀하신 주님을 기억합니다. 저희들이 부지런함으로 우리에게 맡겨진 사명을 잘 감당케 하시고 하나님과 사람들 앞에서 인정받는 삶을 살게 하옵소서. 개미처럼 부지런히 일하라 하셨사오니 무엇보다 먼저 하나님을 아는 일에 부지런하게 하게 하시며 주님을 섬기는 일에도 부지런하여 모든 삶에서 활력을 찾게 하옵소서. 이제 나만을 위하여 살지 않고 하나님과 이웃을 위하여 살아 갈 때 주의 영광을 바라보게 하옵소서.

사탄은 우리를 안일함이나 나태함으로 넘어지게 하오니 저희들에게 안일함과 나태함을 제거해 주시옵시고 우리의 마음과 생각을 다스려 주옵소서. 예수 그리스도의 이름으로 기도하옵나이다. 아멘.

2. 여호와를 앙망하는 자의 힘

 오직 여호와를 앙망하는 자는 새 힘을 얻으리니 독수리의 날개 치며 올라감 같을 것이요 달음박질하여도 곤비치 아니하겠고 걸어가도 피곤치 아니하리로다 (사 40:31)

인도를 바람

사랑의 하나님 아버지를 감사 드립니다. 저희들 새해 첫 아침을 맞는 듯 새 희망과 새 힘을 주시어서 빨갛게 익은 해가 바다 가운데서 올라오듯이 우리의 신앙이 주님 때문에 불타오르게 하옵소서. 저희들 때때로 자포자기하면서 살아왔습니다. 기쁠 때에도 감사하지 않고 슬플 때에도 기도하지 않고 편리한 삶을 적당히 살아 왔습니다. 용서하여 주옵소서.

인도함의 은혜

이제 저희들에게 영적 전신갑주를 입혀 주옵소서. 때로는 칼을 든 군사처럼 강하게 하셔서 우리가 무기력하게 살지 않게 하여 주옵소서. 말씀 붙잡고 용기 있게 살게 하여 주옵소서. 허영에 들뜬 마음을 모조리 없애 주시고 지치지 않는, 새 힘을 주옵소서. 주님을 섬기는 우리 생애가 되어서 싱싱한 기쁨이 축제로 피어나게 하옵소서. 거룩하신 예수님의 이름으로 기도 드립니다. 아멘.

3. 공급하는 힘으로

 만일 누가 말하려면 하나님의 말씀을 하는 것같이 하고 누가 봉사하려면 하나님의 공급하시는 힘으로 하는 것같이 하라 이는 범사에 예수 그리스도로 말미암아 하나님이 영광을 받으시게 하려 함이니 그에게 영광과 권능이 세세 무궁토록 있느니라 아멘 (벧전 4:11)

감사의 고백

우리에게 새로운 힘과 능력을 주시는 여호와 하나님!

주님의 도우심으로 여기까지 인도하여 주심을 믿고 감사를 드립니다. 저희들 힘들고 어려운 세상을 살아가면서 때때로 낙심하고 좌절할 때마다 우리에게 말씀을 통해 새 힘을 공급해 주시고 능력을 더하여 주시니 감사합니다. 지금 이곳에 주님의 힘과 능력을 받기를 원하는 형제(자매)가 있사오니 붙들어 주시옵소서.

돌봄의 간구

때때로 우리는 너무나 힘들고 낙심해서 일어날 기력조차 없어서 지친 상태이지만, 주님께서 힘을 주시면 거뜬히 일어날 수 있음을 믿사오니, 우리에게 새 힘을 주시옵소서. 다시 한번 새 힘을 공급받아 능력 있게 주의 일을 감당하는 주의 백성이 되게 하여 주시옵소서. 그리고 앞으로는 다시 이러한 무기력함 속에 빠지지 말게 하시고, 주님을 의지함으로 늘 힘차게 주의 일을 감당하며 살아갈 수 있도록 도와 주시옵소서.

이제는 사랑하는 형제가 무기력함 속에서 빠지는 자가 아니라 주의 능력을 힘입어 샘솟는 힘을 공급받고 담대한 성도가 되게 하여 주시옵소서. 우리의 힘과 능력이 되시는 예수님의 이름으로 기도합니다. 아멘.

4. 구원의 하나님

 여호와는 나의 능력과 찬송이시요 또 나의 구원이 되셨도다 (시 118:14)

보호하심의 은혜

우리에게 새 힘을 주시는 하나님 아버지, 이 시간 육신의 무기력 증에 빠진 영혼들을 위하여 기도합니다. 하나님께서 이사야 선지자를 통하여 지친 사람에게 힘을 주시며 약한 사람에게도 능력을 넘치도록 주시는 분이라고 말씀하셨사오니 저희들이 주님이 주시는 새 힘을 가지고 독수리처럼 솟아오를 수 있는 힘을 주시기를 기도합니다.

구원의 중보

무기력하여진 이스라엘 백성들에게 말씀으로 새 힘과 소망을 주신 하나님, 오늘도 부족한 저희들을 보내시어 말씀을 대언하게 하셨으니 그 말씀에 힘을 얻게 하시고 주님의 도구로 사용하시어서 회복의 은혜를 주시옵소서. 이 시간 나사렛 예수 그리스도의 이름으로 무기력 증에서 해방 받기를 원합니다.

오직 내가 의지할 이는 하나님 한 분밖에는 없사오니 저희들이 흔들리지 않고 견고하게 하옵소서. 우리에게 새 힘을 주시는 예수님의 이름으로 기도 드립니다. 아멘

5. 성령의 능력으로 소망이 넘치게 하옵소서

 소망의 하나님이 모든 기쁨과 평강을 믿음 안에서 너희에게 충만케 하사 성령의 능력으로 소망이 넘치게 하시기를 원하노라 (롬 15:13)

능력의 고백

삶의 원천이 되시며 우리의 힘이 되시는 하나님 아버지, 은혜와 사랑을 생각할 때마다 감사합니다. 우리 사랑하는 지체 중에 영혼의 곤고함으로 무기력증에 빠진 형제 있습니다. 사랑하는 형제에게 주님 안에서 할 수 있다는 믿음을 주시고 비전을 허락하여 주시옵소서. 사람으로서는 할 수 없으나 하나님만이 하실 수 있다는 것을 보여 주시옵소서.

돌봄의 간구

이 시간 성령님께서 형제의 영혼을 만져 주시사 무기력한 마음과 생각을 주의 영으로 충만하게 하여 주셔서 다시금 일어나게 하여 주시옵소서. 우리를 끊임없이 괴롭히는 교활한 영의 세력들은 나사렛 예수님의 이름으로 떠나가게 하여 주시옵소서. 저희들은 주님의 도움이 없이는 살아갈 수 없는 연약한 존재임을 고백합니다.

무기력한 엘리야에게 찾아가셔서 떡과 물을 주시고 다시금 사명을 감당하게 하셨사오니 사랑하는 성도 찾아오셔서 무기력증이 떠나가게 하여 주시옵소서. 그리하여 하나님께 찬양하며 돌리는 자녀가 되게 하여 주시옵소서. 우리를 무기력에서 건지시는 예수님의 이름으로 기도 드리옵나이다 아멘.

6. 은혜로 채워 주시옵소서

 너희 믿음이 사람의 지혜에 있지 아니하고 다만 하나님의 능력에 있게 하려 하였노라 (고전 2:5)

은혜의 간구

우리를 자비의 눈으로 바라보시며, 주의 사랑으로 지키시고 돌보심을 감사합니다. 오늘도 병들어 누운 자식을 바라보며 자리에서 일어나기를 바라는 아비처럼, 우리의 영혼이 굶주리고 목말라하고 있습니다.

세상은 풍요롭다고 하나 우리는 무기력하여서 아무것도 할 수 없습니다. 나는 무지하기에 주님의 가르치심이 필요하오니 사랑의 주님이 돌봐 주시옵소서. 이 시간 가난하여서 일어설 수 없는 무기력한자의 심령 위에 성령의 은혜로 채워 주시옵소서.

돌봄의 은혜

사랑의 주님! 이 시간 찾아오셔서 하늘의 평화를 맛보게 하시고, 구원의 찬송을 부를 수 있는 회복의 은혜를 부어 주시옵소서. 우리를 치료하여 주시는 예수님의 이름으로 기도합니다. 아멘

7. 능력의 근원이신 예수님

 수고하고 무거운 짐 진 자들아 다 내게로 오라. 내가 너희를 쉬게 하리라. 나는 마음이 온유하고 겸손하니 나의 멍에를 메고 내게 배우라 그리하면 너희 마음이 쉼을 얻으리니 이는 내 멍에는 쉽고 내 짐은 가벼움이니라(마 11:28-30)

능력의 고백

언제나 우리의 위로와 평화와 안식이 되시는 주 하나님 아버지! 주님의 이름을 높여 드립니다. 삶의 현실적인 문제로 고민하고 싸우다 삶의 무기력함에 처해있는 자녀를 위로하여 주옵소서. 이 세상에 살아가는 동안 구원의 은혜를 베풀어주셨지만 여전히 하나님과 동떨어진 삶을 살아감으로 인해서 지쳐있습니다.

돌봄의 간구

이제 모든 문제를 다 털어 내고 하나님 앞에 담대히 나아가게 하여 주시고 말씀과 기도의 삶을 통해 지금의 무기력증을 이기게 하옵소서. 이제 저희들 새 힘을 얻어서 담대히 나아가게 하시고, 우리의 심령에 생수의 강이 흘러넘치도록 은혜를 베풀어주옵소서. 모든 근심 걱정이 떠나가게 하시고 활력 있는 삶으로 변화시켜 주옵소서. 우리 주 예수 그리스도의 이름으로 기도 드립니다. 아멘.

8. 성령의 능력으로 소망이 넘치게 하옵소서

 소망의 하나님이 모든 기쁨과 평강을 믿음 안에서 너희에게 충만케 하사 성령의 능력으로 소망이 넘치게 하시기를 원하노라 (롬 15:13)

송축의 은혜

하나님 아버지께 감사와 영광을 돌립니다. 세월을 아끼라고 말씀하신 주님, 여기 머리 숙인 하나님의 사랑하시는 자녀를 기억하시고 새 힘을 공급하여 주시옵소서. 여러 가지 삶의 어려운 문제와 부담으로 인하여 지쳐서 사람의 의욕을 잃고 낙심하고 있습니다.

낙심하여 고기 잡으러 갔던 베드로를 찾으시고 그에게 아침식사를 친히 준비해 주시면서 먹으라고 격려해 주신 것처럼 우리도 그렇게 격려하여 주옵소서.

돌봄의 간구

이 시간 사랑하는 우리에게 다시 한 번 힘과 용기를 낼 수 있도록 붙들어 주시옵소서. 부지런하고 성실한 마음을 더하여 주사 모든 삶에 활력을 갖게 하시고 조금씩 성취감을 맛보게 하시고 자신과 가족과 이웃에 대하여 책임을 가지고 살수 있도록 인도하여 주시옵소서.

또한 저희들 일시적인 쾌락과 안일함에 함에 빠지지 않도록 보호하여 주셔서 주님만을 따르는 삶을 살게 하여 주옵소서. 사랑이 많으신 예수님 이름으로 기도 드립니다. 아멘.

9. 내 심령을 소생케 하옵소서

 여호와여 은총을 베푸사 나를 구원하소서 여호와여 속히 나를 도우소서
(시 40:13)

보호하심의 은혜

아버지 하나님 감사를 드립니다. 만물을 창조하시고 섭리하시는 주님의 위대하심을 찬양합니다. "내 영혼아 여호와를 송축하라 내 속에 있는 것들아 다 그 성호를 송축하라"고 고백한 시편 기자의 고백처럼 우리의 영혼이 주님의 구원과 위대한 경륜을 찬양하게 하여 주시옵소서.

우리 사랑하는 지체 가운데 무기력한 성도가 있습니다. 성령으로 함께 하시사 영혼을 새롭게 하여 주시고 소성케 하여 주시옵소서. 어려움 가운데 낙망하지 않게 하여 주시고 기도하는 성도가 되게 하여 주시옵소서.

구원의 중보

"항상 기뻐하라 쉬지 말고 기도하라 범사에 감사하라" 하신 말씀처럼 늘 기도와 감사 생활을 하게 하여 주시옵소서. 만물이 겨울을 지나 봄이 되면 소성 하듯 우리 사랑하는 성도도 영혼의 소성이 있게 하여 주시옵소서. 베드로와 제자들이 주님 돌아가시자 의기소침하여 디베랴 바닷가에서 고기를 잡고 있을 때 나타나시사 소망과 확신을 주신 아버지 하나님, 우리 사랑하는 성도에게도 동일한 은혜를 허락하여 주시옵소서.

열심히 주님을 섬기며 충성하는 자가 되게 하여 주시옵소서. 예수님의 이름으로 기도합니다. 아멘.

10. 생명의 능력

 여호와는 나의 빛이요 나의 구원이시니 내가 누구를 두려워하리요 여호와는 내 생명의 능력이시니 내가 누구를 무서워하리요 (시 27:1)

돌봄의 고백

이 시간 무기력증으로 고통당하며 힘들어하는 나 자신을 위하여 기도 드립니다. 무한한 사랑으로 병약자를 사랑하시고 치유하시는 하나님, 이 시간 나약함과 무력함이 떠나게 하시고 힘과 용기를 주시옵소서.

우리 마음이 예수님의 마음으로 변화되기를 원합니다. 우리에게 진정한 사랑의 마음이 싹트게 하시고 진취적인 생각과 열정의 마음을 갖게 하시옵소서.

돌봄의 은혜

열악한 환경과 고난 가운데서도 좌절하거나 낙심하여 넘어지지 않도록 돌봐 주시어서 항상 독수리 날개 치며 올라감과 같은 새 힘과 새 능력을 허락하여 주시옵소서. 이 시간 저희들 무기력증을 성령 하나님께서 치유케 하여 주시옵소서.

어둠의 권세를 물리치시고 새 삶을 계획하고 새로운 비전을 주시어 활력이 넘치는 삶이되기를 원합니다. 이 시험을 이긴 후 더욱 더 강건한 삶을 살 수 있도록 하나님께서 치유하여 주시옵소서. 예수님의 이름으로 기도드립니다. 아멘

내가 당신을 사랑하는 이유

- 김은미 -

내가 당신을 사랑하는 이유는
당신을 생각만 해도 기분이 좋아지기 때문입니다.
아무리 힘든 일이 생겨도 당신만 생각하면 저절로
힘이 생겨나 이겨낼 수 있기 때문입니다.

내가 당신을 사랑하는 이유는
언제나 따뜻함으로 날 맞아주기 때문입니다.
상처로 얼룩진 마음으로 다가가도
당신의 따뜻함으로 기다렸다는 듯 감싸주기 때문입니다.

내가 당신을 사랑하는 이유는
당신은 내가 그리워하는 것들을 모두 갖고 있기 때문입니다.
넓게 펼쳐진 바다도, 밤하늘에 반짝이는 별도,
아름다운 노래도, 가슴을 울리는 시도
당신의 가슴 속에 가득 채워져 있기 때문입니다.

내가 당신을 사랑하는 이유는
아무런 이유가 없습니다.
어떤 이유를 붙여도 당신을 사랑하는 진정한 의미를
다 표현해 낼 수 없기 때문입니다.

15장 실패한 분들을 위한 돌봄기도

회복하는 은혜를 주옵소서
소망은 오직 여호와께 있습니다
큰일을 행하시는 하나님
하나님께서 주신 힘으로
실패 중에 기도
실패한 나를 인도하옵소서
할수 있는 힘을 주시옵소서
실패하지 않도록 붙들어 주시고
지혜와 총명을 더하여 주옵소서
감사함으로 그 문에 들어가라

돌봄의 기도 원리

실패는 우리의 삶의 연속이지만 실패할 때마다 좌절감은 이루 말할 수가 없다. 적게는 오늘의 계획이 숲으로 돌아가기도 하지만 크게는 모든 것이 다 없어져 버릴 수가 있기 때문이다. 크던 작던 실패는 우리에게 좌절, 낙심, 절망, 포기, 수치, 두려움, 근심, 걱정, 아픔 등 수많은 문제를 동반해서 오기 때문에 사람이 실패를 하면 먼저 삶의 용기를 잃어버린다. 그래서 그 실패를 딛고 일어서는 자에게는 아름다운 인생이 활짝 열려 있지만 실패를 두려워하여 머물러 서 있는 자는 평생 실패의 짐을 안고서 힘들게 살아가는 모습을 볼 수 있다.

이러한 사례가 결혼관에 실패하여 한 동네에서 아무도 없는 시간을 이용하여 물을 기르러 왔던 사마리아 여인을 통해서 만나 볼 수가 있다. 결혼에 실패하여 홀로 살아가는 수가성 여인에게 예수님께서 찾아오시어서 만나주셨던 것처럼, 돌봄 기도는 실패의 짐을 벗겨 주고 격려를 통해서 새 삶을 살게 하는 기도이다.

실패의 한 분들을 위해서 기도 할 때는 먼저 그 마음에 빈둥지 증후군이 사라지도록 기도해야 한다. 잃었던 자신의 실패를 기쁨으로 바꿀 수 있도록 격려와 용기를 주는 기도와 함께 실패를 통하여 자신을 돌아 볼 수 있어야 하기 때문이다. 또한 시련을 이길 수 있는 더 큰 믿음을 가지고 일어 날수 있도록 기도해야 한다.

세상은 실패한 자에게 냉정하리 만큼 냉소하지만 우리 예수님은 실패자에게 제2의 인생과, 성공과 승리에 대한 길을 다시 주시고 그 두려움이 변하여 찬송이 되게 하는 은혜를 주시기 때문이다. 이때 주의할 점은 혹시 실패한 분이 주를 믿고 의지하는 믿음이 부족하다고 할지라도 먼저 위로와 함께 격려를 해주면 자신 스스로 잘못된 계획을 수정하기 때문이다. 이때의 돌봄 기도는 실패한 분들이 더욱더 주님을 찬양하고 감사할 수 있는 주의 백성이 되게 하도록 간구해 주면서 주님의 뜻 안에서 다시 일어나도록 하는 기도가 실패한 자들을 위한 돌봄 기도이다.

1. 회복하는 은혜를 주옵소서

 우리가 너의 승리로 인하여 개가를 부르며 우리 하나님의 이름으로 우리 기를 세우리니 여호와께서 네 모든 기도를 이루시기를 원하노라 (시 20:5)

사죄의 고백

상한 갈대를 꺾지 않으시며 꺼져 가는 심지를 끄지 않으시는 주님! 지치고 상한 영혼을 사랑해 주셔서 감사합니다. 하나님 뜻보다는 내 뜻대로 행하며 살았고, 하나님의 지혜와 능력을 의지하기보다 나 자신을 믿으며 내가 주인 되어 살았던 것을 용서해 주시옵소서. 주님의 청지기인 것을 잊고 살았던 것을 용서해 주옵소서.

위로의 돌봄

이 시간 저희들에게 은혜를 베풀어 주시어서 어리석게 살았던 것을 깨닫고 회개할 수 있게 해 주옵소서. 인생의 살고 죽음이, 인생의 부귀와 영화가, 인생의 실패와 성공도 오직 주께 있음을 고백합니다. 이제 주를 위해 온전히 살수 있도록 도와 주시옵소서.

다시 사업장에 복을 주셔서 하나님의 영광과 복음 위해서 성실히 감당할 수 있게 해 주셔서 오직 주의 이름과 영광을 위해서 일할 수 있도록 사업장에 복을 주시옵소서. 그리하여 하나님께 영광을 돌리는 사업장이 되게 하여 주시옵소서. 감사드리며 사랑이 많으신 예수님의 이름으로 기도드립니다. 아멘.

2. 소망은 오직 여호와께 있습니다

백성이 각기 자녀들을 위하여 마음이 슬퍼서 다윗을 돌로 치자 하니 다윗이 크게 군급하였으나 그 하나님 여호와를 힘입고 용기를 얻었더라 (삼상 30:6)

인도와 보호하심

사랑과 은혜가 많으신 아버지 하나님! 우리에게 늘 성공과 승리를 주시기를 원하시는 하나님을 찬양합니다. 주님, 저희들 사업이 성공하기를 원했지만 실패하고 좌절하여 주님 앞에 엎드렸습니다. 이 시간 주님께서 저희들을 위로하여 주시고 새 힘을 허락하여 주시옵소서.

저희들에게 은혜를 베푸사, 비록 지금은 어려움 가운데 있을지라도, 결국 우리를 승리하게 하심을 믿사오니 이 어려움을 잘 이길 수 있게 하옵소서. 지금은 낙심하여 힘들지만, 주님의 도우심으로 곧 회복되고 새로운 성공을 위해 나아갈 수 있도록 축복하여 주시옵소서.

위로의 돌봄

하나님은 여호와 닛시의 하나님이시오니 우리를 붙잡아 주셔서 승리하게 하옵소서. 이스라엘 백성들에게 승리를 주셨던 것처럼, 오늘 저희들에게도 승리와 성공을 주시기를 원합니다. 또한 이 실패를 통하여 자신을 돌아보게 하옵소서. 저희가 주를 믿고 의지하는 믿음이 부족하다면 믿음을 허락해 주시고, 부지런함이 부족하다면 부지런함을 허락하시고, 계획이 잘못 되었다면 잘못된 계획을 수정하게 하시옵소서.

그리하여서 더욱더 주님을 찬양하고 감사할 수 있는 주의 백성이 되게 하시기를 간절히 원합니다. 주님의 뜻 안에서 다시 일어나게 하옵소서. 사랑이 많으신 예수님의 이름으로 기도드립니다. 아멘.

3. 큰일을 행하시는 하나님

 사울이 다윗에게 이르되 내 아들 다윗아 네게 복이 있을 지로다 네가 큰일을 행하겠고 반드시 승리를 얻으리라 하니라 (삼상 26:25)

인도와 보호하심

우리의 성공자가 되시는 하나님 아버지 감사합니다. 저희들을 고아와 같이 내 버려두지 않으시고 끊임없이 채찍질하시어 이렇게 힘든 상황 속에서도 주님의 품안에 품어 주시니 감사를 드립니다.

저희들 세상 살아가면서 하나님의 법에 어긋나게 살 때도 많았고 나의 영광과 출세와 부를 위해 살 때도 많고 내 방법과 내 뜻대로 살 때도 많았음을 고백합니다. 이 시간 우리의 심령에 임하셔서 모든 죄를 내려놓을 수 있게 하옵시고 다시금 주님이 주시는 귀한 사랑을 가슴에 품고 살게 하여 주시옵소서.

위로의 돌봄

세상 사람들은 실패가 끝인 줄 알지만 하나님의 자녀들은 임마누엘 되신 주님께서 항상 함께 하기 때문에 실패할 때도 낙심하지 않습니다. 이 시간 선하신 하나님께서 우리의 길을 인도하시며 실패를 통해서 더 큰 하나님의 뜻을 발견하는 지혜를 주시옵소서.

다시금 무릎을 일으켜 꿇고 기도하오니 저희들의 실패를 통해서 겸손한 자가 되게 하여 주시옵소서. 우리를 축복으로 이끄시어 사랑으로 회복 되게 하옵소서. 예수님의 이름으로 기도드리옵나이다. 아멘.

4. 하나님께서 주신 힘으로

 어미가 자식을 위로함같이 내가 너희를 위로할 것인즉 너희가 예루살렘에서 위로를 받으리니 (사 66:13)

위로의 돌봄

모든 영광을 받으시기에 합당한 하나님, 우리의 기준이 아닌 하나님의 기준으로 판단하셔서 위로하여 주심을 감사합니다. 경제적인 어려움으로 삶을 살기가 정말 힘이 듭니다. 서로 속이며 살고, 돈을 쫓아가면 얻는 것보다 잃는 것이 많이 있음을 깨달았습니다.

인도함의 고백

하나님, 이제 다시 시작할 수 있는 용기와 위로를 주십시오. 정말 필요한 것을 할 수 있게 하시며 오직 하나님의 방법으로 행동하며 사업을 구체화하게 하시옵소서. 새롭게 시작하는 곳에서 하나님께서 임하여 주시어서 그 안에서 본이 되는 삶을 살게 도와 주시옵소서.

저희들에게 힘을 주시옵소서. 이제 저희들 주님이 주신 힘으로 영광을 돌리는 도구가 되게 하시며 하나님이 주신 그 빛을 따라가게 하옵소서. 우리의 길과 진리가 되시는 예수님의 이름으로 기도드립니다. 아멘

5. 실패 중에 기도

 여호와와 그 능력을 구할지어다 그 얼굴을 항상 구할지어다 (대상 16:11)

어려움의 고백

환난 날에 피난처가 되시며 새 힘과 능력을 주시는 여호와 하나님! 하나님의 선하신 계획에 따라 우리 인간을 하나님의 형상대로 지으시고 교제케 하심을 감사 드립니다. 마음이 청결한 자가 하나님을 볼 것이며, 온유한 자가 땅을 기업으로 얻을 것이라고 말씀하셨지만 저희들 죄악으로 육신의 소욕과 헛된 욕망에 사로잡혀 살아왔습니다.

돌봄의 간구

이 시간 사랑하는 ㅇㅇㅇ성도가 사업에 실패하여, 곤경과 낙심과 절망 중에 하나님께 부르짖사오니 귀를 기울려 주시어서 오늘의 실패가 내일의 성공의 기회가 되게 하여 주시옵소서. 이 역경과 낙심 중에서도 주님께 감사하는 믿음을 갖게 하옵소서. 주시는 분도 하나님이시오, 일으키시는 분도 하나님이시오니 이번 사업의 실패를 통해서 하나님의 뜻을 바르게 깨달아 그 뜻에 순종하여 오히려 축복으로 역전하는 계기가 될 수 있도록 축복하여 주시옵소서.

이 일로 인하여 사랑하는 성도가 겪는 어려움으로 인해 사랑과 화평이 깨어지지 아니하고 오히려 바울의 고백처럼 인내가 소망을 이루며, 환난 중에도 즐거워하며, 하나님으로 더불어 화평을 누리는 가정되게 하여 주시고, 사업실패의 어려움이 오히려 하나님을 더욱더 사랑 할 수 있는 믿음으로 성장하게 하여 주시옵소서. 환난 중에도 어려움을 불평하지 아니하고 오히려 감사로 영광을 돌렸던 욥처럼 이 시간 사랑하는 성도에게도 이러한 갑절의 복을 허락하여 주옵소서.

우리의 처한 형편과 처지를 잘 아시며 연약하고 어려운 자들을 찾으시고 위로하시는 예수님의 이름으로 기도합니다. 아멘.

6. 실패한 나를 인도하옵소서

내게 구하라 내가 열방을 유업으로 주리니 네 소유가 땅 끝까지 이르리로다 (시 2:8)

돌봄의 간구

인생의 역전을 주시는 살아 계신 하나님 아버지, 저희들 사업에 실패하여 주님께 나왔사오니 저희들의 손을 이끌어 주시어서 은혜로 덧입혀 주시옵소서. 저희들 인생의 성공의 결과가 하나님께 있다는 사실을 잊어버리고 내 스스로 행했던 모든 행동과 계획들을 용서하여 주옵소서. 주님만을 의지하지 않고 신뢰하지 못했던 모습을 용서하여 주옵소서.

인도함의 고백

이제 주님과 함께 동행함으로 다시 일어서기를 원합니다. 성령으로 나의 마음을 충만하게 하시고 지혜로 충만하게 하옵소서. 주님, 실패의 자리에 너무 오래 머물러 있지 않게 하옵시고 다시 새로운 도전을 향한 열정과 힘을 주시기를 원합니다. 이 실패를 통하여서 나 자신을 돌아보고 신앙을 돌아보며 다시 새 출발을 향한 믿음의 행보를 시작할 수 있도록 성령이여 새 일을 행하여 주옵소서.

돌봄의 간구

이제 저희들 주님이 주신 은혜와 믿음 안에서 역전하는 인생이 될 수 있음을 깨닫고 하나님을 온전히 경외하는 삶게 하옵소서. 실패가 가슴 아픈 일이지만 주님이 함께 하시기에 이 아픔이 더욱 신앙의 성숙과 삶의 풍성함으로 인도하는 도구가 되게 하옵소서. 감사드리며 살아 계신 예수님의 이름으로 기도드립니다. 아멘.

7. 할 수 있는 힘을 주시옵소서

 내게 능력 주시는 자 안에서 내가 모든 것을 할 수 있느니라(빌 4:13)

인도함의 은혜

환난 날에 피난처 되시며 새 힘과 능력을 주시는 여호와 하나님. 이제 곤경과 낙심과 절망 중에 있는 사랑하는 주의 자녀를 위하여 간구하오니 귀를 기울여 주옵소서. 주님께서 그동안 사업을 하게 하였으나 실패하여 낙심한 가운데 있습니다. 이제 일어설 기력도 능력도 없는 가운데 있습니다.

능력의 고백

우리의 위로자 되시는 성령께서 어떠한 이유로 실패하였는지 그 실패를 통해서 원인을 깨닫게 하시고 다시 일어설 수 잇도록 인도하여 주시옵소서. 그리하여 오늘의 실패가 내일의 성공이 되게 하여 주시고, 역경과 낙심 속에서도 감사하는 믿음을 갖게 하옵소서.

만사가 사람의 생각대로 계획하는 것이 아니고, 여호와 하나님의 뜻대로 되오니 지혜를 주시기 원합니다. 하나님은 언제나 우리에게 복 주시기를 원하시며 항상 신실하시고 인자하신 분이심을 고백합니다. 저희들 새로운 사업을 시작을 할 수 있도록 은혜주시고 새로운 신앙의 자세를 가다듬게 하옵소서. 우리를 사랑하시는 예수 그리스도 이름으로 기도드립니다. 아멘.

8. 실패하지 않도록 붙들어 주시고

 구하라 그러면 너희에게 주실 것이요 찾으라 그러면 찾을 것이요 문을 두드리라 그러면 너희에게 열릴 것이니 (마 7:7)

자복-회개

우리에게 하루하루 살 수 있는 시간과 삶을 주신 하나님 감사합니다. 특별히 직업과 사업을 주셔서 정당한 대가를 얻게 하시고 근로의 기쁨을 주심을 감사합니다. 저희들이 많이 생각하고 계획해서 일을 하나 때로는 실수도 있고 때로는 주위의 사정으로 인하여 원치 않는 실패를 맛보기도 합니다.

하나님 여기 머리 숙인 저희들이 사업의 실패를 통하여 낙심 중에 있습니다. 하나님께서 긍휼을 베풀어 주셔서 저희의 마음을 위로하여 주시고 이 실패를 통하여 왜 실패했는가를 알게 하여 주옵소서.

다짐의 고백

사랑의 하나님. 이 시간 저희들이 실패를 극복할 수 있는 지혜를 더하여 주시옵소서. 물질의 피해를 줄여주시고 인간관계에 실패하지 않도록 붙들어 주시고, 정직함을 더하여 주셔서 하나님께서 우리와 함께 하셨음을 알게 하여 주시옵소서.

감정을 조절하여 주시고, 가족과 주위 사람들과 서로 마찰이 없도록 인도하여 주시옵소서. 의인을 일곱 번 넘어질지라도 여덟 번 일어난다고 말씀하셨사오니 그 말씀대로 다시 일어서는 성도가 되게 하여 주시옵소서. 예수님의 이름으로 기도드립니다. 아멘.

9. 지혜와 총명을 더하여 주옵소서

 사람이 마음으로 자기의 길을 계획할지라도 그 걸음을 인도하는 자는 여호와 시니라(잠 16:9)

어려움의 고백

지혜의 근본이신 하나님 아버지. 오늘 이 가정을 위하여 아버지께 기도할 수 있는 귀한 시간을 허락하시니 감사 드립니다. 여기에 사랑하는 성도가 어려움에 처하여 있습니다. 주님의 자비와 긍휼을 베푸셔서 겸손하게 주님의 뜻을 발견하는 믿음을 주옵시고 자비하신 주님의 음성을 듣게 하셔서 다시 일어서는 힘과 슬기를 허락하여 주옵소서.

잠시의 실수로 인하여 뜻밖에 어려운 일을 당하였으니 주님께서 위로하여 주시고 또 다시 이런 좌절을 되풀이되는 일이 없도록 지혜와 총명을 더하여 주옵소서.

돌봄의 간구

사랑의 하나님 아버지. 주님의 사랑하는 성도가 비록 인간들의 시험에는 실패했을지라도 하나님 앞에서는 인정을 받으며 주님의 시험에는 당당히 합격할 수 있는 믿음을 주옵소서.

이제는 새로운 다짐으로 다시 시작하려고 하오니 온전히 주님께서 주장하여 주시고 심은 대로 거두며 알찬 열매를 맺을 때까지 인도하여 주옵소서. 우리의 소망이 되신 거룩하신 예수님의 이름으로 기도드립니다. 아멘.

10. 감사함으로 그 문에 들어가라

 오직 그를 견책하는 자는 기쁨을 얻을 것이요 또 좋은 복을 받으리라
(잠 24:25)

인도함의 고백

하나님 아버지께 감사를 드립니다. 오늘 하루도 보살펴 주시고 인도해 주신 아버지 은혜 감사를 드립니다. 우리 사랑하는 형제를 지금까지 인도하시고 보호해 주신 은혜에 감사 드립니다.

돌봄의 간구

여기 사랑하는 성도가 어려운 가운데 있습니다. 환난 중 낙심하지 않게 하시고 주님 바라보게 하시사 힘을 얻도록 도와주시옵소서. 욥이 수많은 재산과 자식들이 잃었지만 인내함을 통해 아버지의 복을 받았듯이 사랑하는 성도에게도 동일한 은혜로 함께 하여 주시옵소서.

"인내는 연단을 연단은 소망을 이루는 줄 앎이로다" 하신 말씀처럼 어려운 가운데 주님의 소망을 바라보게 하옵소서. 우리 인간은 연약함으로 쉽게 좌절되고 낙망하기 쉽습니다. 그때마다 주님 주시는 힘으로 일어서게 하시고 다시 주님의 은혜를 체험케 하여 주시옵소서. 주님 주시는 하늘의 위로와 평강으로 충만케 하여 주시옵소서. 능력이 많으신 예수님 이름으로 기도드립니다. 아멘.

작은 기도

- 정호승 -

누구나 사랑 때문에
<u>스스로</u> 가난한 자가 되게 하소서
누구나 그리운 사립문을 열고
어머니의 이름을 부르게 하소서
하늘의 별과 바람과
땅의 사랑과 자유를 노래하고
말할 때와 침묵할 때와
그 침묵의 눈물을 생각하면서
우리의 작은 빈 손 위에
푸른 햇살이 내려와 앉게 하소서
가난한 자마다 은방울꽃으로 피어나
우리나라 온 들녘을 덮게 하시고
진실을 은폐하는 일보다
더 큰 죄를 짓지 않게 하소서

16장 중독자(알코올, 도박, 마약) 들을 위한 돌봄기도

천국 시민다운 삶을 살게 하옵소서
압제에서 자유하게 하옵소서
영들의 속임수에 넘어가지 않도록
힘들 때 말씀을 붙들게 하시고
사랑의 힘으로
사로잡힘 속에서 자유
사랑으로 덮어주옵소서
아골 골짜기의 생기
위로하시고 축복하여 주옵소서.
새로운 마음으로 주님 섬길 수 있도록

돌봄 기도 원리

중독은 나쁜 습관에서 또는 호기심에서 시작된 것이다. 그래서 작은 부주의한 습관으로 인하여 중독이 시작된 것이다. 그럼으로 나쁜 습관을 가진 사람들을 위해서 기도할 때에는 우리가 그리스도 안에서 새로운 피조물로서 어떤 약물이든지 오락과 도피와 감정 조절, 신비적 체험, 마술에 빠진 것을 회개하고 술취함을 피해야 한다. 그리고 성령의 충만함을 받아야 한다.

모든 중독은 성령에 의해 지배받는 삶이 화학적 중독으로 가득 채워진 삶을 대신하는 최선의 방도임을 성경은 말씀하고 있기 때문이다. 또한 중독은 마귀의 역사이기 때문에 중독자를 꼼짝 못하게 하며 그 개인은 가정을 파괴하고 막대한 사회적 문제를 일으킨다. 이뿐 아니라 중독은 죄일 뿐만 아니라 병이다.

중독자는 다른 사람들의 도움 없이는 더 악화되는 것을 막을 수 없기 때문에 중독자는 전문적인 치료를 받거나 영적으로 매일 중독이 떠나가도록 기도해 주어야 한다. 그러면서 주님께 순종하는 삶을 살수 있도록 영적인 가르침을 주면서 지속인 기도를 해 주어야 한다.

이때 기도는 결단과 회개의 촉구, 체질과 마음의 변화, 새사람의 변화를 위함과 동시에 성령을 통한 마음과 생각의 변화로 인해서 하나님께서 나에게 맡겨주신 사명을 분명히 깨닫고 발견할 수 있도록 기도해야 한다. 단 한 가지 여기서 생각 할 점은 중독은 스스로 일어 날수 없기 때문에 강력한 성령의 역사를 통해서 하나님의 선하시고 인자하신 역사로 말미암아 온전히 하나님을 기쁘시게 하는 삶을 살게 하도록 기도해야 한다. 이제 순간의 쾌락과 만족을 위하여 멸망의 길로 달려가지 않도록 지속적으로 기도하면서 과감히 끊을 것을 끊을 수 있도록 기도하고, 성령 하나님께서 도와주시어서 지금까지 중독된 것들을 끊고 주님 앞에 부끄러울 것이 없는 사람이 되도록 기도해 주는 기도가 중독자들을 위한 돌봄 기도이다.

·1. 천국 시민다운 삶을 살게 하옵소서

 야베스가 이스라엘 하나님께 아뢰어 가로되 원컨대 주께서 내게 복에 복을 더하자 나의 지경을 넓히시고 주의 손으로 나를 도우사 나로 환난을 벗어나 근심이 없게 하옵소서 하였더니 하나님이 그 구하는 것을 허락하셨더라
(대상 4:10)

용서의 고백

거룩하신 하나님 아버지! 세상에 버림받고 마음이 상한 저희들을 택하여 주심을 감사합니다. 어디 마음 둘 곳 없는 외롭고 소외되어서 주님을 의지하기보다 술과 도박과 마약을 의지하며 살았던 것을 용서해 주시옵소서. 내 몸이 내 것인 줄 알고 살았던 것을 용서해 주시옵소서. 다시 살 수 없는 인생인데 거룩하게 구별하여 천국 백성 삼아 주셨사오니 주의 백성답게 살 수 있도록 강건한 믿음을 주옵소서.

능력의 고백

믿음으로 세상의 유혹들을 이겨내게 하시며 하나님께 영광 돌리는 삶을 살게 하옵소서. 이제는 우리가 하나님의 자녀이오니 하나님의 자녀답게 거룩한 삶을 살게 하여 주옵소서. 천국 시민다운 삶을 살게 하옵소서. 우리와 동행하시는 하나님 앞에서 바른 삶을 살게 하셔서 하나님의 영광을 가리지 않게 살게 하옵소서.

하나님과 세상을 겸하여 사랑하지 않게 하시며 온전히 하나님을 기쁘시게 하는 삶을 살게 하옵소서. 순간의 쾌락과 만족을 위하여 멸망의 길로 달려가지 않게 하시며 영원을 바라보며 과감히 끊을 것을 끊을 수 있도록 성령 하나님께서 도와주시옵소서. 이제 저희들 성령의 능력으로 중독된 것들을 끊게 하셔서 주님 앞에 부끄러울 것이 없는 성도가 되게 하옵소서. 지난날의 죄의식 때문에 주님을 멀리하지 않도록 도우시고 믿음 안에서 자유함을 누리는 평안도 주옵소서.

성령의 능력을 더해 주옵소서. 주님 주시는 은혜를 온전히 바라고 정결한 삶을 살게 하옵소서. 모든 것을 합력하여 하나님께 영광 돌리기를 바라며 거룩하신 예수님 이름으로 기도드립니다. 아멘.

2. 압제에서 자유하게 하옵소서

 나를 압제하는 악인과 나를 에워싼 극한 원수에게서 벗어나게 하소서 (시 17:9)

중독자를 중보

사랑이 많으신 아버지 하나님! 여기 주님의 강력한 도우심을 받기를 원하는 성도가 있습니다. 중독으로 인하여 고통 받고 있는 성도를 위하여 주님께 기도드립니다. 이 시간 긍휼히 여겨 주시고 은혜를 베풀어주시옵소서. 안타깝게도 알코올 중독(마약, 도박)이 악한 것이고 끊어야 될 것인 줄 알면서도 자의로 끊을 수 없는 지경에까지 이르게 되었습니다.

돌봄의 은혜

주님, 이 사랑하는 성도에게 힘을 주시사 중독을 끊고 다시 한번 새롭게 출발할 수 있도록 인도하여 주시옵소서. 이 시간 그의 마음속에 찾아가 주셔서 그를 지배하고 있는 중독을 끊어지게 하시고 완전히 해방될 수 있도록 인도하여 주시옵소서. 이제 사랑하는 성도가 날마다 육체의 소욕을 이기고 성령의 소욕대로 살 수 있도록 도와주시옵소서.

이제는 주님의 도우심으로 중독을 완전히 끊을 수 있다는 희망을 갖게 하시니 감사합니다. 온전히 주님을 의지할 수 있는 믿음도 허락해 주시옵소서. 다시는 이러한 유혹에 빠지지 않게 하시고, 신앙으로 새 삶을 살도록 허락하여 주옵소서. 성도의 가족에게도 힘을 더하여 주시고, 사랑하는 성도가 나쁜 습관을 완전히 끊고 새로운 삶을 살 수 있도록 기도로 도우며, 함께 고통을 나눌 수 있는 가족들이 되게 하시옵소서. 이 중독에서 완전히 해방될 줄 믿사오며, 예수님의 이름으로 기도드립니다. 아멘.

3. 영들의 속임수에 넘어가지 않도록

 자기 허물을 능히 깨달을 자 누구리요 나를 숨은 허물에서 벗어나게 하소서
(시 19:12)

위로의 은혜

하나님 아버지 이들의 앞길에 희망을 부어주시고 예수 그리스도로 인하여 흡족한 삶을 살수 있도록 은혜를 주시기 위하여 기도합니다. 더러운 것들에게 묶인 저들은 자신의 의지로는 도저히 해결 수 없사오니 이 문제를 해결하실 분은 주님 한 분밖에 없음을 고백합니다.

이 시간 성령께서 친히 주관하시어 그 중독 증상에서 해방 받게 하시고 이런 중독을 가져다주는 어두움의 세력으로부터 자유함을 얻도록 은혜 베풀어주시옵소서.

능력의 고백

이 시간 명하노니 예수 그리스도의 이름으로 중독을 일으키는 어두움의 영은 그에게서 나오라. 이제 후로는 그를 괴롭히지 말라.

이제부터는 술에 취하기보다는 성경을 읽음으로 성령의 조명을 받게 하시고 도박에 빠지기보다는 하나님 나라의 소망으로 인하여 그의 손과 발이 주님을 위하여 일하는 자로 세워주셔서 성령으로 참 기쁨을 누리는 성도가 되게 하여 주시기를 기도합니다.

위로의 돌봄

이제 그 사악한 영들의 속임수에 넘어가지 아니하도록 지켜 보호하여 주시기를 기도합니다. 어둠의 영은 우리를 빛 가운데 살지 못하게 하여 마치 나방들이 밤의 화려한 불빛을 보고 달려들어 불빛 가운데 빙빙 돌다 죽은 것처럼 어두움의 깊은 곳으로 끌어가는데 이런 속임수에 넘어가지 아니하도록 도와주기를 기도합니다. 이제 회복되어서 건강하게 하시고 온전하게 하시어서 사람의 본분을 잘 감당케 하옵소서. 우리의 밝은 빛이 되신 예수그리스도의 이름으로 기도합니다. 아멘

4. 힘들 때 말씀을 붙들게 하시고

 또 주의 종으로 고범 죄를 짓지 말게 하사 그 죄가 나를 주장치 못하게 하소서
그리하시면 내가 정직하여 큰 죄과에서 벗어나겠나이다 (시 19:13)

용서의 고백

우리에게 참된 목표와 참된 가치를 가르쳐 주시고 만나 주신 하나님
아버지!

은혜와 사랑에 감사 드립니다. 이 시간 중독으로 어두움에 거하며 빛
을 싫어하는 마귀 사탄의 궤계에 매여서 헤어 나오지 못하는 영혼들을
불쌍히 여겨 주시옵소서.

회복의 은혜

저들을 죄악에 깊고 깊은 수렁에서 허우적거리오니 끌어 올려 주시옵
소서. 저들은 그것이 죄인 줄 알지 못하고 행한 행동들을 용서하여 주시
옵소서. 저들 스스로는 중독의 고리를 끊을 수 없사오니 오직 성령님께
서 간섭하시고 개입 하셔서 악한 사탄의 결박에서 끊어주시고 저들의 영
과 혼과 육의 자유함을 허락 하시사 주님 안에서 참된 기쁨을 누리게 하
옵소서. 또한 저들의 의지도 붙들어 주시어서 악한 것들이 힘들 때 말씀
을 붙들게 하시고 유혹이 올 때 성령님을 의지하여 기도하게 하여 주시
옵소서. 그리하여 우리의 죄악을 사하시고 구원하여 주신 주님의 사랑을
깊이 만날 수 있도록 도와주시옵소서.

"내게 능력 주시는 자 안에서 내가 모든 것을 할 수 있느니라"고 말씀
하셨사오니 하나님으로 악한 것에서 헤쳐 나와서 새 사람 되게 하옵소
서. 우리 구주 예수님의 이름으로 기도드립니다. 아멘.

5. 사랑의 힘으로

 주는 나를 숨기사 행악자의 비밀한 꾀에서와 죄악을 짓는 자의 요란에서 벗어나게 하소서 (시 64:2)

인도와 보호하심

아버지 하나님, 예수님의 보혈로 값 주고 사신 사랑하는 성도가 중독으로 인하여 어려움을 당하고 있습니다. 그 원인이 어디 있든지 하나님은 아시오니 전능하신 손으로 치료하여 주시기를 원합니다. 나쁜 중독에서 벗어날 수 있도록 은혜를 베풀어주시기를 원합니다. 인간의 힘으로는 어찌할 수 없습니다. 하나님의 도우심만이 이 중독에서 벗어날 수 있습니다. 하나님 아버지, 도와주시옵소서.

위로의 축복

이 기회를 통하여 사랑하는 성도가 하나님의 깊은 사랑을 깨달을 수 있는 귀한 시간이 되게 하여 주시옵소서. "하나님께서는 나 같은 중독자도 사랑하시는 구나" 하는 것을 깨달을 수 있도록 은혜를 허락하여 주시기를 간절히 원합니다.

하나님 아버지, 원 하옵기는 가족들에게도 위로와 평강의 은혜를 허락하시옵기를 간구 합니다. 가족들이 받은 상처와 고통을 아시오니 하나님의 위로와 사랑으로 힘을 얻어서 이 고통에서 벗어날 수 있도록 도와주시옵소서. 가족들이 흘리는 눈물을 주님이 보시고 이제 다시는 이러한 일 때문에 눈물을 흘리지 않도록 치료하여 주시옵소서. 이 가정 위에 성령님의 위로와 평강이 늘 함께 하시기를 기도하오니 들으시고 응답하옵소서. 사랑이 많으신 예수님의 이름으로 기도합니다. 아멘.

6. 사로잡힘 속에서 자유

 술 취하지 말라 이는 방탕한 것이니 오직 성령의 충만을 받으라 (엡 5:18)

용서의 고백

사랑의 주님! 오늘도 우리에게 생명을 영위할 힘을 주시고, 하나님 바라보며 천국의 소망을 가지고 힘 있게 살게 하시니 감사 드립니다. 오직 우리의 생명의 소유권은 주께 있음을 믿습니다. 주님께서 창세전에 영혼에 대한 특별한 뜻이 있어서 계획하시고 오늘날 이 세상에 있게 하심을 감사합니다.

사랑의 주님! 이 시간 중보하오니 이 사회에서 버림받고, 중독에 찌든 삶을 살면서 다른 이들의 마음을 아프게 하는 성도를 위해 기도합니다. 지금 마약, 약물, 게임, 도박, 알코올의 중독으로 고통으로 사는 성도들이 있습니다. 이 시간 예수님의 권세로 고통의 짐을 제거하여 주셔서, 중독이 삶을 지배하지 못하게 하시고, 그 속박에 서 벗어나게 하옵소서.

돌봄의 은혜

중독으로 인하여 말 못할 환란과 고통이 있을 때 붙들어 주시옵소서. 시편기자 자신이 힘들 때 "네가 말하기를 여호와는 나의 피난처시라 하고 지존자로 거처를 삼았으므로 화가 네게 미치지 못하며 재앙이 네 장막에 가까이 오지 못하리니 저가 너를 위하여 그 사자들을 명하사 네 모든 길에 너를 지키게 하심이라" 하신 말씀처럼 주님이 우리 곁에 계시면 천인이 둘러 진 칠지라도, 택한 백성을 손도 대지 못함을 믿사오니 예수 그리스도의 이름으로 중독을 물리치게 하시옵소서.

이 시간 예수님의 권세로 악한 멍에가 부서지고 그들의 짐이 제거되며 중독의 사슬이 끊어지기를 기도합니다. 그리하여 옛 삶으로부터 자유케 하시고 해방시켜 주셔서 하나님 은총이 구원에 이르게 하옵소서. 사랑이 많으신 예수님 이름으로 기도합니다. 아멘.

7. 사랑으로 덮어주옵소서

 하나님이여 나를 긍휼히 여기시고 나를 긍휼히 여기소서 내 영혼이 주께로 피하되 주의 날개 그늘 아래서 이 재앙이 지나기까지 피하리이다 (시 57:1)

인도함의 고백

살아 계신 하나님 아버지 감사합니다. 우리를 위해 사람의 몸을 입으시고 오셔서 십자가 사랑으로 우리의 죄와 사망의 권세를 꺾으신 하나님께 영광을 돌립니다.

어떤 죄라도 회개하면 예수 그리스도 안에서는 결코 정죄함이 없다고 하셨사오니, 이 시간 중독으로 힘들어하는 성도를 용서하여 주옵소서. 우리 주변에 중독에 빠져 어려움을 겪고 있는 형제. 자매들이 많사오니 주님께서 치유하여 주시옵소서.

회복의 은혜

특별히 간구하옵기는 그 어떤 죄라 할지라도, 우리 주 예수 그리스도의 능력과 성령의 도우심은 능히 이기실 수 있사오니 중독으로 인하여 어둠의 굴레에 묶인 죄악의 사슬을 깨뜨려 버릴 수 있도록 결단과 믿음을 주옵소서.

우리는 더 이상 죄악의 노예가 아니요 주의 자녀요, 천국의 시민이요, 구원받은 생명이오니 마음속에 더러움이 사라지게 하여 주옵소서. 그리하여 이제 자기 사랑의 끈을 쥔 손을 온전히 하나님만 섬기는 귀한 주의 자녀들이 되게 하여 주옵소서. 우리를 위해 죽으신 예수 그리스도의 이름으로 기도합니다. 아멘.

8. 아골 골짜기의 생기

두려워 말라 내가 너와 함께 함이니라 놀라지 말라 나는 네 하나님이 됨이니라
내가 너를 굳세게 하리라 참으로 너를 도와주리라 참으로 나의 의로운 오른손
으로 너를 붙들리라 (사 41:10)

은혜의 간구

우리의 반석이 되신 하나님 아버지, 사랑하는 성도가 중독이 되어 이
제 스스로 헤어 나올 수 없는 형편이 되었습니다. 사람이 볼 때는 어려우
나 하나님은 이 성도를 구원하실 수 있사오니 하나님의 사람으로 변화시
켜 주옵소서.

성령의 역사

아골 골짜기의 마른 뼈들을 명하시고 생기를 불어 넣으셔서 하나님의
큰 군대를 이루게 하신 주님께서 이 시간 사랑하는 성도에게 악한 것을
끊을 수 있는 강한 의지가 일어나게 하시고 주를 향한 강한 믿음이 더욱
강해지게 하옵소서. 다시는 이 성도를 죽이는 육신의 욕심이 일어나지
않도록 붙들어 주시옵소서. 이 성도를 잡고 있었던 모든 악한 영들아
'너는 예수 이름으로 명하노니 사랑하는 성도에게서 떠나가고 다시는
건들지 말지어다'. '모든 미혹하는 영은 떠나가라'.

주여, 이제는 주위의 사람들도 새로운 친구들을 만나게 하시고 신앙의
사람을 만나 도전을 받게 하시고 예수 그리스도의 거룩하심을 본받고 따
라가는 성도가 되게 하여 주시옵소서. 우리를 모든 죄와 악한 것으로부
터 구원하여 주시는 예수님의 이름으로 기도드립니다. 아멘.

9. 위로하시고 축복하여 주옵소서

 투기와 술 취함과 방탕함과 또 그와 같은 것들이라 전에 너희에게 경계한 것같이 경계하노니 이런 일을 하는 자들은 하나님의 나라를 유업으로 받지 못할 것이요(갈 5:21)

위로의 은혜

사랑의 하나님 아버지.

만세 전부터 택하시고 지금까지 인도하여 주심을 감사를 드립니다. 저희들 예수님의 사랑으로 날마다 찬양하기를 원하였지만 육신의 정욕을 쫓아 살아왔습니다. 이 시간에 저희들 악한 것들을 내어놓고 기도하오니 들으시고 용서하여 주옵소서. 정결한 심령 위에 예수 그리스도의 보혈로 정결케 하옵시고 깨끗하게 씻음을 받게 하옵소서. 이제는 주님만 바라보고 살아 갈 수 있도록 인도하여 주옵소서.

돌봄의 은혜

사랑의 하나님 아버지.

사랑하는 성도님의 회개의 눈물을 보시고 이제 살아도 주 위해 살고 이제 죽어도 주 위해 죽는 믿음이 되게 하옵소서. 거듭나게 하시어 그 나라와 그 의를 구하게 하옵소서. 주님만 찬양하게 하여 주시어서 위로하시고 축복하여 주옵소서. 거룩하신 예수님의 이름으로 기도드립니다. 아멘

10. 새로운 마음으로 주님 섬길 수 있도록

 노루가 사냥꾼의 손에서 벗어나는 것같이, 새가 그물 치는 자의 손에서 벗어나는 것같이 스스로 구원하라 (잠 6:5)

영혼의 돌봄

아버지 하나님 감사 드립니다.

지금까지 저희들을 인도하신 은혜 감사를 드립니다.

지금 우리 사랑하는 형제가 중독으로 인해 고통 가운데 있습니다. 주님이 함께 하시사 이 어려움 가운데서 일어 설 수 있도록 도와주시옵소서. 이것이 얼마나 큰 잘못이고 죄악임을 발견케 하셨사오니 다시는 이러한 일에 빠지지 않도록 도와 주시옵소서. 이제 후로는 우리의 죄악을 사하시고 구원하신 주님의 사랑을 깊이 만날 수 있도록 도와주시옵소서. 선한 것과 악한 것, 정결한 것과 부정한 것을 아는 은혜를 허락하여 주시옵소서.

성령의 역사

하나님 아버지!

하나님이 인간을 창조하시고 심히 좋았다고 하였지만 미련한 저희들이 하나님의 뜻을 모르고 마약에 중독 되었습니다. 마약 중독을 치료하여 주시어서 악한 영에 지배당하지 않도록 성령님 도와주시옵소서.

우리를 침륜에 빠뜨리고 넘어지게 하는 사탄의 올무에 빠지지 않게 하여 주시옵소서. 새롭게 변화시켜 주시사 군은 결심의 마음으로 온전히 주님만 섬길 수 있도록 도와주시옵소서. 예수님 이름으로 기도드리옵나이다. 아멘.

태양이신 예수님께

- 이해인 -

제 안에서 오늘도
새롭게 떠오르는
태양이신 예수님

당신을 향한 그리움이
오랜 세월 익고 익어
어느 날 감당할 길 없는
뜨거운 불이 되어서야
당신의 모습이
제대로 보였습니다

사람들이 만들어 준
고통의 불길을 지나서야
제 마음은 순해지고
누구도 내치지 않는
둥근 자유를 누렸습니다

뜨겁지 않은 것은
사랑일 수 없음이니
오늘도 제 안에서
활활 타오르십시오

죄의 어둠조차
사랑으로 태워서
더욱 빛나게 하시는
태양이신 예수님

17장 사업에 실패하신 분들을 위한 돌봄 기도

답답해도 기도로 승리하라
낙심하지 않는 기도
낙심하지 않고 기도를 원하시는 예수님
새 힘의 근원을 붙들라
낙망하지 않고 끈 질진 기도의 승리
하나님께서 주시는 은혜를 사모하라
자녀가 대학 입시에 실패한 이웃을 위한 기도
견고한 믿음을 소유하라
나의 행사를 맡겨라
결과를 맡기고 하나님께 하는 기도

돌봄의 기도 원리

사업에 실패한 자들은 과거의 영광에서 벗어나지 못하고 현실에서 절망하는 사람들이다. 이때 돌봄자들은 현실을 직시하게 하면서 그들에게 용기와 격려를 주어야 한다. 대부분이 사업에 실패한 사람들은 원망과 분노가 많다 그러면서도 과거의 모습에서 벗어나지 못하고 있기 때문에 그들의 생각과 행동은 폐인의 길로 접어들기 쉽다.

이때 돌봄자들은 그들을 위해서 기도할 때 새로운 나를 찾아 갈 수 있는 기도를 해 주어야 한다. 그렇지 않으면 실패를 위한 실패를 낳기 때문이다. 이때 돌봄의 기도는 그의 아픔을 어루만져 주면서 위로를 주되, 자신이 반성할 수 있는 길을 모색해 주며 다시 재기의 길로 걸어갈 수 있도록 힘을 실어 주는 기도를 해야 한다. 특별히 믿음을 소유한 하나님의 자녀라면 더더욱 그래야 할 것이 우리는 믿음이 있노라하고 뒤로 물러가 침륜에 빠질 하나님의 백성이 아니기 때문이다. 그럼으로 하나님이 기뻐하시는 믿음의 사람이 되도록 실패의 늪에서 재기와 더불어 다시 성공할 수 있다는 회복을 위한 돌봄 기도를 해야 한다.

이때 주의 할 점은 너무 지나치게 물질적 회복만을 위한 기도가 되어서는 안 된다. 사람은 잃어버린 것에 대한 대단히 집착이 많기 때문에 신앙의 회복이 아닌 물질적인 회복에 집중을 하다가 보면 다시 수렁으로 빠져 버릴 수 가 있기 때문이다. 기복주의 신앙으로 전락하지 않도록 하면서 금번 어려운 일로 인해서 더 뜨거운 가족애로 하나 되도록 기도하고, 더 깊은 교제 속에 천국의 모형을 이룰 수 있도록 가족 한 사람, 한 사람의 마음을 주께서 붙잡아 주시는 위로의 기도를 해야 한다. 비록 물질은 잃었지만 건강과 신앙과 가족만은 잃지 않도록 기도하면서 잃은 것 보다. 남은 것이 더 많은 것을 알게 하고 더 큰 믿음으로 믿음 지키고 감사하며 살게 하는 기도가 사업에 실패한 분들을 위한 돌봄 기도이다

1. 답답해도 기도로 승리하라

 우리가 사방으로 우겨 쌈을 당하여도 싸이지 아니하며 답답한 일을 당하여도 낙심하지 아니하며 핍박을 받아도 버린 바 되지 아니하며 거꾸러뜨림을 당하여도 망하지 아니하고 우리가 항상 예수 죽인 것을 몸에 짊어짐은 예수의 생명도 우리 몸에 나타나게 하려 함이라 (고후 4:8-10)

사죄의 고백

새 힘을 공급해 주시는 하나님 아버지!

착한 이웃이 되어 평화스럽게 살기를 원하면서도 어떤 때에는 착한 이웃이 되기는커녕 해를 끼치는 거친돌처럼 잘못되는 허물을 용서하여 주옵소서. 우리에게 모든 소유를 "주신 자도 여호와시요 거두시는 자도 여호와"이심을 깨닫지 못하고 심히 통곡하며 번뇌하오니 이제 어리석은 판단과 가증스러운 죄를 용서해 주옵소서. 일의 흥망성쇠는 오직 하나님께만 있는 것을 자각하고 새 힘을 얻게 해 주옵소서.

돌봄의 고백과 인도

우리의 성공은 주님을 위해 사는 길뿐이며 사업의 번영과 물질의 축복은 아브라함처럼 하나님 앞에서 지켜야 할 약속을 잘 지키는 것임을 알게 하여 주옵소서. 욕심이 잉태한 즉 죄를 낳고 죄가 장성한즉 돌이킬 수 없는 멸망을 가져오게 됨을 생각할 때 인간의 어리석음이 얼마나 두려운 것인가를 알게 해 주옵소서. 이제 우리들에게 주의 길을 가르쳐 주시고 새 힘을 얻는 비결도 가르쳐 주시어서 우리가 실패 중에도 낙심하지 말고 더욱더 굳건히 서서 하나님을 더욱 앙망하는 믿음을 더하여 주옵소서. 이제 주님을 의지하고 힘들지만 앞날을 바라보며 새 출발하는 기회가 되게 하옵소서. 실패에도 낙심하지 않고 하나님만 의지하여 살게 하옵소서. 예수님의 이름으로 기도드립니다. 아멘.

2. 낙심하지 않는 기도

 우리가 선을 행하되 낙심하지 말지니 피곤하지 아니하면 때가 이르매 거두리라 (갈 6:9)

송축의 은혜

우리를 높이기도 하시고 낮추 기도하시는 하나님 아버지,

여기 사업에 실패하여 좌절한 성도를 기억하여 주옵소서. 사랑하는 형제가 더 큰 사업을 위하여 노력하였지만 사업의 실패로 좌절하고 있습니다. 이 시간 찾아오셔서 모든 위기가 기회가 되게 하여 주옵소서.

돌봄의 은혜

이번 시련을 통해서 돈으로 살 수 없는 큰 경험을 얻었사오니 더욱더 이 일로 하나님의 사랑을 깨닫게 하시고 더 큰 비밀을 알게 하였사오니, 다시 일으켜 주시고 회복하여 주옵소서.

고통 가운데 참 위로가 되시는 하나님, 우리 성도님의 가정을 붙잡아 주옵소서. 금번 어려운 일로 인해서 더 뜨거운 가족애로 하나 되게 하시고, 더 깊은 교제 속에 천국의 모형을 이룰 수 있도록 도와 주시옵소서. 가족 한 사람, 한 사람의 마음을 주께서 붙잡아 주시고, 위로해 주옵소서.

전능하신 하나님, 이제 물질은 잃었사오나, 건강과 신앙과 가족만은 잃지 않도록 주께서 붙잡아 주옵소서. 잃은 것 보다 남은 것이 더 많은 것을 알게 하시고 더 큰 믿음으로 믿음 지키고 감사하며 살게 도와주옵소서. 거룩하신 예수님의 이름으로 기도드립니다. 아멘

3. 낙심하지 않고 기도를 원하시는 예수님

 또 아들들에게 권하는 것같이 너희에게 권면하신 말씀을 잊었도다 일렀으되 내 아들아 주의 징계하심을 경히 여기지 말며 그에게 꾸지람을 받을 때에 낙심하지 말라 (히 12:5)

자복-회개

지금도 살아 계셔서 우리의 생사화복을 주장하시는 아버지 하나님! 여기 경제적인 문제로 인하여 고통 받고 있는 주의 성도가 있습니다.

사업을 통하여 주님께 영광 돌리기를 원했지만, 사업의 실패로 인하여 좌절과 낙망 중에 있는 성도에게 주님 찾아오시어서 위로하여 주시고 속히 재기할 수 있는 은총을 베풀어주시옵소서. 비록 현실이 어렵더라도 원망하지 말게 하옵시고, 이 연단을 통해 정금 같은 믿음을 소유하게 하옵소서.

돌봄의 은혜

지금은 너무나 힘들어 일어날 힘조차 없지만, 하나님을 사랑하는 자에게는 모든 것이 합력 하여 선을 이룬 신다 고 말씀하였사오니, 하나님의 말씀대로 다시 일어날 수 있도록 도와 주시옵소서.

또한 이번 기회를 통하여 이전보다 더욱 크고 성공적인 사업을 할 수 있도록 도와주옵소서. 특별히 성도의 가족에게 힘을 주셔서 더 이상 좌절하거나 낙망하지 않게 하시고, 기쁨으로 어려움 들을 잘 극복할 수 있도록 도와주시옵소서. 속히 이 어려움으로부터 주님이 회복케 해주실 것을 믿사오며, 사랑이 많으신 예수님의 이름으로 기도드립니다. 아멘.

4. 새 힘의 근원을 붙들라

 항상 기도하고 낙망치 말아야 될 것을 저희에게 비유로 하여 (눅 18:1)
하물며 하나님께서 그 밤낮 부르짖는 택하신 자들의 원한을 풀어 주지 아니하
시겠느냐 저희에게 오래 참으시겠느냐 내가 너희에게 이르노니 속히 그 원한
을 풀어 주시리라 그러나 인자가 올 때에 세상에서 믿음을 보겠느냐 하시니라
(눅 18:7-8)

은혜의 간구

하나님 아버지,

사랑하는 성도를 붙잡아 주시기를 바랍니다. 지금 이들이 경영하는 사
업들이 부도를 맡고 무엇을 어떻게 해야 할지 절망 가운데 있사오니 앞
으로 헤쳐 나갈 방향을 알게 하여 주옵소서.

돌봄의 은혜

이번 실패가 좌절이 아니라 다시 일어 날수 있는 경험이 되게 하셔서
자신을 반성하고 더 앞으로 전진 할 수 있는 계기가 되게 하여 주옵소서.
또한 이들이 날마다 성령님의 도우심을 체험하도록 겸비하여 기도하는
성도들이 되게 하여 주시어서 좌절하여 인생의 낙오자가 되지 않도록 하
여주시고, 있는 현실을 그대로 받아드리는 성도가 되도록 인도하여 주시
기를 기도합니다.

이들이 또한 새롭게 다짐한 그 다짐이 예수님 안에서 아름답게 하시고
살아 계신 하나님을 체험하는 기회가 되게 하여 주옵소서. 우리의 영원
하신 기업이 되신 예수 그리스도의 이름으로 기도드립니다. 아멘.

5. 낙망하지 않고 끈질긴 기도의 승리

내 영혼아 네가 어찌하여 낙망하며 어찌하여 내 속에서 불안하여 하는고 너는 하나님을 바라라 나는 내 얼굴을 도우시는 내 하나님을 오히려 찬송하리로다 (시 43:5)

인도를 바람

우리의 생사화복을 주관하시는 하나님 아버지 감사합니다. 오늘 사업의 실패로 어려운 처지에 놓인 성도가 있습니다. 이 어려움 가운데 주님께서 함께 하시사 모든 것을 하나님께 맡길 수 있는 믿음을 주시옵소서.

힘들고 어려운 처지에서 하나님께 나아와 도움의 손길을 구하오니 주님의 귀한 뜻을 발견하고 돌아갈 수 있는 자녀가 되게 하여 주시옵소서. 물질적으로나 정신적으로 힘든 상황에서도 결코 포기하지 않게 하시고 우리의 삶을 역전시키시는 하나님만 바라보게 하옵소서.

부귀와 영광과 존귀가 다 하나님께 달려 있음을 믿고 모든 주권을 주님께 맡기는 겸손한 자들이 되게 하옵시고 무릎 꿇고 성령님의 도우심을 구하는 안정된 심령들이 되게 하여 주시옵소서.

회복의 은혜

모든 가족들과 주위 사람들도 함께 고통을 나눌지언정 원망, 불평하지 않게 하시고 함께 주님께 기도하는 자들이 되어서 하나님의 도우심을 받는 복된 가정들이 되게 하여 주시옵소서. 이 일을 계기로 믿음을 성숙시켜 주시고 주안에서 자라나는 가정들이 되게 하옵소서.

의인은 일곱 번 넘어져도 다시 일어난다고 하신 말씀을 믿사오니 그 말씀대로 되게 하여 주옵소서. 우리를 구원하시는 예수님의 이름으로 기도합니다. 아멘.

6. 하나님께서 주시는 은혜를 사모하라

 나 여호와가 말하노라 너희를 향한 나의 생각은 내가 아나니 재앙이 아니라 곧 평안이요 너희 장래에 소망을 주려 하는 생각이라 (렘 29:11)

은혜의 간구

만복의 근원 되신 하나님. 우리가 그리스도 안에서 하나님으로부터 복을 받는 자녀가 되고 더 나아가 복의 근원이 되게 하여 주심을 감사합니다. 전능하신 하나님 아버지! 사랑하는 성도가 주님을 바라보고 새로운 힘과 용기를 얻게 하여 주시옵소서, 그동안 애쓰고 힘써온 사업을 정리 할 수밖에 없게 되어 그 심령이 상해 있습니다.

어려움의 고백

성도님의 심령을 강하게 붙들어 주시옵소서. 이제 하나님을 믿고 모든 의심과 부정적이고 소극적인 생각을 버리고 담대하게 하나님만 의지하게 하여 주시옵소서. 십자가를 바라보고 부정적이고 헛된 생각들을 버리게 하시고, 예수님 안에서 할 수 있다는 강한 믿음으로 긍정적이고 창조적인 삶을 살도록 역사해 주시기를 간절히 원합니다.

이제 새로운 아이디어와 물질과 돕는 사람들을 보내 주셔서 하나님이 나의 삶에 역사하고 계시다는 것을 체험하는 기회가 되게 하여 주시옵소서. 인간의 능력과 수완을 의지하지 않게 하시고 만복의 근원 되시는 하나님만을 전적으로 신뢰하는 믿음의 사람으로 굳게 세워 주시옵소서.

받는 자보다 주는 자가 복되다고 하였사오니 새로운 사업을 통하여 그리스도의 사랑을 이웃에게 전하며 하나님을 기쁘시게 하는 성도님 되게 하여 주시옵소서. 예수님의 이름으로 기도하옵나이다. 아멘.

7. 자녀가 대학 입시에 실패한 이웃을 위한 기도

 인내는 연단을, 연단은 소망을 이루는 줄 앎이로다 소망이 부끄럽게 아니함은 우리에게 주신 성령으로 말미암아 하나님의 사랑이 우리 마음에 부은 바 됨이니 (롬 5:4-5)

인도함의 은혜

이 땅에 저희들에게 예수님을 보내주셔서 소망을 주시고 새로운 삶을 주심을 감사 드립니다. 자비하신 하나님, 이 시간 사랑하는 성도에게 성령의 위로와 소망을 주시기를 원합니다.

사랑하는 자녀가 대학 진학에 실패하여 가족 모두가 실망하고 낙담하여 있습니다. 이 가정을 통해 주님이 이루시고자 하는 뜻이 무엇인지 깨닫기를 원합니다. 그래서 이 일로 모든 것을 합력하여 선을 이루시는 하나님의 은혜를 체험하게 하옵소서.

구원의 중보

온 가족이 이전보다 더욱 하나님을 의뢰하고 의지하게 하옵소서. 특별히 ○○○형제(자매)에게 성령님의 위로가 함께 하시기를 원합니다. 더불어 새로운 힘을 허락하여 주시기를 원합니다.

대학 입시는 삶의 한 부분이며 인생의 전 목표가 아님을 알고 이 일로 인하여 더 원대한 하나님의 뜻을 깨달아 하나님께 충성하는 주님의 자녀가 되게 하여 주시옵소서. 새롭게 도전할 수 있도록 용기도 주시고 지금보다도 갑절의 지혜를 허락하셔서 하나님을 기쁘시게 하는 일에 다른 사람들보다 뛰어나게 하여 주시옵소서. 주님이 이 들을 통하여 하나님을 더욱 더 사랑하는 자가 되게 하여 주시옵소서. 예수님의 이름으로 기도합니다. 아멘.

8. 견고한 믿음을 소유하라

그리스도는 그의 집 맡은 아들로 충성하였으니 우리가 소망의 담대함과 자랑을 끝까지 견고히 잡으면 그의 집이라 (히 3:6)

인도를 바람

환난 날에 피난처가 되시며 새 힘과 능력을 주시는 여호와 하나님! 하나님의 선하신 계획에 따라 우리 인간을 하나님의 형상대로 지으시고 심히 기뻐하신 주님. 저희들이 자녀로 지음 받아 하나님을 사랑하며, 교제하며 풍성함을 누리며 살게 하심을 감사드립니다.

마음이 청결한 자가 하나님을 볼 것이며, 온유한 자가 땅을 기업으로 얻을 것이라고 말씀하였으나 저희들 육신의 소욕과 헛된 욕망에 사로잡혀 살아왔습니다.

돌봄의 은혜

사랑의 주님! 이 시간 사랑하는 성도가 사업에 실패하여, 곤경과 낙심과 절망 중에 부르짖사오니 귀를 기울려 주옵소서. 이제 낙심하여 수고와 고생의 보람도 없고 이제 일어설 기력도 능력도 없습니다.

아무 것도 할 수가 없습니다. 실패 속에서도 주님의 음성을 들을 수 있는 귀를 열어주셔서, 오늘의 실패가 내일의 성공의 기회가 되게 하시며, 이 역경과 낙심 중에서도 주님께 감사하는 믿음을 갖게 하옵소서

돌봄의 간구

주시는 분도 하나님이시오, 일으키시는 분도 하나님이시오, 거두어 가시는 분도 하나님이신 줄 믿습니다. 이번 일로 인해서 하나님의 뜻을 바르게 깨달아 그 뜻에 순종하여 역전하는 계기가 될 수 있도록 인도하여

주시고, 이번 어려움을 통해서 주님의 음성을 들을 수 있는 영적인 귀가 열릴 수 있게 하여 하옵소서. 더욱 바라옵기는 이 시련으로 사랑과 화평이 깨어지지 아니하고 오히려 바울의 고백처럼 인내가 소망을 이루며 환난 중에도 즐거워하며 하나님으로 더불어 화평을 누리는 가정되게 하여 주시어서 하나님을 더욱더 사랑 할 수 있도록 성장케 하옵소서.

우리의 처한 형편과 처지를 잘 아시며 위로하시는 예수님의 이름으로 기도합니다. 아멘

9. 나의 행사를 맡겨라

 너의 행사를 여호와께 맡기라 그리하면 너의 경영하는 것이 이루리라(시 16:3)

인도함의 은혜

사랑의 하나님 아버지, 여기 사업에 실패하므로 너무나 힘든 성도가 있습니다. 이 시간 찾아오셔서 붙잡아 주시고 강하신 팔로 붙잡아 주시어서 성령의 능력으로 다시 일어나게 하옵소서. 믿음과 소망이 가슴 깊은 곳에서부터 다시 샘솟듯 터져 나오게 하여 주옵소서.

인도를 바람

내게 능력 주시는 자 안에서 모든 것을 할 수 있다고 말씀하였사오니 더 큰 믿음을 주시어서 이 실패가 인생의 마지막으로 끝나는 것이 아니라 앞으로 더 나아가기 위한 준비 기간이며 하나님을 찾고 구하는 소중한 시간임을 알게 하여 주옵소서. 다시 한 번 기회를 주옵소서.

주님을 떠났던 삼손이 실패했다가 회개 기도를 통해서 회복의 한번 기회를 주신 것처럼 성령의 능력으로 무너진 사업을 일으켜 세워 주시기를 간절히 원하옵니다. 주님만이 무너진 인생을 세워주실 수 있는 힘이오니 더 큰 믿음을 주시옵소서. 우리를 구원하시는 예수님의 이름으로 기도드립니다. 아멘.

10. 결과를 맡기고 하나님께 하는 기도

 마음의 경영은 사람에게 있어도 말의 응답은 여호와께로서 나느니라(잠 16:1)

인도함의 고백

전능하신 하나님 아버지시여. 오늘 이 가정을 위하여 기도할 수 있는 귀한 시간을 허락하시니 감사 드립니다. 사랑하는 성도가 실의와 절망 중에 있사오니 주님의 자비와 긍휼을 베푸셔서 겸손하게 주님의 뜻을 발견하는 믿음을 주옵시고 자비하신 주님의 음성을 듣게 하셔서 다시 일어서는 힘을 허락하여 주옵소서.

잠시의 착오로 인하여 뜻밖에 어려운 일을 당하였으니 주님께서 위로하여 주시고 또 다시 이런 좌절을 되풀이되는 일이 없도록 지혜와 총명을 더하여 주옵소서.

돌봄의 은혜

사랑의 하나님, 지혜를 주셔서 무엇 때문에 실패했는지를 깨닫게 하시고 혹 인간의 힘과 지혜만 의지하고 주님의 뜻과 허락하심을 망각하였다면 주님 앞에 자복하고 회개하는 마음을 주옵소서.

하나님 아버지. 그러나 이번 실패로 인하여 낙심치 않게 하시고, 시험에 드는 일이 없도록 하시며, 역경과 고난 속에서도 주님을 바라봄으로 새로운 설계를 하게 하옵소서. 이 가정이 곤경 속에서도 주님을 사랑하는 마음이 변치 않게 하여 주시옵소서. 예수 그리스도의 이름으로 기도 드립니다. 아멘

샘이신 예수님께

- 이해인 -

왜 이리 목마를까요
왜 이리 그리울까요

마르지 않는 샘을
바로 곁에 두고도
채워지지 않는 갈증
어찌해야 할까요

구원의 샘이신 예수님
생명의 물이신 예수님

사람들 사이엔
언제나
사막이 있습니다
당신이 아니 계시면
물길이 트이지 않아
깊고 맑은 사랑을
할 수가 없습니다

우리 마음을
이 세상을
조용하지만 큰 힘으로
적셔 주십시오

적셔진 우리 모두
열심히 흘러가는
한 방울의 기도로
깨어 있게 하십시오.

18장 장기 결석자들을 위한 돌봄 기도

굳건한 믿음을 주옵소서
잃어버린 양
낙심하지 않는 신앙생활
하나님을 자랑하며 살아가는 성도
낙심치 않기 위하여
믿음으로도 온전히 순종하며
주께서 회복시켜 주실 때
하나님의 음성
주일 성수
하나님께 예배

돌봄 기도의 원리

　장기 결석자들을 주로 살펴보면 그들의 답은 거의 한결 같다. 교회 안에서 사랑을 받지 못한 것으로 얘기들을 한다. 물론 100퍼센트 맞는 얘기는 아니라 할지라도 우리는 그들의 소리에도 귀를 기울여 상처를 어루만져 줄 필요가 있다. 대부분의 장기 결석자들은 믿음의 결핍과, 세상 유혹을 끊지 못해서, 또는 교회 안의 시험으로 인해서, 수많은 이유가 있다. 이때 장기 결석자들을 위한 기도는 회복이다.

　이 회복은 예수님과의 관계요. 교회와 성도들과의 화해이다. 이러한 회복을 통해서 많은 날들 속에서 미루어 왔던 교회 출석을 다시 정립 할 수가 있기 때문에 돌봄의 기도는 영성의 회복과 사랑의 관계를 우선으로 해야 한다. 그러면서 잃어버린 신앙을 회복하도록 기도하면서 다시 그 마음 안에 믿음이 불일 듯이 일어나도록 격려의 기도가 있어야 한다. 만약 믿음의 상실로 인해서 마음이 닫혀져 있다면 그 마음을 열어주시어서 주님을 다시 영접할 수 있는 믿음을 허락해 달라고 기도해 주어야 한다.

　혹시 마음의 상처로 받은 아픔이 있다면, 다시는 사람으로 인하여 실족하지 않도록 기도해 주어야 한다. 그러면서 아흔 아홉 마리 양을 놔두고 한 마리 양을 찾으러 다니시는 주님의 심정을 가지고 잃어버린 양을 돌아오게 해 달라고 하는 기도가 장기 결석자들을 위한 돌봄 기도라고 할 수가 있다. 이때 주의 할 점은 사랑의 위로와 격려와 소망을 주는 기도가 되어야 하지 죄를 책망하고 게으름을 지적하는 기도가 되어서 안 된다. 진정한 돌봄 기도는 예수님의 마음으로 잃어버린 양한 마리를 찾는 선한 목자의 심정이 되어야 한다.

1. 굳건한 믿음을 주옵소서

 우리가 어디로 갈꼬 우리의 형제들이 우리로 낙심케 하여 말하기를 그 백성은 우리보다 장대하며 그 성읍은 크고 성곽은 하늘에 닿았으며 우리가 또 거기서 아낙 자손을 보았노라 하는도다 (신 1:28)

위로의 은혜

영광 중에 살아 계신 하나님 우리 아버지!

아버지의 선하신 뜻대로 저희들을 주의 백성 삼으시고 그리스도의 십자가 보혈로 구속하여 주심을 감사드립니다. 지금도 살아 계신 하나님께서 저희들의 생명을 보존하시고 건강을 지켜 주심으로 강건한 삶을 살게 해 주시니 감사 드립니다.

이제 주의 사랑과 보호 가운데 결단코 주의 사랑과 구속의 은총을 잊어버리지 않게 하옵소서. 날마다 숨쉬는 순간마다 주님의 보호하심과 은총을 감사하면서 주께 경배 드리는 삶을 살기를 원합니다.

위로의 돌봄

저희들은 주님을 믿으면서도 게으름과 합리적인 이유들을 내세워서 교회에 나오지 못 할 때가 많습니다. 우리의 연약함 때문에 아버지의 품을 떠날 때가 있습니다. 하나님의 크신 사랑과 구속의 은혜를 잊어버리고 세상에서 방황하며 살아사오니 용서해 주시고 다시는 주님을 떠나지 않게 하옵소서. 세상의 염려나 유혹에 빠지지 않도록 굳건한 믿음을 주옵소서. 사랑의 주님! 이제 저희들 하나님께 날마다 더 가까이 나아가는 주의 백성 되기를 원합니다. 주를 멀리하면 연약할 수밖에 없는 저희들인 것을 깨닫고 하나님을 가까이하는 믿음의 사람 되게 하옵소서.

주를 떠나서는 살 수 없는 저희들이오니 주께서 성령의 강한 능력의 팔로 붙들어 주옵소서. 모이기를 폐하는 어떤 무리들의 유혹에 빠지지 않게 하시며 주님 안에서 참 평안과 쉼을 얻게 하옵소서. 생명의 근원 되시는 예수님 이름으로 기도드립니다. 아멘.

2. 잃어버린 양

 우리가 사방으로 욱여쌈을 당하여도 싸이지 아니하며 답답한 일을 당하여도 낙심하지 아니하며 (고후 4:8)

은혜의 간구

오늘도 불꽃같은 눈으로 우리의 머리털까지도 세시는 아버지 하나님!

이 시간, 오랫동안 교회에 나오지 못한 한 형제(자매)를 위해서 기도드립니다. 어떤 이유에서 교회에 이렇게 오랫동안 나오지 않게 되었는지 우리는 알 수 없지만, 다시 한번 이 형제(자매)에게 믿음을 허락해 주시고, 주님의 전으로 불러 주셔서 하나님을 경배하며, 주의 자녀들과 아름다운 교제를 나눌 수 있도록 도와주시옵소서.

가정의 돌봄

이 시간 닫혀진 형제(자매)의 마음속에 친히 찾아가 주셔서 마음을 열어주시고 주님을 다시 영접할 수 있는 믿음을 허락해 주시옵소서. 혹시 형제(자매)가 사람에게 받은 마음의 상처가 있다면, 위로하여 주시고 다시는 사람으로 인하여 실족하지 않도록 지켜 주시옵소서. 오직 주님만 바라보는 믿음을 허락해 주시옵소서.

우리 교회에 와서 믿다가 낙심한 성도를 위하여 기도하오니 주님 붙들어 주시옵소서. 아흔 아홉 마리 양을 놔두고 한 마리 양을 찾으러 다니시는 주님의 심정을 저희들이 아오니 이 형제(자매)가 하루속히 교회에 나올 수 있도록 그에게 믿음과 은혜를 베풀어주시옵소서. 이 잃어버린 양을 돌아오게 해 주실 줄 믿사오며, 예수님의 이름으로 기도드립니다. 아멘.

3. 낙심하지 않는 신앙생활

 우리가 선을 행하되 낙심하지 말지니 피곤하지 아니하면 때가 이르매 거두리
라 (갈 6:9)

인도함의 고백

자비하신 하나님 아버지 감사합니다. 길이 참으시고 저희의 영혼을
위해 지금도 기도하시며 끝까지 인내하시는 사랑에 감사합니다. 마귀는
오늘도 두루 다니며 삼킬 자를 찾고 있는데 저희들의 관심과 사랑이 부
족하여 잘 돌보지 못한 죄를 용서하여 주시고 저들을 위해 더욱 기도하
고 지속적인 사랑을 베풀 수 있게 하여 주시옵소서.

치유의 고백

저들의 마음을 혼미케 하여 교회를 멀리하게 하는 악한 마귀 사탄의
세력들은 나사렛 예수님의 이름으로 떠나가게 하시고, 성령님께서 지금
찾아가시어서 그의 영혼이 사탄의 권세에서 놓이며 주님 품으로 달려 나
오게 하여 주시옵소서.

저들이 육신의 정욕과 안목의 정욕과 이생의 자랑에서 헤어 나와 세상
과 비할 바 없는 하나님의 사랑을 만나게 하여 주시옵소서. 너희 인내로
구원을 이루리라고 하신 예수님의 이름으로 기도드립니다. 아멘.

4. 하나님을 자랑하며 살아가는 성도

 그러므로 너희에게 구하노니 너희를 위한 나의 여러 환난에 대하여 낙심치 말라 이는 너희의 영광이니라 (엡 3:13)

은혜의 간구

좋으신 하나님 아버지, 감사를 드립니다. 우리의 죄를 위하여 예수 그리스도께서 대신 죽으시고 부활하시어 우리의 산 소망이 되어 주시니 참으로 감사를 드립니다. 교회는 예수님의 피로 값 주고 사신 그리스도의 몸임을 고백합니다. 교회의 한 지체로서 같이 예배하며 하나님의 사랑 안에서 교제를 나누던 ○○○성도의 심령 속에서도 동일하게 역사 하실 줄 믿습니다.

돌봄의 은혜

하나님 아버지, 어떠한 사정이 있어 교회에 장기결석하고 있사오니 주님께서 그 사정들을 바꿔주시옵소서. 그것이 외적인 것이든 내적인 것이든 주님께서 예배드리기에 합당한 환경과 심령으로 변화시켜 주시옵소서. 나의 안에 거하라고 하신 하나님, 이 시간 간구하오니 사랑하는 성도가 어디에서 무슨 일을 하든지 그리스도의 몸된 교회를 생각하게 하시고 예수님 안에서 한 형제 되었사오니 그들과 같이 예배함으로 하나님의 은혜를 덧입어 살게 하시고 교제함으로 하나님의 사랑을 나누는 성도님이 되게 하여 주시옵소서.

무엇보다도 하나님을 예배하는 일을 삶의 최우선 순위에 둘 수 있도록 은혜를 베풀어주시옵소서. 예배를 통하여 하나님을 영화롭게 하며 예배를 통하여 새 힘을 얻어 세상을 능히 이기고 하나님의 자녀로서 살아가는 성도님 되게 하옵소서. 예수님의 이름으로 기도합니다. 아멘.

5. 낙심치 않기 위하여

 너희가 피곤하여 낙심치 않기 위하여 죄인들의 이같이 자기에게 거역한 일을 참으신 자를 생각하라 (히 12:3)

은혜의 간구

사랑의 주님! 우리를 주의 사랑으로 돌보심을 감사합니다. 우리가 부족하고 연약하지만 우리를 지키시고 인도하여 주심을 감사 드립니다. 주님께서 말씀하신 것처럼 이 세상의 일들이 헛되고 헛되며 모든 것이 헛된 것 인줄을 알지만 우리의 일상에 매여 하나님을 멀리할 때가 많습니다. 우리의 눈이 어두워서 우리에게 예비된 아름다운 천국이 유산으로 상속되어 있사오니 이 땅에서 사는 동안 사람들을 바라보며 낙심하지 않게 하옵소서.

사랑의 주님! 평생을 수고해도 얻을 수 없는 생명과 영원한 천국을 볼 수 있는 눈을 열어주시어, 이 땅을 바라보지 말고 천국을 바라보며 멈춰 설 수 있게 하시고, 오늘 우리가 무엇을 먼저 해야 할지를 알게 하옵소서.

구원의 중보

주님은 이 땅에 오셔서 병들어 누워있는 자리에 찾아 오셔서 치료해 주셨으며, 돌에 맞아 죽게 된 여인에게 다가가셔서 죄를 사하여 주셨사오니 우리의 일터에, 찾아오시어서 어루만져주시옵소서.

이제 저희들 그 사랑의 주님께 모든 짐 내려놓고 주님의 인도하심을 따라 살아가게 하옵소서. "수고하고 무거운 짐 진 자들아 다 내게로 오라 내가 너희를 쉬게 하리라" 말씀하신 주님, 우리의 짐을 주님께 맡기오니 성령으로 축복하여 주시어서 우리가 날마다 주님만을 찬양하며 살게 하옵소서. 예수님 이름으로 기도합니다. 아멘

6. 믿음으로도 온전히 순종하며

 또 아들들에게 권하는 것같이 너희에게 권면하신 말씀을 잊었도다 일렀으되 내 아들아 주의 징계하심을 경히 여기지 말며 그에게 꾸지람을 받을 때에 낙심하지 말라 (히 12:5)

인도와 보호하심

사랑의 주님! 우리들을 생명으로 인도하시기 위해 아무도 질 수 없는 십자가를 지시기까지 사랑하심을 진심으로 감사드립니다. 주님께서 생명을 주시기까지 저희들이 하나님의 사랑을 받아 크고도 놀라우신 은혜를 발견하게 하심을 감사드립니다.

위로의 은혜

사랑의 주님! ○○○성도가 주님을 처음 만나 울며 고백하던 첫사랑을 어디서 잃어버렸는지 깨닫게 하시고 그 주님과 첫사랑의 고백을 회복하여 예수 믿는 즐거움이 차고 넘치는 가정 되게 하옵소서.

자나 깨나 무엇을 하든지 주님 한 분만으로 만족하며 이 땅에 사는 날 동안 믿음으로 최고의 행복을 누리게 하옵소서. 다시 돌아온 아버지의 품안에서 더 뜨겁고 따뜻한 사랑을 누리며 감사하게 하옵소서. 이제는 주님의 뜻이라면 겨자 씨 만한 믿음으로도 온전히 순종하며 작은 일에 더 착하고 충성된 종이라 칭찬 받아 하나님께 영광 돌리게 하옵소서. 거룩하신 예수님의 이름으로 기도드립니다. 아멘!

7. 주께서 회복시켜 주실 때

 높음이나 깊음이나 다른 아무 피조물이라도 우리를 우리 주 그리스도 예수 안에 있는 하나님의 사랑에서 끊을 수 없으리라 (롬 8:39)

어려움의 고백

하나님 아버지, 예수께서 피로 값 주고 사신 교회 공동체 가운데 삶의 어려움과 시험, 분주함, 생계로 인하여 오랜 시간 동안 주님 앞에 나오지 못하는 사랑하는 백성들을 기억하여 주옵소서.

지난날 교회 안의 지체들로 인하여 시험을 당하였다면, 주님께서 그 마음에 찾아가셔서 위로하여 주시고 사람을 바라보지 않고 모든 어려움을 통해 하나님이 원하시는 것이 무엇인지를 겸손함으로 알게 하여 주시고, 오직 하나님 한 분만을 신뢰하며 예수 그리스도 한 분만으로 인하여 소망을 갖고 살수 있도록 인도하여 주옵소서.

돌봄의 은혜

이 시간 사랑하는 성도 직장의 문제로 인하여, 생계의 어려움으로 인하여 신앙생활을 게을리 했습니다. 용서하여 주시고 이제 마음을 새롭게 함으로 그동안 쉬었던 신앙생활을 온전히 할 수 있도록 축복하여 주옵소서. 주님께서 이 시간 사랑하는 성도의 삶을 간섭하여서 사람들이 알지 못하는 그 심령의 깊은 고민과 갈등의 문제들을 치유하여 주시고, 다시 주님께로 나아와 더 나와 신앙생활을 할 수 있도록 회복시켜 주시옵소서. 우리를 구원하신 예수 그리스도의 이름으로 기도드립니다. 아멘.

8. 하나님의 음성

 내 영혼아 네가 어찌하여 낙망하며 어찌하여 내 속에서 불안하여 하는고 너는 하나님을 바라라 나는 내 얼굴을 도우시는 내 하나님을 오히려 찬송하리로다 (시 43:5)

인도와 보호하심

사랑의 하나님. 지금까지 사랑하는 성도를 지켜주시고 인도하심을 감사합니다. 우리와 같이 신앙 생활하다가 개인적인 어려움으로 교회에 출석하지 못했습니다. 그러나 주님께서는 늘 성도의 곁에서 지켜주시고 보호하고 계심을 감사 드립니다.

이제 사랑하는 성도가 잠시 쉬었던 신앙생활을 회복하고 주님의 피 값으로 사신 교회에 일원으로서 예배에 참여하게 하시고 구역예배와 삼일예배도 참여하여 하나님께 영광을 돌리게 하여 주시옵소서. 행여 마음이 상했던 것 있으면 이 시간에 마음을 치유하여 주시고 믿음을 새롭게 하여 주시옵소서. 구역장과 권사님이 찾아와서 기도할 때마다 주님이 이 가정에 복을 더하여 주시고 모든 구역 식구들과 하나 되게 하여 주시옵소서.

은혜의 간구

이제는 사랑하는 성도가 주님을 멀리하지 않고 가까이 하여 주시고, 주님과 동행하는 삶이 복됨을 알게 하셔서 거룩한 성도의 삶을 따라가기 위하여 힘쓰고 애쓰는 주의 백성이 되게 하여 주옵소서. 또한 사랑하는 성도가 기도의 깊이를 알게 하셔서 기도할 때마다 하나님의 음성을 듣게 하시고 찬송할 때마다 그의 영이 맑아지게 하시고 아랫것보다는 하늘의 아름다움 것에 마음을 두게 하셔서 아버지의 사랑의 깊이와 넓이를 날마다 알아가게 하여 주시옵소서. 예수님의 이름으로 기도드립니다. 아멘.

9. 주일 성수

 내 영혼아 네가 어찌하여 낙망하며 어찌하여 내 속에서 불안하여 하는고 너는
하나님을 바라라 그 얼굴의 도우심을 인하여 내가 오히려 찬송하리로다
(시 42:5)

인도함의 고백

은혜가 풍성하시며 전능하신 하나님 아버지! 오늘 사랑하는 OOO성도
의 가정에 와서 주님 앞에 영광 돌리며 기도드릴 수 있게 하시니 감사드
립니다. 하나님 아버지께서는 보잘 것 없는 저희들을 사랑하셔서 독생자
예수 그리스도를 이 땅에 보내주시어 죄 사함을 받게 하시고 몸 된 교회
를 통하여 구원의 역사를 계속 하시고 계심을 감사드립니다.

돌봄의 은혜

바라옵기는 이 가정이 주의 제단에 나오는 일에 게으르지 않게 하여
주시고 말씀을 통하여 주님의 은혜를 받는 축복을 허락하여 주시옵소서.
주님께서는 말씀을 가까이 하는 사람이 복을 받는다고 하셨으니 이 말씀
대로 주님의 몸 된 교회를 중심으로 신앙 생활하게 하여 주시옵소서.
어려운 형편과 조건들도 다 이기고 나와서 주일을 성수 하는데 합당하
게 하옵시고 주님의 풍성한 은총을 누리며 복되게 살게 하여 주옵소서.
예수 그리스도의 거룩하신 이름으로 기도합니다. 아멘.

10. 하나님께 예배

 부지런하여 게으르지 말고 열심을 품고 주를 섬기라(롬 12:11)

인도함의 은혜

전능하시고 자비로우신 하나님 아버지! 감사와 찬양을 드리나이다. 주님의 인도하심으로 주님께 영광을 돌리게 하시니 감사를 드립니다. 사랑의 예수님! 저희들은 나약하고 믿음이 약하여 쉽게 주님의 사랑을 망각하기 쉽고 낙심하오니 저희들 버리지 마시고 주님의 품안에서 위로 받게 하셔서 새로운 힘을 주시옵소서.

돌봄의 은혜

사랑의 하나님 아버지. 이제 옛 사람을 완전히 벗어버리고 다시 믿음의 생활을 하게 하시며 더욱 축복하시고 감찰하셔서 마음에 낙심하는 일이 없게 하시고 늘 주님의 사랑에 감사하는 생활이 되게 하옵소서. 사랑하는 교우들과 함께 주님의 전에서 하나님께 예배를 드릴 수 있도록 인도하여 주옵소서. 생명을 구원하신 거룩하신 예수님의 이름으로 기도드립니다. 아멘

마음을 향한 기도

- 어거스틴 -

하나님이 어디 계신가 보라
진리를 맛볼 수 있는 곳에
하나님은 계신다
그분은 마음에 매우 가까이 계신다
하지만 마음은 그분을 떠나 방황한다
죄인이여,
네 마음으로 돌아오라
그리고 그 마음을 만드신 이를 붙들어.
그분과 함께 서라
그러면 든든히 서게 되리라
그분 안에 쉬라
그러면 진정으로 쉬게 되리라

19장 영적 무기력증에 빠진 자들을 위한 돌봄 기도

영적 침체에서 자유하라
우리의 삶을 인도하여 주옵소서
영적 침체로부터 일으켜 세워주시옵소서
오직 주의 손에 의지하여
영적으로 침체된 성도를 위한 기도
성령으로 충만하게 하옵소서
믿음이 자라게 하시는 하나님
예수를 바라보자
그 의를 회복하라
은혜로운 신앙의 모습으로

돌봄 기도의 원리

신앙생활을 성령의 역사함 없이 형식적으로 하다가 보면 매너리즘 (mannerism)에 빠져서 신앙이 습관화된다. 곧 그것은 그 신앙이 형식적 습관적인 신앙이 되기 쉽다. 그래서 오랫동안 신앙생활을 한 사람들 중에 성령의 힘을 공급받지 못하면 영적 침체에 빠지게 되는 경우를 보게 된다. 이때 성도들이 영적 침체에 빠지지 않기 위해서는 제3의 힘의 도전을 받던지 아니면 자신의 영적인 모습의 심각성을 깨닫고 새 힘을 공급받아야 한다. 그렇지 않으면 자신도 모르는 사이에 영적 침체에 빠져 버린다. 그럼으로 영적 무기력증에 빠진 사람들이 새로운 탈출구를 위해서는 성령님의 도우심을 힘입어 하루 빨리 침체의 늪에서 빠져 나올 수 있도록 해야 한다.

엘리야가 영적 무기력 증에 빠질 때 하나님께서 그에게 먹고, 쉬게 하게 하시고 새 힘을 주신 것처럼 돌봄자들은 영적 무기력 증에 빠진 사람들에게 위로와 격려, 또는 새 힘을 얻을 수 있는 성령의 도움심을 경험하게 해야 한다.

이때 돌봄자들은 영적 무기력 증에 빠진 사람들을 위해서 기도를 해주어야 한다. 영적 무기력 증에 빠진 사람들은 대부분 매사가 부정적이며, 삶의 의욕이 없기 때문에 깊은 자기 번뇌와 고민, 삶의 의욕을 모두 소진하고 낙심하고 있는 상태이다. 이때 돌봄 자들은 새 힘의 원천인 하나님께서 영적 침체, 무기력 증에서 빠져 나올 수 있도록 성령의 공급하심이 필요하다.

그래서 이때의 기도는 깊은 기도의 세계와 말씀을 체계적으로 배우는 영적 자아상을 확립하도록 기도해야하며 동시에 산 소망이신 하나님께서 용기와 격려, 참 인생의 목적을 주시는 분임을 알고 회복을 간구하는 기도가 영적 무기력증에 빠진 사람들을 위한 기도이다.

1. 영적 침체에서 자유하라

 하나님이 레히에 한 우묵한 곳을 터치시니 물이 거기서 솟아나오는지라 삼손이 그것을 마시고 정신이 회복되어 소생하니 그러므로 그 샘 이름은 엔학고레라 이 샘이 레히에 오늘까지 있더라 (삿 15:19)

용서의 고백

생명의 주가 되시는 아버지 하나님! 죄로 말미암아 영원히 죽었던 저희들을 그리스도의 십자가의 보혈로 구속하여 주심을 감사합니다. 지난 날 너무 일에 치우쳐서 열심히 살다가 이제 모든 힘이 소진되어서 영적 무기력증에 빠졌습니다. 이일로 주님과의 교제의 시간이 짧아지므로 멀어졌습니다. 이제 다시 성령의 능력으로 회개의 영을 부어주셔서 거룩한 영성을 회복할 수 있게 해 주옵소서. 다시 말씀과 기도의 자리로, 거룩한 영성의 자리로 돌아갈 수 있도록 도와주옵소서.

회복의 은혜

저희 인생들은 연약하여 하나님의 사랑과 은총을 망각하고 세상의 유혹과 죄악의 유혹에 빠져 들어갈 때가 있습니다. 연약함을 능력의 팔로 붙들어 주시옵소서. 어떠한 어려운 일을 만날지라도 생명의 주를 떠나지 않게 하시며, 영원한 구원의 소망을 잃지 않게 하옵소서. 이제 저희들에게 죽음에서 새 생명으로 구원하신 그 구원의 감격을 회복할 수 있도록 도와주옵소서.

처음 사랑을 회복케 하옵소서. 그리하여 이기는 자에게 주시는 생명나무의 과실을 얻게 하시며 주님으로 말미암아 참 승리자가 되게 하옵소서. 인생의 연약함을 주께서 아시오니 저희들에게 참 생명이 있음을 깨닫고 돌아와 하늘 소망을 바라보며 새로운 삶과 믿음으로 새 출발하여 주님만을 바라보게 하옵소서. 예수님 이름으로 억눌렸던 모든 것이 떠나가게 하시고 자유함을 누리게 해 주옵소서. 우리를 죄악 가운데서 구원하여 주신 예수 그리스도의 이름으로 기도드립니다. 아멘.

2. 우리의 삶을 인도하여 주옵소서

 주는 나를 용서하사 내가 떠나 없어지기 전에 나의 건강을 회복시키소서
(시 39:13)

인도함의 은혜

우리의 목자되신 하나님! 이 아름다운 계절을 허락하신 주님께 감사드립니다. 나무들도 꽃피어 하나님께 영광과 찬양을 돌리듯이 우리들도 감사를 드립니다. 봄이 오면 온 땅에 새로운 변화가 있듯이 우리들의 신앙에도 새 바람이 일기를 원합니다. 우리의 믿음의 생활도 주님의 사랑과 은혜가 가득하게 넘치게 하여서 주님의 뜻을 이루게 하옵소서.

돌봄의 은혜

신앙생활에서도, 가정 생활도, 직장과 사업장에서도 주님의 사랑으로 넘치게 하사 주님의 사랑이 우리 마음에 강같이 넘치게 하옵소서. 주님께서 우리를 구원하신 첫사랑의 기쁨을 날마다 누리면 살기를 소원합니다. 사랑의 주님! 많은 꽃들이 피어나 사람들에게 희망을 주는 이 계절에 우리에 심령에도 성령에 불꽃이 활활 타오르게 하옵시고 연약하고 나약한 믿음을 가진 성도들이 강하고 담대한 믿음으로 바뀌게 하옵소서.

병들어 신음하는 지체를 주님에 손길로 안수하시고 권능의 손으로 치유하여 주옵소서. 우리의 신앙이 회복되게 하여서 우리가 변화된 성도의 삶이 되게 하옵소서. 소망의 주인 되신 예수님의 이름으로 기도드립니다. 아멘

3. 영적 침체로부터 일으켜 세워주시옵소서

 주의 구원의 즐거움을 내게 회복시키시고 자원하는 심령을 주사 나를 붙드소서 (시 51:12)

인도함의 고백

사랑과 은혜가 많으신 아버지 하나님! 이 시간 영적으로 어려움에 빠진 한 형제(자매)를 위해서 기도드립니다. 심한 영적 무기력증에 빠져서 방황하고 있사오니 성령님께서 힘을 주셔서 다시 일어날 수 있는 능력을 더하여 주시옵소서.

회복의 은혜

사탄 마귀는 우는 사자와 같이 삼킬 자를 찾고 있는 이 때에, 영적인 침체에 빠져 있는 주의 자녀들을 지켜 주시어서 영적인 힘을 회복하게 하옵소서. 또한 사탄과 맞서 싸워 능히 승리할 수 있는 믿음을 저해 주시기 원합니다.

에스겔 골짜기의 마른 뼈들이 주의 말씀으로 다시 살아난 것처럼, 영적 침체에 빠진 형제를 일으켜 세워주시고, 힘을 더하여 주시사 주의 사명을 능히 감당하게 하시옵소서.

사랑의 주님! 우리의 연약한 모습을 아시지 않습니까? 어떤 때는 베드로와 같이 믿음이 하늘을 찌를듯하지만 자주 쓰러지고 넘어지는 연약한 저희들을 버려두지 마시고, 성령 충만하게 하시어서 날마다 영적으로 성장하게 하옵소서. 이제부터는 이 형제(자매)가 늘 성령 충만하며 영적인 침체에서 일으켜 세워 주시옵소서. 날마다 성령께서 우리 가운데 충만히 임하실 줄 믿사오며, 예수님의 이름으로 기도드립니다. 아멘.

4. 오직 주의 손에 의지하여

무리를 둘러보시고 그 사람에게 이르시되 네 손을 내밀라 하시니 저가 그리하
매 그 손이 회복된지라 (눅 6:10)

인도함의 은혜

전능하신 하나님 아버지, 베푸신 은혜를 감사합니다. 죄로 인하여 멸
망당할 수밖에 없는 우리들을 구속의 은혜로 하나님의 자녀라는 존귀한
신분을 허락하셨으니 참으로 감사를 드립니다. 저희들 하나님의 자녀 되
었으니 주시는 능력을 공급받아 세상에서 권세 있게 살수 있게 하옵소
서.

인도함의 고백

우리 안에 계신 성령님께서 또한 말할 수 없는 탄식으로 간구하고 계
심을 믿습니다. 우리의 마음속에 살아 계셔서 역사하신 주님께서 독수리
가 날개 치며 올라가듯 세상을 향하여 나아갈 수 있도록 은혜를 베풀어
주시옵소서.

저희들은 주님의 자녀입니다. 어둠의 세력들을 예수 이름으로 물리치
게 하시고 하나님이 주시는 담대함으로 사탄을 대적하며 세상을 향하여
승리를 선포하며 나아가게 하여 주시옵소서.

하나님이 함께 하시는데 무엇이 두렵겠습니까? 예수 이름으로 명하
노니 성도의 영혼 속에서 틈타고 있는 악한 영은 다 떠나갈지어다! 권능
의 오른손으로 주님의 자녀를 다시 일으켜 세우실줄 믿사옵니다. 영적
무기력증에서 회복되게 하옵소서. 능력이 많으신 예수님의 이름으로 기
도합니다. 아멘.

5. 영적으로 침체된 성도를 위한 기도

 주의 구원의 즐거움을 내게 회복시키시고 자원하는 심령을 주사 나를 붙드소
서 (시 51:12)

돌봄의 고백

사랑의 주님! 우리를 자비의 눈으로 바라보시며, 주의 사랑으로 품어
주심을 감사합니다. 오늘도 병들어 누운 자식을 바라보며 자리에서 일어
나기를 바라는 아비처럼, 몸 약한 자식에게 좋은 것으로 먹이며 건강하
기를 바라는 어미처럼, 우리가 강건하기를 바라시는 하나님 아버지, 우
리는 주님의 사랑을 다 헤아리지 못하지만 우리를 언제나 사랑하시는 줄
믿습니다.

돌봄의 은혜

주님의 은혜가 아니면 우리 영혼을 병들게 하는 것들로부터 벗어날 수
없사오니 걱정과 근심과 불행과 두려움의 사슬을 스스로 끊어버리게 하
옵소서. 이 시간 성령께서 찾아오셔서 마음에 평화를 맛보게 하시고, 구
원의 찬송을 부를 수 있는 은혜를 주옵소서.

또한 저희들이 구원의 주님께 나아와 찬양하며 도우심을 구하며, 겸
손으로 무릎 꿇고 간구하오니 성령으로 임하셔서 영적 무기력증이 떠나
가게 하시고 위로와 평화가 마음에 넘치길 원합니다. 우리를 치료하여
기쁨이 회복되게 하시는 예수님의 이름으로 기도합니다. 아멘.

6. 성령으로 충만하게 하옵소서

 소망의 하나님이 모든 기쁨과 평강을 믿음 안에서 너희에게 충만케 하사 성령의 능력으로 소망이 넘치게 하시기를 원하노라 (롬 15:13)

돌봄의 은혜

사랑으로 역사하시는 주님, 당신의 임재와 사랑을 느끼지 못한 채 기쁨도 소망도 없이 영적으로 침체하여 무기력하게 신앙생활을 하는 저희들입니다. 이 시간 성령 충만으로 침체되어진 심령 위에 새로운 활력소를 불어 넣어주시고 생수의 강물이 흘러넘치게 하옵소서. 모든 영적인 무기력으로부터 악한 어둠의 세력들이 다 떠나가게 하옵소서.

오직 성령의 능력으로

이 시간 성령의 충만으로 무기력한 영혼이 힘을 얻고 다시 기도하는 삶을 살 수 있도록 인도하여 주시기를 원합니다. 지금 이 시간 나사렛 예수 그리스도 이름으로 명하노니 무기력으로 개인의 심령을 탈진하게 만드는 어두운 악한 영은 풀어질 지어다. 예수 그리스도의 이름으로 떠날 지어다.

주의 성령으로 이 영혼을 다스려 주옵소서. 성령으로 기름 부으소서. 주님만이 우리의 영혼을 깨워주시고 회복시켜 주시는 분임을 고백합니다. 다시 주님만을 사랑하고 주님을 의지하오니 열정적으로 헌신할 수 있도록 성령의 충만으로 역사하여 주옵소서. 예수님의 이름으로 기도드립니다. 아멘!

7. 믿음이 자라게 하시는 하나님

 술 취하지 말라 이는 방탕한 것이니 오직 성령의 충만을 받으라 (엡 5:18)

회복의 은혜

은혜의 삶을 주신 하나님 아버지 감사 드립니다. 주께서 값없이 선물로 주신 우리의 삶이오니, 의심하며 살아가지 않기 원합니다. 욕심을 채우기 위해 살지 않기 원합니다. 하나님의 약속에서 제외된 삶을 살지 않기 원합니다. 육신을 위하여 심는 자로 살지 않기 원합니다. 특별히 삶에 이끌려 다니지 않고 두려워하지 않으며 오직 하나님 한 분만을 의지하며 믿음의 능동적인 삶을 살아가게 하여 주시기를 원합니다. 예수님을 부인하고 배신한, 베드로를 불러 주신 주님, 주의 자녀인 우리에게도 믿음의 확신을 심어 주옵소서.

인도함의 고백

두려워하는 제자들에게 담대함을 심어주신 주님, 주의 백성에게도 담대함을 심어 주옵소서. 성령에 이끌려 살게 하시고 하나님의 말씀을 들으며 믿음이 자라는 삶이 되게 하옵소서. 저희들 믿음에 굳게 서서 하나님을 온전히 의지하고 역동적인 삶으로 살게 하여 주옵소서. 성령의 충만함을 통해 변화되게 하시고, 성령 충만함을 더하여 주옵소서. 초대교회의 사도들처럼 구원의 감격과 기쁨을 누리게 하옵소서. 예수 그리스도의 이름으로 기도합니다. 아멘.

8. 예수를 바라보자

믿음의 주요 또 온전케 하시는 이인 예수를 바라보자 저는 그 앞에 있는 즐거움을 위하여 십자가를 참으사 부끄러움을 개의치 아니하시더니 하나님 보좌 우편에 앉으셨느니라 (히 12:2)

어려움의 고백

지금도 살아 계셔서 일하시는 하나님 아버지! 하나님께서는 지금도 저희들을 사랑하고 계심을 믿습니다. 저희들 날마다 하나님의 사랑의 약속을 듣고 믿고 하나님의 현존하심과 체험케 하여 주시옵소서. 저희들 믿음들이 하나님을 신뢰하는 삶이 되게 하여 주옵소서. 영적 무기력증에 빠졌지만 하나님께서 저희들을 돌보신다 것을 알고 더욱 건강하게 예수님의 가르침을 따라 살아가는 삶이 되게 하여 주시옵소서.

회복의 은혜

저희들의 심령이 하나님의 말씀으로 회복되기를 원합니다. 오직 주님만 의지하며 좌로나 우로나 치우치지 않고 한결 같은 모습으로 진리의 편에 서게 하옵소서. 잠시 영적 침체로 의욕을 잃고 상심에 빠져 있는 이 성도들을 속히 수렁에서 건져 주시옵소서.

우리는 그 연유는 알 수 없사오나 하나님께서 상한 심령을 고쳐주시고 연약한 부분을 강건케 하여 주시옵소서. 이것은 우리 모두는 보통 인간일지라도 이제 우리가 영적 침체에서 회복되어서 하나님께 닫혔던 마음, 바위 같은 마음의 문을 열어 주셔서 은혜로운 모습으로 옛 신앙의 모습을 회복케 하여 주시옵소서. 우리의 구세주 되시는 예수님의 이름으로 기도드립니다. 아멘.

9. 그 의를 회복하라

 그는 하나님께 기도하므로 하나님이 은혜를 베푸사 그로 자기의 얼굴을 즐거이 보게 하시고 사람에게 그 의를 회복시키시느니라 (욥 33:26)

은혜의 간구

아버지 하나님 감사를 드립니다. 오늘도 좋은 일기 주셔서 하나님을 찬양케 하시니 감사를 드립니다. 우리 성도 중에 영적으로 침체된 분들이 있습니다. 이 시간 하나님께서 함께 해 주시사 독수리처럼 날개 치며 올라가는 신앙의 생활이 되게 하여 주시옵소서.

돌봄의 고백

"사랑하는 자여 네 영혼이 잘 됨같이 네가 범사에 잘되고 강건하기를 내가 간구하노라"고 말씀하신 것처럼 영혼의 회복이 일어나게 하여 주시옵소서. 엘리야가 이세벨이 죽이려 하자 도망하여 로뎀나무 아래 앉아서 죽기를 구할 때 천사들을 통해 떡과 물을 공급하신 아버지 하나님,

우리 사랑하는 성도들 지켜 주시사 하나님 주시는 힘과 용기를 갖게 하옵소서. 우리의 믿음의 주가 되시며 소망이 되신 주님을 찬양하오니 아버지를 구할 때 아버지의 도움이 임하게 하여 주시옵소서. 우리는 연약하여 스스로 설 수 없는 인간이오니 은혜로 세워 주시사 일어서게 하여 주시옵소서. 예수님 이름으로 기도 드리옵나이다. 아멘.

10. 은혜로운 신앙의 모습으로

 정사와 권세를 벗어 버려 밝히 드러내시고 십자가로 승리하셨느니라 (골 2:15)

은혜의 간구

사랑의 하나님 아버지! 이 시간 저희들을 사랑하셔서 구원해 주시니 감사합니다. 한 영혼을 위해 예수님께서 친히 십자가에 못 박혀 죽으시기까지 사랑하시는 하나님 아버지, 영적 침체로 무기력 증에 빠진 저희들을 건져주시고 일으켜 주시어 예전보다 더욱더 강건케 하여 주시옵소서. 하나님의 말씀으로 회복되기를 원합니다. 오직 주님만 의지하며 좌로나 우로나 치우치지 않고 한결같은 모습으로 진리의 편에 서게 하옵소서.

인도함의 고백

잠시 영적 침체로 의욕을 잃고 상심에 빠져 있는 저희들을 속히 수렁에서 건져 주시옵소서. 상한 심령을 고쳐주시고 연약한 부분을 강건케 하여 주시고 연약한 심령을 어루만져 주시어 하나님의 품을 떠나지 않고 감사하며 살수 있게 하옵소서.

이 시간 저희들 닫혔던 마음, 바위 같은 마음의 문을 열어서 은혜로운 모습으로 돌이키게 하옵소서. 그래서 강건한 믿음으로 회복되어서 주님의 충성된 일군이 되게 하옵소서. 예수님 이름으로 기도 드리옵나이다. 아멘.

아픈 날의 일기

- 이해인 -

돌부리에 걸려 넘어져
무릎과 이마를 다친
어느 날 밤

아프다 아프다
혼자 외치면서
정신이 번쩍 들었습니다

편할 때는 잊고 있던
살아 있음의 고마움
한꺼번에 밀려와
감당하기 힘들었지요

자기가 직접 아파야만
남의 아픔 이해하고
마음도 넓어진다던
그대의 말을 기억하면서
울면서도 웃었던 순간

아파도 외로워하진 않으리라
아무도 모르게 결심했지요

상처를 어루만지는
나의 손이 조금은 떨렸을 뿐
내 마음엔 오랜 맘에
환한 꽃 등 하나 밝혀졌습니다

20장 환난, 시험을 당한 자들을 위한 돌봄기도

고난에서 자유하라
이 시험을 이겨내게 하옵소서
너무 견디기 어려워질 때
하늘의 신령한 것을 깨닫는 지혜를 주옵소서
용기를 부어 주옵소서
환난 앞에서도 맞서 싸울 수 있는 용기
마음의 평안과 담대함을 주옵소서.-
더욱 굳세게 붙잡아 주시고
위로의 은혜를 주옵소서
더욱 믿음이 성장하라

돌봄 기도의 이론

신앙생활 속에서 성도들이 자신의 실수, 개인의 실수, 어리석음을 통해서 환난이나, 시험, 유혹, 어려움을 당 할 수가 있다. 이때 당하는 어려움은 치명적이다. 모든 것을 다 잃어 버렸기 때문에 극도의 절망 상태이기 때문이다. 그래서 돌봄 자들은 그들이 가진 마음을 헤아리면서 참고 견딜 수 있도록 한다. 마치 마게도냐 교회에 환난과 시험이 다가왔을 때 자족함으로 환난과 시험 중에도 하나님의 역사를 이룬 것처럼 격려하면서 위로의 용기를 주면서 기도를 해야 한다.

이때 환난과 시험을 당한 사람들이 낙망하지 않도록 기도해 주면서 그들의 삶이 앞으로 풍성함을 맛보는 기회가 되도록 해야 한다. 또한 인간의 힘이 아닌 오직 성령님의 도우심을 통하여 환난과 시험을 이기고 주님의 뜻을 발견하는 아름다운 시간이 되게 해야 한다. 대부분 환난과 시험을 당한 사람들은 지푸라기라도 의지하는 경향이 있다. 이때의 전적인 하나님이 주권 속에서 용기와 소망을 주고 격려하는 기도가 환난, 시험을 당한 자들을 위한 돌봄 기도이다.

이때의 기도는 새 힘을 주며 욥과 같이 어떤 경우에라도 낙심하지 않고 끝까지 믿음으로 승리 할 수 있도록 자신과의 싸움에서 승리하는 기도를 해야 한다. 그래서 시험을 이겨서 환난은 인내를, 인내는 연단을, 연단은 소망을 이루며 사는 믿음을 가지도록 하기 때문이다. 또한 환난에서의 돌봄은 우리가 성공하고 기쁠 때에만 하나님과 함께 하는 것이 아니라 우리가 시험 중에 도 우리와 함께 하심을 믿어서 끝까지 이 시험을 이겨내도록 하여서 더욱 더 강건한 믿음을 소유할 수 있도록 축복해 주는 기도가 되어야 한다.

1. 고난에서 자유하라

 가라사대 너희가 너희 하나님 나 여호와의 말을 청종하고 나의 보기에 의를 행하며 내 계명에 귀를 기울이며 내 모든 규례를 지키면 내가 애굽 사람에게 내린 모든 질병의 하나도 너희에게 내리지 아니하리니 나는 너희를 치료하는 여호와임이니라 (출 15:26)

위로의 은혜

우리 마음속까지 감찰하시는 하나님 아버지! 지금까지 저희들이 평안함 속에서 살 수 있게 하심을 감사합니다. 그러나 원치 않게 환난과 시험으로 인하여 힘들어하고 있습니다. 주님 이곳에 오셔서 평안으로 인도하여 주옵소서. 우리 심령 속에 숨겨져 있는 죄악들을 사하여 주시고 주님이 굳게 붙잡아 주시어서 낙심하지 않고 믿음으로 승리하게 하옵소서.

위로의 돌봄

이 세상사는 동안 뜻하지 아니한 재난이 찾아올 때 낙심하고 원망하기보다 강한 믿음을 주시어서 낙심하지 않고 새 힘을 허락하여 주옵소서. 욥은 동방의 부자였지만 재산을 다 잃어버렸고 십 남매인 자녀들도 비참히 죽었으며 자신마저 병들었고 아내까지 저주하는 극한 시련 속에서 하나님을 원망하지 않고 도리어 찬송하며 믿음을 지켰던 것처럼 우리도 문제 앞에서 겸손히 자신을 살피며 나아가게 해 주시옵소서.

이 땅에서 나그네로 사는 동안 육체로 죄를 범하지 않게 하시고 시련을 통하여 더욱 하나님을 가까이 뵐 수 있는 은총을 주시옵소서.

돌봄의 승리

저희들이 주님의 말씀에 순종하는 자 되게 하여 주시옵소서. 또한 저희들에게 다가오는 고난이 아니고 문제가 문제가 아니며 고통이 고통이 아닌 것임을 깨닫고 더욱 강하게 하옵소서. 이뿐 아니라 저희에게 성숙한 믿음을 주옵소서. 주님의 마음을 시원케 해드리는 삶이 되게 해 주옵소서. 감사하며 사랑이 많으신 예수님 이름으로 기도드립니다. 아멘.

2. 이 시험을 이겨내게 하옵소서

 예수께서 이르시되 또 기록되었으되 주 너의 하나님을 시험치 말라 하였느니라(마 4:7).

위로의 은혜

지금도 살아 계셔서 우리의 생사화복을 주장하시는 아버지 하나님! 지금 시험에 빠져 고통 받고 있는 한 형제(자매)가 있습니다.

사랑하는 형제(자매)를 도우셔서 시험에서 능히 이길 수 있도록 은혜를 더하여 주시옵소서. 주님 말씀하시기를, "사람이 감당치 못할 시험 당함을 허락지 아니하시고" 시험 당할 즈음에 또한 피할 길을 내사 우리로 능히 감당하게 하신다고 하셨사오니, 이 말씀대로 형제(자매)가 능히 시험을 이기게 하옵소서. 담대함을 허락해 주셔서 환난은 인내를, 인내는 연단을, 연단은 소망을 이루며 사는 믿음을 허락해 주시옵소서.

영혼의 돌봄

비록 지금은 힘들고 어렵지만 이 시험을 통하여 형제(자매)가 금보다 더 귀한 믿음을 소유하게 하시고, 믿음의 용사로 거듭나게 하옵소서. 특별히 형제(자매)가 시험 중에 원망하거나 불평하지 않도록 도와 주시오며, 기쁨으로 시험을 능히 이기게 하옵소서.

주님은 우리가 성공하고 기쁠 때에만 함께 하시는 것이 아니라, 우리가 시험 중에도 우리와 함께 하심을 믿사오니 끝까지 이 시험을 이겨내게 하옵소서. 이 시험을 통해 저희의 믿음이 더욱 강건한 믿음을 소유할 수 있도록 축복해 주시옵소서. 예수님의 이름으로 기도드립니다. 아멘.

3. 너무 견디기 어려워질 때

 시험에 들지 않게 깨어 있어 기도하라 마음에는 원이로되 육신이 약하도다 하시고 (마 26:41)

상처의 치유

하나님 아버지, 환난과 시험을 당하여 어려움에 빠진 주님의 성도가 있습니다. 힘들어 낙심하는 성도를 돌아보시고 이 어려운 역경을 잘 극복할 수 있도록 힘과 지혜와 소망을 부어주시기를 기도합니다. 혹 욕심으로 인하여 어려움을 당하였다면 회개의 영을 허락하시어서 자복하게 하시고 정결하게 하여주시옵소서.

성령의 도우심

모든 것이 합력하여 선을 이룬다 하였으니 성령의 도우심을 바라보며 의지하게 하시고 겸손히 낮아짐으로 주님께 더욱더 의지하는 자 되게 하여 주시기를 기도합니다. 또한 환난 시험 중에 기도로 돕는 자를 보내주시어 용기를 얻게 하시고 영적인 힘을 얻게 하여 주시기를 기도합니다.

언제나 우리와 함께 하시며 환난 날에 중에도 용기 잃지 않고 굳건히 서서 승리하게 하옵소서. 주님이 함께 하시기를 믿습니다. 우리의 힘이 되시는 예수님의 이름으로 기도드립니다. 아멘.

4. 하늘의 신령한 것을 깨닫는 지혜를 주옵소서

 하나님은 우리의 피난처시요 힘이시니 환난 중에 만날 큰 도움이시라 (시 46:1)

은혜의 간구

환란 날에 피난처가 되시는 하나님 아버지! 저희를 죄악 가운데서 건져 주시고, 하나님의 자녀 삼아 주심을 감사 드립니다. 저희를 만세 전에 택하시고 부르셔서, 새 생명을 주신 하나님의 은혜를 다시 한 번 감사 드립니다.

하지만 그동안 지은 모든 죄들을 회개하오니, 긍휼을 베풀어주옵소서. 연약한 저희의 심령을 주께서 주장하셔서, 더 강하고 담대한 믿음으로 어떤 시련도 극복하게 하옵소서. 혹시나 시련을 당하여 죄를 범치 말게 하시고, 인내를 갖고 극복할 수 있는 믿음을 주옵소서.

영혼의 돌봄

언제나 저희가 간구하는 기도를 들어주시고, 더 풍성히 채워주시어서 하나님께서 무엇을 먹을까 무엇을 입을까 걱정 말라고 하셨지만, 육체의 소욕을 따라 살다가 시련을 당하였나이다. 이제 저희들 물질의 유익을 취하기보다 말씀에 사로잡히게 하시고, 땅의 것을 생각하기보다 하늘의 신령한 것을 깨닫는 지혜를 주옵소서.

공중에 나는 새도 먹이시고 들에 피는 백합화도 입히시는 하나님이오니 어떤 환난과 시험이 닥쳐올지라도 하나님의 말씀을 통해 흔들리지 않게 하옵소서. 말씀의 권능으로 주의 성도들이 시험을 물리치게 하옵소서. 아무리 힘들어도 독수리가 날개 치며 올라가는 새 힘을 주옵소서. 예수님의 이름으로 기도합니다. 아멘

5. 용기를 부어 주옵소서

 환난 날에 나를 부르라 내가 너를 건지리니 네가 나를 영화롭게 하리로다 (시 50:15)

인도함의 은혜

살아 계신 하나님 아버지, 죽을 수밖에 없는 우리를 살려주신 은혜에 감사 드립니다. 우리의 찬양과 경배를 받으시고 홀로 영광을 받아주옵소서. 이 시간 저희들 우리의 죄로 인하여 어려움을 만났습니다. 이 어려움으로 갈 바를 알지 못하고 헤매고 있습니다.

돌봄의 고백

우리의 어리석음과 연약함을 용서하여 주시옵소서. 이 역경의 시간을 인하여 주님께 더 가까이 나가게 하옵소서. 하나님, 모든 것이 주님의 뜻 가운데 이루어지는 줄 믿습니다. 지금 겪는 이 환난과 시험도 하나님의 섭리 가운데 있음을 믿습니다. 오직 주님의 뜻대로 이 위기를 넘기게 하옵소서. 우리의 연약함과 아무 것도 할 수 없음을 고백합니다. 주님이 위로하시고 용기를 부어 주옵소서. 이 광야와 같은 황량한 마음과 한 치 앞도 볼 수 없는 어둠의 터널을 지나 연단되어지게 하옵소서.

정금 같은 믿음이 되도록 강한 손으로 붙들어 주옵소서. 이 연약한 죄인을 도와주시옵소서. 주님의 손길로 붙드셔서 거친 세상을 헤쳐 나가서 환난 풍파 앞에서 승리하게 하옵소서. 비바람에 흔들리는 나약한 저희들을 긍휼히 여기셔서 이제 더 이상 시험에 들게 하지 마시고, 악에서 구하여 주시어서 우리의 삶의 항해의 방향을 잡아 주시옵소서. 예수님의 이름으로 기도드립니다. 아멘.

6. 환난 앞에서도 맞서 싸울 수 있는 용기

 시험을 참는 자는 복이 있도다 인정하심을 받은 후에 주께서 자기를 사랑하는 자들에게 약속하신 생명의 면류관을 얻을 것임이니라 (약 1:12)

위로의 축복

살아 계신 하나님 아버지, 환난과 시험을 당한 사랑하는 주의 자녀들이 있습니다. 지금 당하는 시험이 너무나 힘겨워 아파하고 있습니다. 이 환난과 시험에서 구원하여 주시어서 잘 감당케 하옵소서. 저희들 너무나 연약하여 넘어지오니 성령의 능력을 주시어서 환난과 시험을 믿음으로 이겨낼 수 있도록 하여 주옵소서.

영혼의 돌봄

이 환난과 시험을 피할 용기도 주시고 헤쳐 나갈 수 있는 지혜도 주시어서 주님의 뜻 가운데 인내하며 정금 같이 나올 수 있도록 붙들어 주시기를 원합니다. 주의 성령으로 이겨낼 수 있도록 하옵소서. 이 연약하고 초라한 이 죄인을 도와주옵소서. 사슴이 시냇물을 찾기에 갈급함 같이 이 불쌍한 영혼을 만나 주시기를 원합니다.

간절히 비옵기는 폭풍과도 같은 환난 앞에서도 맞서 싸울 수 있는 용기와 불같은 시험 앞에서도 참고 인내할 수 있는 불같은 믿음을 주옵소서. 거친 파도 날 향해 와도 주님 함께 어두움 구름을 헤치고 맑은 하늘로 날아오는 것을 소망하며 나의 영혼 잠잠히 왕 되신 주님을 바라보기를 원합니다. 오직 주님만이 환난에서 저희들을 건지실 분이오니 시험에 들게 하지 마옵시고 다만 악에서 구하소서. 예수님의 이름으로 기도드립니다. 아멘.

7. 마음의 평안과 담대함을 주옵소서

 나는 주의 힘을 노래하며, 아침에 주의 인자하심을 높이 부르리니, 주는 나의 산성이시며, 나의 환난 날에 피난처심이니이다 나의 힘이시여 내가 주께 찬송하오리니 하나님은 나의 산성이시며 나를 긍휼히 여기시는 하나님이심이니이다.(시59:16-17)

인도함의 은혜

하나님 아버지, 주의 사랑하는 자녀들이 환난과 시험을 당해 고통 중에 주께 부르짖나이다. 주께서 사랑하시는 자녀들을 결코 내어 버려두시지 않으시고 언제나 우리의 피난처가 되시며 주의 날개 아래 모아주시고, 친히 우리의 피할 반석이 되어주심에 감사를 드립니다.

다윗이 생명의 위협과 여러 고통을 당하는 가운데서 부르짖을 때에도 생명을 끝까지 지켜주신 것처럼 우리의 삶도 지켜주시고, 특별히 지금의 환란과 시험으로 인해 주님께 불평과 불만의 말을 내어 뱉지 않게 하시며, 주님만을 신뢰함으로 나아 갈 수 있는 마음의 평안과 담대함을 얻게 하여 주옵소서.

상처의 치유

고난을 통해 주님을 더욱 바라보게 하시고, 더 큰 은혜를 베푸심과 믿음의 성장을 통해서 신앙의 성숙함을 얻게 하옵소서. 언제나 하나님은 우리에게 복 주시길 원하시는 분이오니 저희들이 몸과 영혼이 지금의 어려움을 잘 극복하여 나갈 수 있도록 도와 주옵소서.

이 세상의 주인 되신 하나님께서 저희들과 동행하여 주시어서 우리가 고통당할 때, 사람들에게 멸시와 조롱을 받으면서도 십자가의 길을 걸어가신 믿음의 사람들이 되게 하여 주옵소서. 예수 그리스도의 이름으로 기도드립니다. 아멘.

8. 더욱 굳세게 붙잡아 주시고

 시험받는 자들을 능히 도우시느니라 (히 2:18)

돌봄의 은혜

인간의 피난처가 되시고 환난 날에 도움이 되시는 전능하신 하나님 아버지! 오늘 사랑하는 이 귀한 가정을 위해서 기도하오니 들어 응답해 주시옵소서. "환난 날에 나를 부르라. 내가 너를 건지리니 네가 나를 영화롭게 하리로다"(시 50:15)라고 말씀하신 주님! 이 가정을 돌보아 주시어서 부르짖는 기도에 응답해 주시옵소서. 인간은 아무런 힘과 능력도 없사오나 더 큰 권능으로 이 시험을 이 길 수 있도록 인도하여 주시기를 원합니다.

오직 성령의 능력으로

이 가정에 주님의 자비를 내려 주셔서 살아 계신 하나님을 체험하게 하시고 강한 믿음으로 궁극적인 승리를 맛보게 하여 주시옵소서. 회개하고 자복하는 믿음도 허락하여 주옵소서.

이 가정을 더욱 굳세게 붙잡아 주시고 한 사람도 실족 당하지 않는 담대한 믿음으로 무장시켜 주시옵소서. 전능하신 예수 그리스도의 이름으로 기도 드리옵나이다. 아멘.

9. 위로의 은혜를 주옵소서

 누가 우리를 그리스도의 사랑에서 끊으리요 환난이나 곤고나 핍박이나 기근이나 적이나 위험이나 칼이랴 (롬 8:35)

은혜의 간구

거룩하신 하나님 아버지! 수많은 환난과 어려움이 있는 이 세상에 날마다 우리를 도우시며 인도하시는 하나님께 감사를 드립니다. 오늘 주님이 사랑하시는 성도님을 위하여 기도합니다. 사랑의 하나님께서 이 시간 성도님을 위로하여 주시고 품어 주셔서 믿음의 시련을 담대하게 극복하며 이 길 수 있도록 믿음을 주옵소서.

위로의 은혜

사랑하는 성도에게 견딜 만한 시험만을 허락하셔서 어서 속히 환난과 핍박에서 벗어나게 하시고 이 시련을 통하여 주님께 더 빨리 가는 은혜를 허락하여 주옵소서.

사랑하는 성도님이 시련을 통해서 더욱더 능력이신 하나님을 만나게 하시고 이 일로 인하여 거듭나게 하시어 섬기는 교회에서 맡은 직분을 잘 감당할 수 있도록 인도하여 주옵소서. 거룩하신 예수님 이름으로 기도드립니다. 아멘

10. 더욱 믿음이 성장하라

 하나님께 가까이 함이 내게 복이라 내가 주 여호와를 나의 피난처로 삼아 주의
모든 행사를 전파하리이다 (시 73:28)

인도함의 고백

사랑의 하나님 아버지! 감사를 드립니다. 지금껏 저희들을 보살펴 주시고 인도하여 주신 은혜 감사를 드립니다. 우리 성도 중에 환난, 시험을 당하여 어려움 가운데 잇는 분들이 계십니다. 이 시간 찾아오시어서 다시 일어서게 하셔서 하나님 은혜 아래 거하는 자들 되게 하여 주시옵소서. 환난 가운데 주님의 참뜻을 발견케 하셔서 주님의 참 사랑을 체험하게 하여 주시옵소서.

"또 너희는 많은 환난 가운데서 성령의 기쁨으로 도를 받아 우리와 주를 본받은 자가 되었으니"라고 바울이 데살로니가 교인들에게 하신 말씀처럼 환난 가운데서 더욱 주님의 은혜를 사모하게 하여 주시옵소서.

위로의 은혜

또한 시험 가운데 있는 자들을 기억하여 주시옵소서. 주님이 시험을 받고 이겨낸 것처럼 시험을 이기는 믿음을 주시옵소서. 극한 어려움 가운데서 기도하게 하시어서 모든 문제를 잘 헤쳐 나 갈 수 있는 계기가 되게 하시고 동시에 믿음이 성장하도록 축복하여 주시옵소서. 예수님 이름으로 기도드립니다. 아멘.

기도일기

– 이해인 –

당신 앞엔
많은 말이 필요 없겠지요,
하나님

그래도 기쁠 때엔
말이 좀더 많아지고
슬플 때엔
말이 적어집니다

어쩌다 한 번씩
마음의 문 크게 열고
큰 소리로
웃어 보는 것

가슴 밑바닥까지
강물이 넘치도록
울어 보는 것

이 또한
아름다운 기도라고
생각합니다

그렇게 믿어도
괜찮겠지요?

21장 물질에 손해를 본 사람을
위한 돌봄 기도

물질에 손해를 본 사람을 위한 돌봄 기도(1)
물질에 손해를 본 사람을 위한 돌봄 기도(2)

돌봄 기도의 원리

물질의 손해를 본 사람들은 대부분이 자신의 실패로 인한 마음의 좌절과 인간 관계의 배신으로 가득차 있다. 예를 들면 같은 교회에서 믿는 사람들에게 물질의 손해를 보았다면 그 마음에 상한 상실감은 더욱 클 것이다. 그것은 인간의 배신에 의한 상처로 인해서 믿음이 없으면 하나님까지 원망하기 때문이다. 그래서 물질의 손해를 본 사람들을 위한 기도는 먼저 자신의 무능과 함께 지혜의 부족으로 인해서 절망하고 자책하는 경우가 많다.

이때의 돌봄 기도는 먼저 마음의 치유와 함께 잃어버린 물질의 상실감을 위해서 기도해야 한다. 또한 자신의 무지에 대해서 기도하면서 인격적 상실감을 회복하도록 기도하고, 물질에 소망을 가지기 보다는 더 큰 하나님의 비전과 섭리에 관심을 갖도록 기도를 해야 한다.

사실 물질의 손해를 많이 본 사람은 잃어버린 물질 때문에 낙심하기도 하지만 한 순간의 잘못된 판단을 때문에 근심하는 경우가 많다. 예를 들면 믿음의 신뢰, 지혜 부족, 판단의 어리석음, 인격의 손상, 불안 죄의식 등으로 인해서 그의 인격과 감정은 손상되고, 황폐화 되어가며, 단지 자신의 문제에만 국한되어 영, 혼, 육이 상하는 것뿐만 아니라 가족과 그들이 몸담고 있는 교회와 사회로 확대되어 문제를 일으킨다는 더 큰 문제가 된다. 그러기 때문에 물질의 손해를 많이 본 사람들을 위한 돌봄에서는 회복의 은혜를 위해서 기도해 주어야 한다.

진정한 회복은 오직 하나님만이 모든 문제를 해결 할 수가 있기 때문이다. 또 하나는 물질 때문에 신앙을 잃어버리지 않고 오직 신실하신 하나님만을 바라보도록 기도해야 한다. 특별히 물질 때문에 낙망하지 않고 더욱더 선한 일을 위하여 헌신된 삶을 살도록 간구하면서 하나님의 큰 위로의 은혜로 갚아 주시고 다시 채워주심을 믿도록 기도해야 한다. 이때 주의 할 점은 물질적인 면에 너무 집착하면 안 된다. 물질은 수단이지 목적이 아니기 때문이다. 이 일을 통해서 더욱더 하나님을 바라보고 다시 일어나 하나님을 영화롭게 하는 일에 헌신하는 성도가 되도록 기도해야 한다. 이뿐 아니라 그 가정이 물질로 인하여 어려움 겪지 않도록 기도해야 한다.

물질에 손해를 본 사람을 위한 돌봄 기도(1)

 하나님이 레히에 한 우묵한 곳을 터치시니 물이 거기서 솟아 나오는지라 삼손이 그것을 마시고 정신이 회복되어 소생하니 그러므로 그 샘 이름은 엔학고레라 이 샘이 레히에 오늘까지 있더라 (삿 15:19)

은혜의 간구

전능하셔서 인간의 모든 생사화복을 주관하시는 하나님 아버지께 영광과 찬송과 감사를 드립니다. 죄인 된 인간을 위한 하나님의 사랑을 무엇으로 보답하며 살아가야 하겠습니까? 우리의 모든 것을 드려 하나님의 기쁨이 되기를 원합니다. 하나님께서는 우리에게 재물을 또한 허락하셔서 하나님이 기뻐하시는 선한 일에 사용하도록 하셨지만 저희들이 재물을 겸하여 섬기다. 어려움을 당하고 있습니다.

다짐의 고백

잠시 금전적 손해를 봄으로써 낙심할 수 있으나 독수리가 날개를 치며 올라가듯이 성도님의 마음속에 성령님을 의지하여 다시 일어서게 하시고 더 많은 물질의 복을 허락하셔서 하나님의 영광 위해 힘 있고 능력 있게 살아가는 복된 사람이 될 수 있도록 은혜를 베풀어주시기를 간절히 원합니다.

위로의 은혜

금전적 손해와 인명의 손실을 본 욥이지만, 욥에게 다시 채워주셨던 것처럼 갑절로 채워주시기를 원합니다. 특별히 낙망하지 않게 하시고 하나님의 큰 위로로 갚아 주시옵소서. 하나님께서 다시 채워주셔서 다시 일어나 하나님을 영화롭게 하는 일에 헌신하는 성도님 되게 하여 주시옵소서. 그 가정이 또한 물질로 인하여 어려움 겪지 않도록 아버지 도우시기를 간절히 원하오며 예수님 이름으로 기도하옵나이다. 아멘.

물질에 손해를 본 사람을 위한 돌봄 기도(2)

 바로의 술 맡은 관원장은 전직을 회복하매 그가 잔을 바로의 손에 받들어 드렸고 (창 40:21)

은혜의 간구

천지만물을 창조하시고 세상의 주인 되시는 하나님 아버지! 우리 삶의 주인은 언제나 하나님 한 분이십니다. 어려운 일을 당할 때 날마다 우리의 기업 되시는 하나님을 겸손히 바라볼 수 있는 마음을 주옵시고 자신의 영혼을 깊이 생각하고 바라보는 침묵의 시간을 갖게 하여 주시기를 원합니다. 주의 사랑하시는 자녀가 물질로 인하여 어려운 가운데 있나이다.

위로의 은혜

이 시간 찾아오셔서 위로하시고, 물질의 손해로 마음을 빼앗기지 않도록 도와주시며, 하나님을 원망하지 않고 오히려 감사의 조건을 많이 가질 수 있도록 성령께서 그 마음을 회복시키시며 주시고 영적인 은혜와 복이 넘쳐나도록 인도하여 주옵소서.

우리를 위해 십자가에 죽으신 주님께서 창조주가 되시오니 잃은 것 때문에 낙심하지 않게 하시고 주신 자도 여호와시오 취하시는 자도 여호와 하나님이심을 인정하는 겸손한 자녀가 되도록 함께 하여 주옵소서. 예수 그리스도의 이름으로 기도드립니다. 아멘.

22장 가정사에서 만난
돌봄 기도

시험을 당한 성도들을 위하여
입시에 실패한 자들을 위한 돌봄 기도
배우자를 먼저 떠나보낸 사람의 돌봄 기도
부모를 잃은 사람을 위한 돌봄 기도
배우자를 찾는 자를 위한 돌봄 기도
가까운 사람에게 배신을 당했을 경우의 돌봄 기도
절망감에 빠져있을 사람을 위한 돌봄 기도
결혼을 위한 돌봄 기도(1)
결혼을 위한 돌봄 기도(2)

1. 시험을 당한 성도들을 위하여

 여호와여 나를 살피시고 시험하사 내 뜻과 내 마음을 단련하소서 (시 26:2)

돌봄의 은혜

믿음의 자녀에게 위로와 은혜를 주시는 하나님 아버지, 이 시간 하나님께서 사랑하시는 OOO성도님의 마음을 위로해 주시기를 원합니다. 하나님의 뜻을 좇아 살아가고자 결단하며 노력하지만 때로 예기치 못하는 시험을 당하고 어려움에 처해 있습니다. 사랑하는 성도님이 이번 일로 낙심과 시험에 빠질 것이 아니라 하나님의 선하신 뜻과 사랑을 체험하고 하나님께 더 가까이 나아가는 귀한 기회가 되게 하여 주시옵소서.

위로의 축복

하나님은 인생을 시험하지 않으신다고 하셨습니다. 이 시험을 통하여 하나님을 만나는 기회로 삼아 주시옵소서. "주 앞에서 낮추라 그리하면 주께서 너희를 높이시리라"고 하셨사오니, 잠시 동안은 근심하고 낙심한다 할지라도 하나님께서 은혜를 베풀어주실 것을 믿습니다.

겸손히 하나님의 은혜를 구하오니 때를 따라 돕는 은혜를 주시고, 하늘의 신령한 은혜를 통해서 하늘의 기름진 복으로 축복하여 주옵소서. 성도님의 삶 속에 꿈과 비전을 이루어 주시고 그 가운데 하나님의 영광이 강물같이 넘쳐나게 축복하여 주시옵소서. 예수님의 이름으로 기도합니다. 아멘

2. 입시에 실패한 자들을 위한 돌봄 기도
〈더 새힘을 얻도록〉

 각각 자기 일을 돌아볼 뿐더러 또한 각각 다른 사람들의 일을 돌아보아 나의 기쁨을 충만케 하라 (빌 2:4)

위로의 은혜

새 관문인 입시를 예비하신 하나님, 사랑하시는 OOO군이 대입을 위해서 준비하였으나 결과가 좋지 못함을 좌절하지 않도록 위로하시고 새 힘을 허락해 주시옵소서.

이렇게 힘들고 어려울 때도 더욱더 예수 그리스도를 믿는 담대한 믿음과 지혜를 주시어서 이 어려운 상황 속에서도 다시 재기하여 좋은 날을 맞이하기를 원합니다. 무엇보다 열심히 공부하여서 목표를 향하여 중도에 포기하지 않게 하시며 끝까지 달려가게 하옵소서.

돌봄의 은혜

지금까지 건강을 허락하시고 학업을 할 수 있게 하셨사오니 앞으로도 함께 동행하여 주실 줄 믿습니다. 예전보다는 더욱 열심히 준비하여 내년에는 반드시 합격의 영광을 맞이할 수 있게 하옵소서.

하나님께서 이 자녀의 장래를 예비하시고 세상이 감당치 못한 자로 세우셔서 하나님의 도구가 되게 하옵소서. 홀로 영광 받아 주실 줄 믿사오며 거룩하신 예수님의 이름으로 기도드립니다. 아멘

3. 배우자를 먼저 떠나보낸 사람의 돌봄 기도

 사망의 줄이 나를 두르고 음부의 고통이 내게 미치므로 내가 환난과 슬픔을 만났을 때에 내가 여호와의 이름으로 기도하기를 여호와여 주께 구하오니 내 영혼을 건지소서 하였도다 (시 116:3-4)

위로의 은혜

오늘도 살아 계셔서 은혜 베푸시기를 기뻐하시는 하나님 아버지께 영광과 찬송을 드립니다. 주님이 사랑하시는 OOO성도가 떠나고 난 이후에 슬픔이 가득하오니 너무나 상심하지 않게 하시고 위로하여 주옵소서.

돌봄의 은혜

성도님의 마음속에서 성령님의 도우심을 간절히 기도합니다. 하나님께서 OOO성도님을 불꽃같은 눈동자로 보호하고 감싸주시어서 그 눈물을 닦아주시며 위로하여 주시기를 간절히 원합니다.

이전보다 더 하나님을 향한 헌신의 삶을 살아갈 수 있도록 인도하여 주시고 고인을 보낸 가족들의 마음도 또한 성령님께서 위로하시고 하나님의 은혜로운 손길로 어루만져 주시옵소서. 사랑이 많으신 예수님의 이름으로 기도합니다. 아멘.

4. 부모를 잃은 사람을 위한 돌봄 기도
〈성령께서 위로하시고 평안의 마음〉

 무릇 시온에서 슬퍼하는 자에게 화관을 주어 그 재를 대신하며 희락의 기름으로 그 슬픔을 대신하며 찬송의 옷으로 그 근심을 대신하고 그들로 의의 나무 곧 여호와의 심으신 바 그 영광을 나타낼 자라 일컬음을 얻게 하려 하심이니라 (사 61:3)

영혼의 돌봄

사랑과 은혜가 충만하신 하나님 아버지!

하나님의 사랑하심으로 한 가족으로 만나게 하시고 부모로서, 자녀로서 한 가정에서 서로 사랑하며 살다가 주님 품으로 부모님을 보내고 슬퍼하는 자녀들의 고통을 위로하여 주옵소서.

성령의 인도

그 마음의 상실과 고통을 주님께서 잘 아시오니, 자녀들을 위로하여 주시고 슬픔의 마음을 치유하여 주옵소서. 생명의 다함이 이 땅에 있는 자녀에게는 큰 슬픔과 고통이지만 떠나간 부모에게는 영원한 안식의 시작이라는 사실이 큰 위로와 평안이 되게 하여 주옵소서.

성령 하나님!

그 큰 슬픔의 마음을 누가 대신할 수 있겠습니까? 속히 부모를 잃은 자녀들에게 고통의 문제가 아물어지도록 성령께서 위로하시고 평안의 마음을 허락하여 주옵소서. 예수 그리스도의 이름으로 기도드립니다. 아멘.

5. 배우자를 찾는 자를 위한 돌봄 기도

 사흘 되던 날에 갈릴리 가나에 혼인이 있어 예수의 어머니도 거기 계시고
(요 2:1)

은혜의 간구

사람을 통하여 영광 받으시기를 기뻐하시는 하나님!

특별히 인간을 하나님의 형상대로 남자와 여자로 만드시고 하나님이 짝을 맺어 주사 부부로 살게 하신 하나님 아버지께 감사를 드립니다. 주님께서 사랑하시고 귀히 사용하시기를 기뻐하시는 ○○○성도가 금번에 배우자를 찾기 위해서 간구하오니 좋은 배필을 허락하여 주옵소서.

성령의 도우심

이번에 하나님께 섭리하신 가운데 좋은 가정을 이루고 하오니 속히 배우자를 보내주시옵소서. 이 일로 인하여 마음이 곤고 하거나 조급해하지 않기를 원합니다. 모든 것이 주님의 뜻 아래서 이루어져 갈 수 있도록 은혜를 허락하여 주옵소서.

하나님 아버지!

특별히 사랑하는 성도가 하나님을 향한 특별한 비전을 가지고 있습니다. 그 비전을 가지고 함께 동역하며 나아갈 수 있는 배우자를 허락하여 주시옵소서. 배우자를 찾을 때에 인간적이고 세상적인 가치 기준을 가지고 사람을 판단하지 않게 하시고 오직 주의 뜻에 합당하고 서로 존경 할 수 있는 사람을 배우자로 맞을 수 있도록 은혜를 베풀어 주시옵소서.

돌봄의 은혜

세상은 물질과 지식과 가문과 사람의 겉모양을 보고 판단하지만 우리들은 배우자의 믿음과 비전과 하나님을 향한 열정을 보고 찾고 잇사오니 배우자를 찾는 분들에게 서로 부족함이 없는 배필을 허락하여 주옵소서.

주님을 위하여 함께 기뻐하며 고난에 동참할 수 있는 배우자를 허락하여 주시옵소서. 세상을 향하여 복음을 담대히 전할 수 있는 동역자로서의 배우자를 만나게 하여 주시옵소서. 간절히 기도하는 가운데 주님이 허락하신 배우자를 만나게 해 주실 줄 믿사오며 예수님의 이름으로 기도합니다. 아멘

6. 가까운 사람에게 배신을 당했을 경우의 돌봄 기도

 나는 거의 실족할 뻔하였고 내 걸음이 미끄러질 뻔하였으니 (시 73:2)

인도함의 고백

사랑의 하나님! 우리의 삶이 언제나 낙심과 고통의 삶의 연속임을 고백합니다. 하나님. 간절히 바라옵기는 언제나 주의 자녀인 우리가 믿음의 길에서 좌로나 우로나 치우치지 않는 신실하고 거룩한 삶을 놓치지 않도록 주께서 늘 인도하여 주시기를 간절히 소망합니다.

위로의 은혜

위로자 되시는 성령이시여. 주안에서 복음에 합당한 삶을 살다가 감당키 어려운 시험으로 인하여 실족한 주의 자녀를 위로하여 주옵소서. 실족의 시간이 속히 끝나고 다시 주님의 은혜와 위로를 날마다 체험하는 복된 삶이 되도록 성령께서 치유하여 주옵시고 위로하여 주옵소서.

날마다 우리를 위해 말할 수 없는 탄식으로 기도하시는 성령께서 이 시간도 함께 하여 주시고 주의 평안으로 덮어주시옵소서. 주님이 주시는 위로가 늘 우리 가운데 있기를 원합니다. 우리를 위로하시고 사랑하시는 예수 그리스도의 이름으로 기도드립니다. 아멘.

7. 절망감에 빠져있을 사람을 위한 돌봄 기도

 하나님께 가까이 함이 내게 복이라 내가 주 여호와를 나의 피난처로 삼아 주의 모든 행사를 전파하리이다 (시 73:28)

인도함의 고백

우리의 유일한 소망과 위로가 되시는 하나님 아버지 감사를 드립니다. 이 시간 낙심하고 좌절 가운데 있는 성도들 기억해 주시어서 위로와 용기를 주옵소서. 사랑하는 성도가 믿고 의지하던 사람에게 배신감으로 인하여 허탈과 절망감에 빠져 있사오니 하나님께서 붙잡아 주시어서 다시 한번 좌절하지 않도록 도와주시옵소서.

위로의 은혜

성령께서 우리 가운데 임재하시고 함께 하여 주시어서 상한 마음을 치유하여 주시옵소서. 좌절된 마음을 위로하시며, 분노와 갈등의 마음을 주님의 사랑으로 붙잡아 주옵소서. 그리스도의 사랑으로 다시 한번 사람들에게 어려움을 당하지 않도록 도와주시고 성령께서 친히 상한 마음을 붙잡아 주시기를 간절히 기도합니다. 인간이 주는 상처와 배신감으로 너무 마음이 아프고 힘을 잃었사오니 받은 상처와 배신감이 너무나 크다할지라도 성도님의 마음을 붙잡아 주옵소서

성령의 도우심

하나님 아버지, 저희들은 연약한 존재들이오니 위로하여 주시고, 성령님께서 사랑의 마음도 허락하셔서 예수님이 우리에게 베풀어 주셨던 사랑을 우리도 베풀며 살아가는 자녀 되게 하여 주시옵소서. 그리하여 성도님에게 아픔을 주었던 사람도 깨달아 하나님의 자녀로 거듭나는 놀라운 은혜를 허락하여 주시기를 간절히 원하오며 사랑이 많으신 예수님의 이름으로 기도합니다. 아멘.

8. 결혼을 위한 돌봄 기도(1)

 형제가 연합하여 동거함이 어찌 그리 선하고 아름다운고 머리에 있는 보배로운 기름이 수염 곧 아론의 수염에 흘러서 그 옷깃까지 내림 같고 헐몬의 이슬이 시온의 산들에 내림 같도다 거기서 여호와께서 복을 명하셨나니 곧 영생이로다(시 133:1-3).

믿음의 고백

인생의 발걸음을 인도하시는 주님!

지금까지 주님의 은혜 속에 하루하루 행복한 삶을 살게 하신 것을 감사합니다. 결혼의 적령기를 지나 아름다운 가정을 이루기를 원하는 자녀를 기억해 주시옵소서. 이 시간 사랑의 하나님께서 귀한 자녀에게 예비하신 귀한 배필을 보내어 주옵소서.

축복의 고백과 돌봄

주께서 허락한 이 땅의 생애가 주 앞에 복이 되도록 하셔서 좋은 배필을 만나 서로 연합하여 아름다운 주의 일을 할 수 있도록 축복해 주시옵소서. 우리가 배필을 찾을 때 육신의 눈으로 찾지 않게 하시고 주님이 원하시는 선한 눈으로 찾게 해 주옵소서. 나보다 나를 더 잘 아시는 주님께서 내가 먼저 아름다운 인품을 지닌 사람이 되기 원합니다.

아름다운 사랑과 섬김의 종이 되게 하시고 서로에게 필요한 만남이 되게 해 주옵소서. 아름다운 인품에 인격을 지닌 사람이요. 주를 위해 헌신된 마음으로 평생에 주를 기쁘시게 할 마음이 닮은 사람을 만나도록 인도해 주옵소서. 아름다운 섬김으로 주를 위해 영혼들을 사랑하며 함께할 주님이 기뻐하시는 신실한 사람을 보내주시 주옵소서. 감사하며 예수님의 이름으로 기도합니다. 아멘.

9. 결혼을 위한 돌봄 기도(2)

이러므로 사람이 그 부모를 떠나서 아내에게 합하여 그 둘이 한 몸이 될지니라, 이제 둘이 아니요 한 몸이니 그러므로 하나님이 짝지어 주신 것을 사람이 나누지 못할지니라 (마 19: 5,6)

인도함의 고백

사랑의 하나님 아버지! 결혼을 위해 기도하는 주의 자녀들을 기억하여 주시기를 원합니다. 너무나도 결혼과 이혼을 쉽게 생각하며, 주의 뜻을 쉽게 저버리는 그러한 세대 가운데서 하나님이 원하시는 결혼을 할 수 있도록 인도하여 주옵소서.

무엇보다 간구하옵기는 성령께서 날마다 그 만남 가운데 함께 하여 주셔서 결혼이 복되고 성결한 것임을 알게 하시고 앞으로 세워질 가정이 남녀간의 기쁨과 행복을 위한 것만이 목적이 되지 않게 하옵시고, 그리스도가 교회를 사랑하심과 같이 서로가 서로를 위해 기도로 섬기며, 예배가 세워지는 가정이 되도록 인도하여 주옵소서.

영적인 가정의 축복

상대방에 대하여 무례히 행치 아니하고, 교만하지 아니하고 그리스도 안에서 언제나 인격적인 교제가 있게 하시고, 남녀간의 사랑이 더 나아가 그리스도의 사랑으로 바뀌어 가는 놀라운 영적 축복이 있게 하여 주옵소서.

믿지 않는 자와 함께 멍에를 메는 어리석음을 범치 않도록 주님께서 그 삶을 간섭하여 주시고, 언제나 하나님의 나라와 복음을 위해 함께 동역하며 나아가는 복의 근원이 되는 가정을 이룰 수 있도록 주께서 결혼의 과정을 이끌어주시기를 간절히 원합니다. 교회를 사랑하시는 예수님의 이름으로 기도합니다. 아멘

기도 격언 모음

- 기도의 능력은 일면으로는 해독제요 일면은 방독제이다. −이 엠 바운즈

- 기도는 우리가 믿음으로 발견한 주님의 복음에 들어있는 보물을 파내는 것이다. −칼빈

- 기도하지 않고 성공했으면 성공한 그것 때문에 망한다. −찰스 스펄전−

- 마른 눈 가지고는 천국에 못 들어간다. −찰스 스펄전−

- 성자를 만들어 내는 것은 기도의 힘이다. −이 엠 바운즈−

- 옷을 만드는 것은 재단사의 일이고 구두를 수선하는 것은 구두장이의 일이고 기도하는 것은 그리스도인의 일이다. 기도의 실패자는 생활의 실패자이다. − 이 엠 바운드

- 잘 기도한 자는 잘 배운자요 많이 기도한 자은 많이 배운 자이다. −루터

- 어려운 환경에서 기도하고 싶은 마음마저 없다면 우리는 짐승만도 못한 사람들이 아닐 수 없다. −캘빈

- 기도란 그리스도의 능력을 붙잡는 손이다. 늙어갈 수록 기도를 더 많이 하라. 그러 해야 신령한 일에 냉랭해지지 않는다 −조지 뮬러−

- 싸움터 에 나갈 때는 한번 기도하라. 바다에 나갈 때는 두 번 기도하라. 그리고 결혼 할 때는 3번 기도하라. −러시아 격언

- 하나님의 자녀는 기도로 모든 것을 정복할 수 있다. 사탄이 교인들에게서 이 무기를 빼앗거나 그것의 사용을 제지하려고 최선을 다하는 것은 이상한 일이 아니다. −엔드류 머레이

- 기도는 영혼의 피이다. −조지 허비트

- 우리의 기도는 지칠 줄 모르는 힘과 거부될 수 없는 인내와 꺾여지지 않는 용기로 강하게 구해야 한다. −이 엠 바운즈

- 기도는 어둠 속에서 하나님을 볼 수 있는 거울이다. 기도는 아침의 열쇠요 저녁의 자물쇠이다. −빌리 그레암

- 정신을 집중할 수 있을 떼에만 기도하라. −탈무드

- 나는 오늘 해야 할 일이 많기 때문에 기도하는 시간을 갖기 위해서 한 시간 더 일찍 일어난다. −마틴 루터(Luther Martin)

- 사람이 자기의 의견과 소원을 초월하여 자기의 마음을 향상시키고 자기의 주의를 하나님께 집중시키는 것이 기도의 제일 중요한 일이다. −티틀(Ernest Fremont Tittle)

- 진정한 기도는 그의 입술의 말에 그 사람의 마음 자세에 있다. −티틀(Ernest Fremont Tittle)

- 우리가 만일 기도의 기교를 알고 행한다면 생의 기교를 알고 행할 것이다. −스텐리.죤스(E. Stanly Jones)

• 기도는 하나님의 심정에 이르게 하는 것이다. −테일러(Jeremy Taylor)

• 하나님께서 우리에게 말씀하실 것은 우리가 하나님께 말씀드려야 할 것보다 더욱 중요한 것이다. − 마클라 쉴란(Lewis maclachlan)

• 이 세상의 운명은 우리들의 기도에 따라서 작정될 것이다.
　　　　　　　　　　　　　　　　　−라우박흐(Frank Laubach)

• 기도는 끊임없이 쏟아져 나오는 끊임없는 사랑의 응답이며, 모든 영혼을 인도하시는 하나님과 사귀는 길이다. −스티어(Dauglas Steere)

• 아버지와 같이 있기를 바라는 것 이외의 것을 바라지 않는 것이 기도의 가장 기본적인 의식이다. −랙스데일(Ray W. Ragsdale)

• 기도는 신자의 유일한 무기이다. 　−톰슨(Frances Thompsam)

기도

작가 무명

큰일을 이루기 위해 하나님께 기도했더니
겸손을 배우라고 연약함을 주셨습니다
많은 일을 해낼 수 있는 건강을 구했더니
보다 가치 있는 일을 하라고 병을 주셨습니다
행복해지고 싶어 부유를 구했더니
지혜로워 지라고 가난을 주셨습니다
세상 친구들의 칭찬을 받고자 성공을 구했더니
뽐내지 말라고 실패를 주셨습니다
삶을 누릴 수 있는 삶 그 자체를 선물로 주셨습니다
구하는 것 하나도 주시지 않았지만
내 소원 모두 들어 주셨습니다
하나님의 뜻을 따르지 못하는 삶이었지만
내 맘속에 진작 표현 못한 기도는 모두 들어 주셨습니다
나는 가장 많은 축복을 받은 사람입니다

참고문헌

1. 국내도서

김경수, 「돌봄」. 서울: 서로사랑 , 2006

김의환, 「개혁주의 신앙 고백집」 서울: 생명의 말씀사, 1989

김연택, 「건강한 교회와 예배」, 서울: 도서출판 프리셉트. 2000

나용화, 「칼빈과 개혁신학」 서울: 기독교 문서 선교회, 1992

문효식, 「긴급 진단기도」, 서울: 생명의 말씀사, 2004

심관섭, 「상한 마음을 치유하시는 예수님」, 서울: 솔로몬, 1999

송삼용, 「목회자를 위한 111 기도」, 서울: 기독신문사, 2000

정성구, 「실천 신학개론」, 서울: 총신대학 출판부, 1981

정태기, 「위기와 상담」, 서울: 크리스찬 치유목회연구원 2003

전재동, 「위인들의 기도문」, 서울: 세종문화사, 1986

전용복 「기도와 치유사역」, 서울: 서로사랑, 2005

정정숙, 「목회 상담학」, 서울 : 세종문화사, 1999

이상화, 「대표기도 이렇게 준비하라」, 서울: 아가페, 1999

이원근, 「기도론」, 서울: 양문출판사, 1998

이효상 「영혼을 깨우는 예배기도」, 서울: 서로사랑, 1998

오성춘, 「목회상담 사례분석」, 서울: 대한 예수교 장로회 출판국,
 2001

홍일권, 「기도는 하나님의 아이디어」, 서울: 생명의 말씀사, 1997

황선완, 「바른 기도 새 응답」, 서울: 한국문서 선교회, 2000

2. 번역서적

데니스 베넷, 「성령의 임재를 구하는 기도」, 박홍래 역,

서울: 서로사랑. 2004

베키 티라바시, 「삶을 변화시키는 기도」, 임종원 역

서울: 서로사랑. 2004

데이브, 린다올슨 「듣는 기도」, 이성대 역 ,서울: 서로사랑, 2000

마크 버클러, 패티 버클러, 「상한 마음을 치유하는 기도」,

서울: 순전한 나드, 2004

리차드 포스트, 「기도」 송준인 역, 서울: 두란노, 1995

래리크랩. 「내 영혼은 이런 대화를 원한다」. 윤난영 역,

서울: 사랑플러스. 2003

피터 와그너, 「능력으로 기도하라」, 홍용표 역, 서울: 서로사랑, 1997

토마스 콘스태블, 「말하는 기도」, 홍원팔 역, 서울: 서로 사랑, 2001

캔 헴필, 「예수님의 기도」, 김종환 역, 서울: 서로사랑 2003

오 할레비스, 「기도」, 서울: 생명의 말씀사, 1983

와인 스피어, 「기도의 신학」, 오창윤 역, 서울: 기독교문서선교회,

1986

E. M.바운즈, 「기도의 능력」, 서울: 생명의 말씀사, 1994

F. Macnutt, 「치유의 능력」, 조원길 역, 서울: 전망사, 1979

Pall Tourmier, 「인간치유의 심리학」, 황찬규 역,

서울: 보이스사, 1988

R. C. 스프라울, 「효과적인 기도」, 서울: 총신대학 출판부, 1990

3. 잡지

이기복, 「목회와 신학」"이혼가정 자녀들, 어떻게 돌볼 것인가,"
131, (2000. 5)

민영진, 「기독교 사상」"이혼하는 이들을 위한 배려,"521, (2002. 5)

웨인 하우스, 「빛과 소금」"이혼과 재혼에 대한 기독교적인 견해,"
102, (1993. 9)

"Ministry With Persons Going Through Divorce," The United
Methodist Book of Worship (Nashville: The United Methodist
publishing House), 1992

"Prayers during the time of separation or divorce," in
Occasionak Services: A Companion to Lutheran book of
worship (Minneapolis: Augsburg Publishing House), 1982